新时代大学生
德育管理的创新研究

张 洁 黄 杉 阎 程 ◎ 著

中国出版集团 | 全国百佳图书

中国民主法制出版社 | 出版单位

图书在版编目（CIP）数据

新时代大学生德育管理的创新研究 / 张洁，黄杉，
阎程著. — 北京 ：中国民主法制出版社，2023.5
ISBN 978-7-5162-3210-1

Ⅰ．①新… Ⅱ．①张… ②黄… ③阎… Ⅲ．①大学生
—德育—研究—中国 Ⅳ．①G641

中国国家版本馆 CIP 数据核字（2023）第 071704 号

图书出品人：刘海涛
出 版 统 筹：石　松
责 任 编 辑：刘险涛

书　　名/新时代大学生德育管理的创新研究
作　　者/张　洁　黄　杉　阎　程

出版·发行/中国民主法制出版社
地址/北京市丰台区右安门外玉林里 7 号 （100069）
电话/（010）63055259（总编室）　63058068　63057714（营销中心）
传真/（010）63055259
http://www.npcpub.com
E-mail:mzfz@npcpub.com
经销/新华书店
开本/16 开　　787 毫米×1092 毫米
印张/14.5　　字数/237 千字
版本/2023 年 5 月第 1 版　　2023 年 5 月第 1 次印刷
印刷/廊坊市源鹏印务有限公司

书号/978-7-5162-3210-1
定价/68.00 元

前　言

在这个科技日新月异、媒体资源丰富的时代，各种媒体，尤其以互联网为代表的新兴媒体，正改变着人们生活的方方面面。当今传媒的飞速发展对大学生的思想意识、价值观念产生了越来越广泛和深远的影响。如何在新时代背景下引导大学生正确对待媒介、有效利用媒介，充分发挥大众传媒的导向作用，是高校思想政治教育一个具有时代挑战和现实意义的重要研究课题。结合高校思想政治教育实际与大学生实际生活特点，将高校德育教育工作与媒介素养教育有机结合，互为补充利用。借素质教育之平台，逐步探索符合我国国情的大学生媒介素养教育内容和方式方法。

现代传媒的交互性和创新性为大学生提供了与世界共同发展和多角度展示个人才能的广阔空间，然而，新媒体也无时无刻不在传播着良莠不一的信息，在为大学生学习生活获取诸多信息的同时，也不可避免地会带来一些负面的影响。对于世界观、人生观和价值观正在形成中的青年学子来说，面对多元的大众传媒形态，虚拟世界，鱼龙混杂，如何积极应对和有效利用媒介、分辨鉴别媒介信息，充分利用媒介资源不断完善自我、参与社会进步等，将会成为我们今后思想政治教育工作的重点。

信息技术飞快地发展对我国的经济社会发展产生了前所未有的广泛而又深入的影响，在具备各种媒体表现形式基础上融合不同媒介形态形成的全媒体技术给当前高校德育工作带来了严峻的挑战；此外，全媒体这种现代化技术飞快发展的同时为高校德育工作带来了难得的机遇。全媒体技术的发展，为我们开展德育工作提供了现代化的手段，拓展了德育工作的空间和渠道，为德育工作提供了新的方式和载体，为高校德育工作发展创造了良好的机遇，为德育工作创新提供了有利条件。对全媒体背景下高校德育工作进行创新研究，能有效地解决全媒体时代高校德育工作所面临的新问题，进一步丰富思想政治教育理论研究，提升思想政治教育工作水平。

目录

第一章　新时代大学生德育创新

第一节　新时代大学生德育内涵和地位

一、正确认识"高校德育首位"论

学校教育要坚持育人为本，德育为先，把人才培养作为根本任务，把思想教育摆在首要位置，主要原因如下。

（一）中国特色社会主义的性质要求学校教育把德育放在首要位置

教育是有阶级性的。古今中外，各个社会中占统治地位的阶级都是按本阶级的政治需要，把德育教育放在学校教育的首要地位，把代表统治阶级的政治信仰、思想意识、价值观念内化为一代新人的素质，都是为了"育新人、取民心、得天下"。因为只有这样，才能造就本阶级所需要的人才，以维持和巩固其社会制度，所不同的是，不同阶级实行不同的德育教育而已。

我们社会主义国家的教育，是社会主义培养各种专门人才的事业。社会主义的经济和政治决定了，社会主义教育的性质、目的、制度、方针和教育的思想政治内容。社会主义教育的目的，是培养社会主义事业所需要的各类人才，要求培养出来的人才必须为社会主义建设事业服务。这既是我国高等教育的目的，也是我们高等学校的主要任务。社会主义制度的性质决定着社会主义高等教育的性质；同时，也决定着社会主义大学的办学方向，必须坚持党的领导，坚持社会主义方向，坚持马克思主义在科学文化和学术工作中的指导地位。把德育放在首位，这是我国高等教育社会主义性质的重要标志。作为社会主义的高等学校，如果忘掉或丢掉，甚至摆错了德育的位置，就必然会迷失方向，误人子弟，误国误民。

（二）党的教育方针决定了学校教育要把德育放在首要位置

在德智体全面发展的问题上，有人总结说，学生的智育不合格是"次品"，体育不合格是"废品"，而德育不合格则是"危险品"。它生动形象地阐述了德智体三个方面的关系。就育人来讲，三者是相互关联、相互依存、相互渗透、相互制约、相互促进、不可分割的统一整体。

但是，根据马克思主义辩证唯物主义的观点，构成矛盾统一体的各方，其地位和作用是有主次之别的。如果没有这种明确的区分，就不可能弄清事物的性质，把握事物的本质。依据这一理论，在全面发展教育方面构成的矛盾统一体中，能够体现其性质、本质的，只能是德育。因为，德育所要解决的是学生社会意识的问题，即政治立场、思想观点、行为规范等方面的问题。具体来说，是解决学生为谁而学，学成后为谁服务的问题。我们社会主义大学培养的是能够坚持正确的政治方向，拥护共产党的领导，愿为社会主义祖国献身的高级专门人才。要完成这一任务，只有依靠德育。

（三）学校的中心工作需要把德育放在首位

当前，以"教学为中心"的思想被各类高校充分重视并贯彻实施，以"教学为中心"无疑是正确的，它与德育不但不矛盾，而且是相辅相成的，缺一不可。教学包括德育。现代教育理论认为，教学应该着眼于学生的全面发展，培养全面和谐发展的个性。教学并非只是传授业务知识，片面地着眼于智力，而应当把教学看作落实教育方针的主要途径。教学过程中应当包括德育、智育和体育，而且，德育还应该是教学的一项主要内容和首要任务。

德育在教学中起主导作用。在整个教学过程中，德育以其方向性贯穿于其他诸项教育之中。它不仅对智育起着主导作用，同样在体育中也起着主导作用。如果离开了德育，整个教学过程就很难顺利地进行，这已是被实践反复证明了的。

二、新时期高校德育创新的必要性

德育创新是主体（人）为了一定的目的，遵循德育发展的规律，对德育进行变革，从而使德育得以更新与发展的活动。

创新是一个民族的灵魂，是国家兴旺发达的不竭动力。一个没有创新能力的民族，难以屹立于世界民族之林。历史进步的本质在于创新，民族的振兴、国家的强盛同样离不开创新，任何工作没有创新就没有活力，没有生命力。同样，高校的德育工作也只有在实践中不断创新，才能有新的活力，才能适应时代的进步与发展。

德育工作的显著特征在于，它随着时代的变化、社会的变化、生活的变化而变化，具有开放性、现代性、发展性。德育的这些特征要求我们德育工作者，在实践中必须不断地去探索、去实验、去研究、去创新，但是，强调高校德育工作的创新，不是全盘废弃过去的东西。德育工作是一个系统工程，具有一定的规律性。德育工作涉及方方面面，反映了德育客观规律、德育工作的实践经验，以及国家关于德育工作的法律、法规、政策等。我国的高校德育工作经过几十年的探索实践，总结出了许多工作规律，积累了大量的丰富经验。这些规律、经验凝聚了广大高校德育工作者先进的德育理念，为培养面向现代化、面向世界、面向未来的，德智体美等全面发展的社会主义事业建设者和接班人任务的顺利完成提供了有力保证。高校德育工作所取得的这些成绩有目共睹，所形成的理论、探索的规律、积累的经验、创造的方法，应当在实践中予以继承，并使其成为德育工作创新的基础。

新时期高校德育工作所面临的国际和国内环境已经发生了重大变化，高校德育唯有创新才能发展。新时期高校德育的对象已经发生了巨大变化，具有新的特点和要求，高校德育唯有创新，才能适应德育对象全面发展的要求。新时期高校德育的客观环境发生了变化，高校德育唯有创新，才能走出发展的困境。

第二节　新时期高校德育创新的理论

实践基础上的理论创新，是社会发展和变革的先导。通过理论创新推动制度创新、科技创新、文化创新，以及其他各方面的创新，不断在实践中前进，永不自满，永不懈怠。这是我们要长期坚持的治党治国之道。新时期高校德育创新工作必须要有坚实的理论基础为指导。

一、新时期高校德育创新的理论基础

中国传统文化是历经几千年的社会变革和发展而形成的一种思想和知识系统，中国传统文化追求人与自然的和谐、人与人的和谐，把天、地、人看作统一的整体，以"人与天地万物为一体""天人合一"为最高境界。

中国传统文化是以伦理观念、伦理道德修养及治国安邦之术为核心的。其内涵和特征主要有四：突出伦理本位，倾心于现实政治，宣扬主体意识（主要包括认识的主体性、道德的主体性和生活的主体性），强调整体观念。

（一）科学发展观中的"以人为本"思想

我们正处在社会发展的转型时期。一方面，我国社会主义改革开放与发展市场经济使社会生产方式、生活方式发生转变；另一方面，随着信息网络技术的发展，世界正走向知识经济时代。社会与时代的发展变化必然要求教育与时俱进，培养适应社会转型需要的人才。德育是培育社会精神和人才思想意识的工作，无疑需要体现先进性与发展性，需要改革和创新。但是，它的改革创新必须用新的理念做指导，对传统的理念进行扬弃和超越。

以人为本的科学发展观，是体现社会主义性质与价值取向的社会理念，与其一致，德育必须坚持和弘扬"以人为本"的理念。

以人为本，就是要把人民的利益作为一切工作的出发点和落脚点，不断满足人们的多方面需求和促进人的全面发展。马克思曾经说过，任何一种解放都是把人的世界和人的关系还给人自己，这是以人为本的根本。以人为本，说到底，就是解放人，使人的潜能得到主动、全面、充分地发挥。

因此，以人为本，是做好德育工作的基础和前提。坚持以人为本，就要求我们在德育的过程中，做到尊重学生、理解学生、关心学生和信任学生，注重学生个性发展和全面发展的统一，注重学生创造性人格和健康人格的统一，注重学生"学会"和"会学"的统一，促进学生全面发展。

（二）系统科学理论中的"大德育"思想

系统科学是研究事物整体联系和运动发展规律的科学，其要点如下。

第一，任何一个事物的存在都表现为一个系统。系统是由事物内部互相联系、互相作用、互相依赖和影响的若干部分组成的有机整体。整体性是系统的一个本质属性。系统总是处在赖以生存和发展的环境之中，并不断同环境进行物质、能量和信息的交换。

在德育这个系统中，包含着三个最基本的因素：即教育者、受教育者、教育过程。其相互联系，互相影响，十分密切。加强高校德育创新，必须从整体性大背景的变化出发，树立战略意识、时代意识。从整体观念和联合作战的思想出发，明确调控目标，使各系统整合成一种合力，形成上下连接、左右贯通、立体交叉的德育网络。高校德育工作量大面广，组织过程耗时耗力，没有有效的调控机制，就可能导致无序无效。因此，实现德育效果的最大化，不仅需要校内各种教育资源的整合，还需要学校、社会和家庭加强联系，相互协调，从整体上优化育人环境。

第二，系统内部各要素具有层次性和等级性，系统的不同层次有着不同的规律。德育的层次性取决于德育对象的层次性，要提升德育效果，必须把握层次性要求，树立德育对象主体性观念，加强针对性工作。研究德育对象的层次性，要注重学生全面发展和理想人格塑造的序列性，在学生学习过程的不同阶段、不同时机、不同教育环节，实施不同的教育内容，采取不同的方式、手段，满足学生不断增长的需要，分层次有重点，由低到高，由浅入深，形成循序渐进的系列教育格局，使实践随着教育理论的发展向更高层次迈进。

第三，结构性系统功能的发挥，不仅取决于组成该系统的各个部分本身，而且取决于各个部分的结构形式，系统的总功能不是各个组成部分功能的简单叠加，而是各个部分功能的有机结合。

这一理论要求我们要立足于从要素、结构、功能与所处环境的相互联系和制约关系中，分析系统中各要素的结构功能，有意识、有目的地使系统内部各要素达到最佳建构和配置，以求系统形式结构最优和功能最优的整体效应。

因此，要做好以下几个方面的工作。高校、社会与家庭之间的沟通、合作与融合。高校内部各个工作部门、各个岗位之间的协调、有机结合。高校德育工作中的目标、内容、途径、方法、管理和评价等因素合理配置，整体联动，构建一个和谐的大德育工作系统。

二、新时期高校德育创新的原则

（一）主体性原则

所谓主体性原则，就是指在高校德育工作过程中，始终将大学生置于主体地位，始终把大学生看成德育活动的主体，注重培育和造就大学生的主体性。

把学生作为学校教育的价值主体，确立学生在高校德育中的主体地位。转变将学生仅仅作为教育和管理的对象的现象，坚持以学生为根本，以学生为核心，以学生为目的，尊重学生，理解学生，关爱学生，把促进学生的成长、成才作为高校德育的根本价值取向。

把学生作为学校教育的动力主体，激发学生自我教育的积极性。转变过多地强调教育管理工作者的主导责任，而对学生的主体作用和自我教育重视不够的现象，致力于唤醒学生的主体意识，激发学生的主体热情，调动学生的主体积极性，在课堂教学、校园文化、社团活动、社会实践等环节中，更加充分地发挥学生的主体作用。

把学生作为学校教育的权利主体，切实维护其合法权益。转变重管理、重视对学生的义务要求，而轻服务、忽视学生权益维护的现象，高度重视学生所应具有的受教育权和公民权，使高校德育的过程，成为尊重和维护学生合法权益的过程，成为服务学生成长成才和全面发展的过程。

把学生作为学校教育的发展主体，促进学生的全面发展。转变重知识轻素质、重灌输轻发展的现象，构建科学与人文相统一的素质结构，社会化与个性化相统一的人格结构，促进学生各种素质的和谐发展。

（二）开放性原则

所谓开放性原则，是指高校德育创新必须彻底打破传统的封闭模式，在德育的目标、内容和手段等方面实行全方位开放，把学生从以往的束缚中彻底解放出来，使他们在开放式德育过程中，处于自主、自觉、自愿的状态去接受、思考、判断和分析。

1. 德育目标要体现开放性

德育目标是高校德育的指针和方向，决定了德育内容、手段和方法等的选择，在德育工作中始终起着主导性和规范性的作用。考察世界先进国家高校的德育目标，可以从中发现，开放性是他们德育目标的共同特色。例如，德国的德育目标是培养具有向世界开放人格的人；美国的德育目标是注重在开放式德育中发展学生的道德推理能力和创造能力，强调使个体成为有自立能力、有自信心和参与意识的自主公民。

2. 德育内容要注重开放性

学生的道德发展是一个持续的、有内在规律的过程。因此，德育内容的开放性，应遵循学生道德发展的规律，充分考虑学生理解和接受的能力，根据时代发展和形势变化而不断丰富和更新。

首先，把道德教育内容的价值准则和规范系统向学生开放，让学生独立思考，理性选择。

其次，灵活使用不同的德育理论和教材。在遵循国家德育统一目标的原则下，根据本地和学生的实际，引进和吸纳一些先进国家的德育理论和经验，开阔学生视野，增加对全球德育发展趋势的了解。

最后，德育内容应贴近实际生活。学校应根据学生实际，定期进行一些诸如形势教育、国家方针政策教育、法纪教育、公德教育、健康教育、环保教育，等等。这些德育内容鲜活丰富，与实际生活密切相关，学生容易理解且乐意接受。

3.德育手段要展现开放性

充分运用现代科技手段，展现德育课堂教学的开放性。如，用计算机模拟一些在实际生活中涉及道德问题的个案，再组织学生进行分析、处理。用电化教学再现历史画面和生活情境，让学生身临其境，真切体验，增加感性认识，使开放中的德育课堂变得生动活泼、丰富多彩，提高德育课堂的教学效果。

（三）实践性原则

所谓实践性，是指高校德育创新应在开放的基础上，通过师生互动和活动体验，使德育过程成为激发学生道德思维和创造的过程，在动态中实现德育的内化、提升。

1.德育课堂要贯穿实践性

德育课堂的实践性就是培养学生分析问题和解决问题的能力，使实践的过程成为学生道德自我完善成熟的过程。为突出德育课堂的实践性，要彻底革除传统的观念，打破德育课堂固定、静态、纯理论模式，将课堂融入现实生活，使德育课堂成为学生真刀真枪解决实际问题的大舞台。

首先，德育课堂的实践性，要突出教师与学生、学生与学生间的互动，在互动中交流、探讨、内化、提高。

其次，德育课堂的实践性，要突出学生动手、动脑能力的培养，使学生面对现实生活中的道德问题，能够运用自己的道德经验去解决处理。

2.德育活动要突出实践性

德育活动的实践性，应注重学生在活动中的亲身体验，强调学生通过实践活动获取直接经验。高校具有德育作用和效果的活动不少。比如，新生军训、社会实践、希望工程，等等。这些活动可以按照现代德育理念进行科学设计，重点开发，突出活动中学生对事物的感性认识，充分调动学生的感觉器官与心灵的双向交流，把交流中获取的感觉、感知、感情通过思想的过滤、提炼，升华到理性认识，凝结成自己的道德观点。

（四）层次性原则

所谓层次性原则，是指高校德育工作要根据不同教育阶段大学生的年龄特征和思想品德水平，确定不同的教育方法、教育目标、教育内容和教育要求等，做到因人施教、因龄施教、因情施教。

1. 要因人确定德育工作目标

高校德育工作目标缺乏层次性，将有可能导致在教育学生时，采取精英主义立场，德育工作的天平倾向少数大学生，热衷于抓尖子、抓典型，忽视甚至放弃了多数学生。在德育过程中重理论知识的灌输，轻道德体验、道德情感和道德意志的培养与塑造，轻行动的锻炼。在德育效果上，大学生在学校里能自觉按学校要求去做，是"好"学生，到社会则按自己的要求去做，是个"差"学生，形成"虚伪"人才。因此，高校德育工作要拟定一套基本的道德要求，努力分层次、有步骤地引导大学生从低向高、脚踏实地地从基本道德要求向较高道德追求迈进。

2. 要因人确定德育工作的广度和深度

大学生由于年龄和身心发展水平的差异，所能接受的德育内容层次的广度和深度也就不同。因此，高校德育工作要在具体要求、内容上必须与其相适应。极少数大学生存在厌学、心理障碍等情况，如果内容的广度和深度脱离了其实际，即使内容正确无误，其结果必然是无效或者收效甚微。

3. 要因人确定德育工作的手段和方法

高校德育课教师必须认真研究大学生的个性特征，分清其应达到的道德水平，分清其因个体经验、阅历的不同而呈现出的不同个体道德成熟水平，对不同学生选择并实施不同的手段和方法。

第三节 新时代大学生德育创新的方式

科学发展观的概念，指的是坚持以人为本，树立全面、协调、可持续的发展观，促进经济社会和人的全面发展。这一概念给处于困境中的高校德育注入了新鲜的血液，指明了新的发展方向。高校德育应以科学发展观为指导思想，进行德育理念创新、德育内容创新、德育方法创新、德育机制创新、德育评价创新、德育环境创新和加强师德，使高校德育重新焕发生机和活力，为我国社会主义现代化建设培养更多道德品质过硬的优秀人才。

一、高校德育理念创新

在高校德育创新中，理念创新尤其具有先导性和根本性。主要是树立"以人为本"的德育新理念，尊重大学生的主体地位，注重大学生个性的发展和潜能的开发，从而实现大学生全面、和谐、自由的发展。

马克思主义唯物史观把人类社会既视为一个自然历史过程，又视为人自觉活动的结果，认为社会发展是客观规律性与人的主观能动性辩证统一的过程。科学发展观把以人为本作为自己的核心和本质，把人的全面、和谐发展和社会的全面进步作为自己的出发点和落脚点，这正是对马克思主义历史主体论的继承和坚持。德育是关于人全面、和谐发展的科学。以科学发展观指导现代高校德育，必须把以人为本确立为高校德育的基本理念，进一步凸显学生在德育中的主体地位，把学生作为学校教育的价值主体、动力主体、权利主体和发展主体，紧紧围绕促进学生的成长、成才的目标，从当代大学生的思想、学习和生活实际出发，坚持德育塑造人的基本定位，并将塑造人与为了人、激励人、服务人、发展人统一起来，不断增强教育的针对性、主动性和创造性。贯彻"以人为本"的德育理念，就要做到教师与学生角色的准确定位。

（一）要破除"教师中心论"的旧观念

教师在德育教育教学过程中，既是教育者又是受教育者，这样才能做到与学生教学相长，相互提升；同时，教师的角色应由"演员"向"导演"转变，教师要善于调动每一个学生的内在积极性，发挥每一个学生的主体能动性，使学生从被动的受教育者成为主动学习的自我教育者。而且把这种"人本"思想体现在对学生的日常生活和学习的关心、帮助、尊重和激励上，成为学生的良师益友，准确把握学生思想动脉，积极引导学生道德的发展方向。

（二）要树立"学生中心论"的新观念

充分发挥学生自身的主体意识，让学生在德育教育教学活动中"搭台唱戏"，成为活动的主角。这样，不但会满足学生自我实现的心理需求，还可以增强学生的价值感和成就感。同时，学生角色成为"演员"后，原先那些社会要求就会转化为学生的自我要求，那些外在的道德原则和社会规范就会内化为他们自身的道德信念和行为准则。从而使学生由"道德他律"变为"道德自律"，自觉规范自己的行为，成为德行高尚的人。

二、高校德育内容创新

要从全面建成小康社会的实际出发，从高校学生全面发展的需要出发，坚持以学生为本，解放思想，实事求是，与时俱进，遵循德育发展的新理念，在实践中不断创新高校德育内容。

（一）德育内容创新应与时代发展相适应

传统的德育往往强调其政治性功能，关注学生的政治方向和思想品德，这无疑是十分重要的，但面对未来社会，如果还局限于此，显然不能满足社会和受教育者自身发展的需求，这种纯思想教育和政治性的品德教育将显得苍白无力。

21世纪的德育，其目标应该从单纯的政治思想品德功能，向注重学生综合素质和个性发展进行拓展，从而符合知识经济对人才全方位的要求。德育内容将根据21世纪的世界格局，根据受教育者的特点，不断改革和完善教学内容，在提高受教育者的综合素质上下功夫，促进人的全面发展和个性的自由发挥，从而使德育理论成为一个能适应变革的综合化新体系。同时，适应民族性教育和国际性教育的双重需要，德育工作在进一步深入挖掘和继承民族优秀历史文化传统的同时，把传统文化与现代化科学嫁接起来，把德育内容与世界政治、经济、文化、军事等方面联系起来，从横向和纵向两个方面不断拓展德育工作的范围和空间，从而从大视野、大思路去迎接世界的风云变化和发展格局，培养全面发展的综合型素质人才。

社会主义荣辱观是我国社会主义道德建设过程中的一项重要理论，具有很强的思想性、指导性和现实针对性。它集中体现了爱国主义、集体主义、社会主义思想，体现了社会主义基本道德规范的本质要求，体现了依法治国同以德治国相统一的治国方略，是中华民族传统美德、优秀革命道德与时代精神的完美结合。高校应将荣辱观教育融入德育中，切实加强和改进当代大学生思想教育工作，培育并帮助大学生树立正确的人生观、价值观和道德观。

（二）德育内容应与人才发展的需求相适应

人才素质的标准如下：

第一，有积极进取开拓的精神；

第二，有崇高的道德品质和对人类的责任感；

第三，在急剧变化的竞争中，有较强的适应能力和创造能力；

第四，有宽厚扎实的基础知识，有广泛联系实际、解决实际问题的能力；

第五，有终身学习的本领，适应科学技术综合化的发展趋向；

第六，有丰富多彩的健康个性；

第七，具有和他人协调和进行国际交往的能力。

国际教育界人才培养思路发生了重大变化，从学知识到做事到与他人相处，再到学会发展，学会做人，都开始把眼光从单纯的专业技能教育，转向全面素质的提高，都强调人才培养要从单纯知识的掌握，到能力的发展，到与人相处的艺术，到广泛可持续发展的潜质。

可见，德育在人才素质的培养中具有重要的位置。德育内容创新要以科学发展观为指导，把学生培养为全面的人、独立的人、道德的人、健康的人、创新的人，即不仅要关注受教育者政治方向、思想观念等意识层面上的问题，也要关注受教育者身心健康；不仅注重受教育者知识、技能、思维培养，也要十分重视受教育者情感、意志、兴趣、需要、信仰等个性素质，以及社会责任感与社会能力的培养。

总而言之，德育不仅要为受教育者成长指明方向，而且要为受教育者成长所需的个性与才能的发展提供必要的指导与帮助。

三、高校德育方法创新

（一）科学运用典型示范的方法并确立引导式德育方法

运用典型示范的方法，就是利用典型的人和事例对学生进行教育，引导学生去学习、对照和仿效。典型示范法的特点是将抽象的说理变成活生生的典型人物或事件来进行教育，从而激起人们思想情感的共鸣。

第一，深入实际，善于发现典型和推广典型，树立的典型必须有群众基础，其先进事迹必须真实可靠。第二，组织、引导学生有计划、有步骤地学习先进。第三，做好宣传工作，使学生提高学习榜样的思想认识，端正学习态度。如，参观展览、听报告会、与模范人物座谈、听先进个人介绍经验；等等。第四，形成一个比、学、赶、帮、超的良好舆论环境，推动学习。第五，德育工作者自己也要把先进人物作为追赶对象，这样引导学生学习榜样才能有力量。

（二）重视校园文化建设并确立渗透式德育方法

校园文化是社会文化的一种亚文化，是具有高等学校特点的一种精神环境和文化氛围，它包括学校的教学、科研活动，以及校风、学风、校园环境、制度建设、管理水平、生活服务等多方面的内容。大学生生活绝大部分时光是在校园文化的潜移默化作用中度过的，通过校园文化的渗透可确立渗透式德育方法。

1. 由有形教育向无形教育转化

有形教育指"两课"教育，党团组织生活，形势政策报告，以及政治学习和讨论等专门的德育活动。无形教育指校风、学风、教风、班风等校园文化的潜移默化；有形教育是必要的。但是，若在运作方式上恰当地借助于无形教育，效果可能更好。无形教育形式多样，生动活泼，寓教于美，寓教于乐，使学生在无形无声中受到熏陶和感染，校园文化就具有这种无形教育的特点，因此，加强校园文化建设，努力塑造校园精神，弘扬富有时代特色的校园精神主旋律，成为教育学生的重要力量。

2. 由有意识教育向无意识教育转化

有意识教育，是指有目的、有计划、有组织地对大学生施加思想、政治和道德影响的以理性形式出现的德育活动。无意识教育，是指体现一定价值观念和审美意向的、以感性形式出现的各种有声有色的校园文化活动及物质环境。校园文化通过提供具有教育意义的场景和活动，对大学生施加影响，使其在无意识中得到教诲。因此，在校园文化建设中，大力绿化、美化校园，发扬为人师表、尊师爱生的风气，完善校园文化设施，开展丰富多彩的文艺活动，努力营造校园氛围，这是使有意识教育向无意识教育转化的重要条件。

3. 由外在教育向自我教育转化

不管是有形教育向无形教育转化，还是有意识教育向无意识教育转化，归根结底，是外在教育向内在教育即自我教育的转化。作为校园文化主体的大学生，其活动的主要结果应该是他们自身的发展。为此，校园文化建设中，应该创造各种学生喜闻乐见的形式，如，各种演讲赛、辩论赛、学生宿舍文明建设等，通过学生积极主动的参与，不断提高学生自我教育的能力。

（三）拓展高校德育渠道并确立体验式德育方法

实践教育作为高校德育的渠道，是近年来高校德育工作者创造的一种理论联系实际的教育方法。

这里的实践主要包括三层含义：一是指德育对象的人生实践、人生体验。例如，参观访问、社会调查、社会服务活动等。二是德育活动中的社会实践。例如，公益劳动、青年志愿者服务队。三是德育行为的践行、养成，如学生参加军训、规范管理。实践教育之所以作为高校德育的一个重要方法加以提出，主要因为下列因素：从实践上看，改革开放以来，高校德育在实践方面大胆改革，成绩显著，走出了一条成功的路子；从理论上看，实践既是德育的起点，又是德育的终点，还是德育实施的重要途径和方法，高校应重视实践教育，确立体验式德育方法。

首先，要引导学生勇于实践。即增加学生对人生的感性认识、初始认识，建立学生的初始信念。艰辛知人生，实践长才干。为此，要让学生深入生活，了解生活的底蕴。

其次，要从根本上提高对社会实践的认识。当前，我国改革发展正进入关键时期，高校德育要突出拥护和支持改革这个时代性课题，要通过理论教育和社会实践，从根本上坚定改革的信念，正确对待改革中利益关系的调整，积极为推进改革贡献力量。为此，要适应改革开放的新发展，及时调整充实德育基地，使实践教学制度化、规范化和系列化。

最后，注重德行养成。"纸上得来终觉浅，绝知此事要躬行"。一个人要养成良好的道德行为，只有理论知识是不够的，必须付诸实践，知行统一。

（四）贯彻因材施教原则并确立咨询式德育方法

因材施教，就是区分层次，因人施教，根据不同对象的特点和需要开展工作。在德育过程中，确立咨询式德育方法，融德育内容于其中，往往会收到很好的效果。从目前的发展趋势看，心理咨询不仅是一种治疗过程，更重要的是一种帮助、启发和教育的过程。咨询式德育方法是满足学生多方面的需要，是通过咨询机构在开展咨询服务的同时，兼有培训与辅导，以及评价与对策研究在内的三个相互联系的组成部分。

1. 咨询服务

它是整个咨询机构的首要任务，其内容涉及大学生有关的诸多方面，不仅是心理领域，如，理想、人生、人格、社会、友谊、爱情、学习，以及某些病症，而且涉及工作方法与能力培养、就业、择业等方面的一些咨询内容。

2. 培训与辅导

旨在按照某种特定的要求，依据人的心理形式、变化和发展的相关原理，通过一定的背景与技术手段，训练辅导某个群体或个体达到某种特定的要求，从而增加一些培养学生心理素质或其他方面不足的内容。

3. 评价与对策研究

咨询式德育方法要科学化与正规化，评价与对策研究，是必不可少的。这项工作是建立在咨询案例的积累与总结上。因此，咨询档案的建立成为首要的任务。结合高校的状况，可进行以下几方面的评价与对策研究：一是新生基本素质的评价与分析，目的是把握学生的素质倾向性，并依此提出合乎科学的教育方法，真正做到因人施教。二是学生的基本素质评价与教育对策研究，目的在于科学地预测与把握学生的发展趋势，提出相应的教育对策，达到良好的教育效果，并为学生的择业提供指导性意见。三是常规测评内容与方法的研究，这是辅助咨询的手段，是通过一些量表来对学生进行评价。

（五）借助大众传播媒介实现德育手段的现代化

1. 要注重传统媒体的德育功能开发

当今时代，是一个大众传播媒介飞速发展的时代。报纸、杂志、书籍、广播、电视、电影、录像等大众传播媒介被称为最重要的舆论工具，我们在注重传统媒体作用的同时，更要加强对其功能的开发，如，在学生宿舍安装闭路电视，充分利用校报、广播台等，及时传播正面信息，分析热点、难点问题，帮助大学生化解矛盾，把问题消灭在萌芽状态。

2. 利用多媒体技术并增强德育课效果

信息技术、网络技术、多媒体技术，在教育领域中的运用，使传统教学手段正发生着日新月异的变化。思想教育的个别谈话式将一改传统的"直面"的形式，不受时间与空间的限制，教育者与受教育者之间的信息、思想、情感等内容的交流，将通过计算机这个中介来进行。新时代的高校德育，一方面，坚持和强化对大学生的社会意识形态教育、中华民族传统美德和优秀文化教育；另一方面，要努力实现德育课教育的现代化、多媒体化，深入研究德育课教学方法的特殊规律，开发一些多媒体德育教学软件，改变德育教学中呆板的一面，激发大学生学习的兴趣。

3. 运用现代网络技术并实现德育网络化

德育信息网络包括校报、校刊、校广播台、校有线电视台、阅报栏、宣传橱窗，特别是校园计算机网络。该网络既应充当"把关人"的角色，尽可能地把一些流入学校的消极信息过滤掉，又应当发挥"天平"的作用，对一些难以过滤的消极信息进行平衡。该网络的主流应是积极向上的，阻挡、抵制网上的消极信息；要调动可以利用的校园内各种资源，或制作软件，或主动发布信息，主动向各种不良信息应战；要调动广大学生参与的积极性，让学生熟悉现代信息社会的基本运行手段和运行规则，使他们走出校园面对信息冲击，能显得比较成熟和从容。

四、高校德育机制创新

只有建立一套在社会主义市场经济条件下有效运转的，科学化、规范化的工作机制，才能使高校德育工作按照其固有的规律，正确有序地运行，健康持续地发展。当前，要重点健全四大机制。

（一）健全领导机制

党委是学校德育工作的领导核心，应当研究德育的指导思想、工作方针、任务和重要问题，主持制定德育的总体规划与实施计划，定期分析学生思想政治状况和德育工作情况。在党委的统一部署下，建立和完善校长及行政系统为主实施的德育管理体制，校长对学生德、智、体全面负责。一般应明确一名副校长（可由党委副书记兼任）具体负责德育工作。可成立学校德育工作领导小组，也应建立相应的德育工作领导小组。

高校的党委宣传部、学生工作部、"两课"的教学部门、教务处、学生处、团委是组织德育实施的主要职能部门；党委组织部、学工部、人事处是德育队伍的管理部门。学校的其他相关部门都要主动参与、密切配合，真正做到齐抓共管。

各省、市、自治区和中央有关部委教育部门应有相应的机构，推动本地区和本系统高校德育的组织实施。

（二）健全激励机制

激励机制实际上是竞争机制。建立德育激励机制，应遵循教育的外部关系规律，及时地学习和贯彻领导机关有关德育工作的指示精神和信息，以激励和调动全体教职工搞好德育工作的积极性，其理论依据是施教者和受教者均有搞好德育工作的内在动力。其基本途径是鼓励和保护各种形式的竞争，通过物质和精神的两种鼓励方法，通过责、权、利的再确定和再分配，充分调动施教者和受教者的积极性、主动性、创造性，以互相配合，互相促进，齐心协力地把德育工作搞好。

目前，一些高校已经采取将德、智、体综合测评与学生的评优、学生贷款、奖金的发放实行挂钩的办法，也有的高校出台了对德育工作者工作成效的考评和评估的操作方案，对提高德育工作队伍的工作效果也起着激励作用。这种考核和评估要按照不同层次的工作目标，不同的工作职权确立不同的评估内容和标准，实行定性和定量结合，纵向、横向比较结合，专项考评和综合考评结合。考评结果要与物质奖励和精神奖励挂钩，通过考评合理拉开收入档次，激励先进，督促后进，及时改进工作。

（三）健全协调机制

高校德育是一个"和谐的大德育"系统，需要高校内部各个工作部门、各个岗位的协调和配合。

建立有效的协调机制，动员各方面的力量，包括党政协调、教育和管理协调、专职人员和非专职人员协调，特别是后者。要明确分工、职责，处理好集中教育与分散教育、阶段性教育与日常性教育的关系，专职人员要集中精力去解决那些带有普遍性、倾向性的思想认识问题，而在具体工作过程中出现的各种思想问题，应由做行政、业务工作的同志随时加以解决。

做到协调，就要明确直接从事教学、科研、后勤等工作同志的教育职责，提高他们"教书育人，管理育人，服务育人"的自觉性，同时，要求专职德育工作者要熟悉业务，提高科学文化素质和思想理论水平。这样，才能把德育工作同专业教学工作、行政管理工作，以及后勤服务工作有机结合起来，更好地服务于德育工作。

（四）健全投入机制

德育经费要确定科目、列入预算。基本来源为政府拨给的事业费和收缴的学生培养费或学杂费。高校德育经费投入的范围，包括对学生进行思想教育的教学、管理和日常德育活动两部分。思想教育教学、管理经费投入，包括马克思主义理论课和思想品德课教学、德育专职人员和"两课"教师的培训提高、社会考察与调研、有关教研室的业务条件建设和图书资料、德育科研。日常德育活动经费投入，包括对学生的日常思想品德教育、假期和课余组织的学生实践、大型德育活动，以及用于学生和德育队伍表彰等所需经费。学校应把建设适应学生德智体全面发展的现代化德育设施、设备和活动场所、基地纳入总体建设规划，并从基本建设费和设备费中给予保证。各级政府要在德育工作"硬件"建设上给予支持和优惠，不断增添活动场所，更新设备，完善设施，从而使高校德育工作的各项方针政策真正落到实处。

五、高校德育环境创新

德育应是全社会的力量共同投入完成的大工程，要遵循德育规律，建立起学校、家庭、社会"三位一体""齐抓共管"的"大德育"格局。

（一）高校、社会和家庭各司其职

从学校方面看，幼儿园、小学、初中、高中、大学每个阶段都应很好地开展德育工作，这几个环节是相互衔接的，德育工作是一个过程，把每个阶段抓好，才能为高校德育工作铺好路，打好基础。高校是大学生成才的摇篮，营造优良的德育氛围，对大学生思想品德的形成和发展起着至关重要的作用。高校要全面贯彻和执行党的教育方针，加大德育工作的力度，全方位、全过程、多角度地对学生实施教育和影响，在各门学科教学中都努力渗透思想品德教育。高校德育工作要贯穿于学校工作的各个方面，贯穿于学校教学、科研、学科建设，以及行政管理、后勤服务的各个环节，做到教书育人、管理育人、服务育人，实现全过程育人、全员育人、全方位育人。

从社会方面看，社会的各个部门和行业，也应配合高校德育工作。大学时期是大学生世界观、人生观、价值观形成的重要时期，社会环境的优劣，对其思想道德素质培养起着重要的作用。优化社会环境应引起全社会的高度重视，需要各级党委、政府和全体公民的共同努力。党和政府要充分宣传党的路线、方针和政策，使公民理解、拥护、支持和参与改革；继续加强党政干部的廉政建设，加大查处腐败现象的力度；继续加强社会治安综合治理工作，坚决查处"黄、赌、毒"现象；努力优化社会舆论环境，充分发挥舆论在道德建设中的引导、评价、监督作用。

从家庭方面看，家长要时刻关注孩子的变化，多与孩子沟通、谈心，及时纠正他们错误的人生观、价值观。将孩子引向正常生活的轨道，跟上时代潮流。

（二）高校、社会和家庭的沟通与合作

毫无疑问，在对大学生的德育教育过程中，学校、社会、家庭三者的影响，都是不可忽视的，需要学校、社会、家庭三个方面形成一个有机的系统来共同完成。当前，高校德育工作中存在着与家庭、社会协调不够的问题，必须加以克服。

学校要主动争取家庭、社会对学校德育的支持，充分发挥家庭、社会教育的积极作用。教师要主动联系家长，建立家、校联系制度，互通学生有关情况，使学生的教育不留"盲点"；同时，使家长的意见及时得到反映，促进学校德育工作和家庭德育工作有针对性地开展。

学校应充分开发、利用社会丰富的德育资源，开展德育工作。通过校企合作、产教结合等形式，多渠道创建校外德育基地，紧密结合学生学习的专业实际，聘请有关人员为校外德育辅导员，并定期请他们来校讲课，通过走出去、请进来，开阔学生视野，使培养出来的学生适应社会的需要。学校应该定期对学生进行跟踪调查，了解社会对人才培养的要求和学生适应社会的情况，以改进高校德育工作。

六、加强师德建设

在高校德育中，教师作为人类灵魂的工程师，发挥着主导作用。一个学校的教师师德状况如何，不仅可以反映出该校教师队伍素质的高低和教学质量的好坏，还直接影响着师生的精神风貌和学校的整体文明程度。在学校德育工作中，衡量德育效果的高低，通常是看德育目标转化为个体品质的程度。如果教育培养目标的要求能够转化为学生个体的素质，那么德育工作就达到了预期的效果。德育效果一方面，与受教育者的接受程度有关；另一方面，也与教育者自身的思想修养有关。教育的一般规律告诉我们：教育是教育者和受教育者的双边活动，且教育者在活动中起重要作用；也就是说，在德育工作中，教师队伍的师德状况是决定德育效果的主要因素之一。这是因为教育具有以人格培养人格，以灵魂塑造灵魂的特点。长期的教学实践表明，教师良好的思想观念、品德修养，对学生的健康成长具有重要的导向作用和潜移默化的影响作用。

制度建设是教师队伍建设的基础。俗话说，没有规矩，不成方圆。良好师德的养成是一个渐进的过程，既要靠自律，也要靠他律。在师德建设中，既要重视思想教育的作用，又要从制度上加以严格的约束和管理，督促教师自觉履行教书育人职责。

当前，应重点制定和完善以下几项制度。

（一）师德学习培训制度

首先，政治素质的培训。主要包括：政治理论教育、时事政策教育、法律法规教育等。当前，要重点加强对各项政治理论重要思想的学习，以及党的有关路线、方针、政策和重大时事政治的学习，使广大教师坚定其政治信念。

其次，道德素质的培训。主要包括：公民道德规范教育、教师职业道德教育，学术道德教育等。

最后，业务素质的培训。主要包括：学习教育的新理论、新观念、新思想、新知识、新方法等。通过业务素质的培训，使广大教师不断提高教育理论修养、知识水平、教学能力，从而更好地担负起教书育人的职责。

（二）师德考评监督制度

充分发挥师德考评和社会监督作用，是提高师德水平的重要保证。"人非圣贤，孰能无过"，有了他人和社会的监督，使教师更加注重自己的一言一行。对教师师德的考评，也是对教师德才表现和工作成绩的综合检查，对教师本身的发展有着重要的影响作用。高校应采取民主公开的方法，建立健全教师自评、教师互评、学生评价和领导评价相结合的考评机制，使教师更清楚地认识到自己的形象，从而督促自己在任何时候都要做到为人师表。

（三）师德激励约束制度

良好师德的形成，既要靠学习教育，也要靠激励约束。学习教育是基础，激励约束是一种必要的手段。激励就是表彰先进，树立榜样，建立师德标准；

约束就是对违反师德的教师，按照规定严肃处理，对于品德不良、师德败坏、社会影响恶劣的，坚决取消其教师资格。从而使教师在制度的约束下，自觉规范自己的言行。良好师德的养成，有助于强有力的激励和约束机制，只有这样，才能确保师德建设取得实效。

（四）师德内化自律制度

提高师德修养，离不开外部的条件和作用。但主要还是依靠教师自身的主观努力和高度的自觉性。师德修养就其本质来说，是教师内心的自我认识、自我教育、自我提高。因此，建立师德内化自律制度，十分重要。内化就是教师将社会约定的职业道德规范转化为教师自身的行为准则，将外在的约束和要求转化为自身道德修养的过程；自律就是无论是否有外在的约束或监督，教师都能严格要求自己，自觉自愿地遵守规范。内化自律制度的建立，使得教师在行动中遵守师德规范时，内心会感受到欣慰和愉悦；如果违背了原则，就会内疚和自责，从而达到"慎独"自律这样一种高度自觉的道德境界。

七、德育评价机制的创新

（一）建立多功能的学生德育评价机制

高校的学生德育评价的目的，不仅仅在于评定学生的德育水平，对学生的德育状况有一个诊断，更重要的意义是，通过德育的评价起到鼓励先进、鞭策后进的激励作用。只有通过充分激发德育评价的激励功能，才能使学校的德育活动自始至终都处于一种积极活跃的最佳状态之中。

（二）德育评价要从"单一结果评价"向"多样结果评价"转变

当前，德育评价单一结果的评价形式，越来越不能反映学生多样化的状况和不同的个体特点，在客观上也不能适应高校素质教育的推行和社会对大学生多样人才的现实需求。因此，德育评价在内容上，要从单纯重视道德认知成绩的评定，转向对学生的"德"和"能"综合素质的全面考察。在结果上，要从单一综合定性等级评价转变为客观反映学生各类情况多样化的纪实评价，建立起综合性的、多样化的学生新型评价体系，积极推进学生德育评价体制的革新。

（三）德育评价要将"自评"和"他评"结合起来

在高校的育人过程中，教育者和学生都是主体，既要充分发挥教师在教育过程中的主导作用，也要充分尊重学生的主体地位。这是一个重要的现代教育理念。但是，在现实的学生德育评价过程中，学生往往处于较为被动的被评定地位，学生德育评价往往注重"他评"，而忽视学生对自身德育状况的"自评"，没有能充分体现和发挥学生的主体地位与作用。因此，我们要通过德育评价从"他评"到"自评"的转变，将二者有机地结合起来，积极引导学生把德育的外在要求转化为内在的动力，促使评价活动成为学生自我教育、自我调节的有效载体，更好地发挥德育评价的导向激励功能。

（四）德育评价要将"定性评价"和"定量评价"结合起来

在现实操作中，通过定量评价产生学生德育定性等级的办法，带有很大的不合理性。同时，由于定量评价是产生学生德育定性等级的基础，因此，学生都十分注重各项指标的得分，这往往导致高校学生德育评价，由对学生德育的诊断与激励变成学生对利益的追逐，所以，要定性评价与定量评价相结合。定量评价是指采用数学的方法，收集和处理数据资料，对评价对象做出定量结论的价值判断。定性评价是指不采用数学方法，而是根据评价对象平时的表现、现实的状态或文献资料的观察分析，直接对评价对象做出评价的价值判断，以求得对学生更客观和更全面的评价。

第二章 德育队伍建设的模式

第一节 德育队伍的内涵与功能

高校德育队伍是实施德育的主体，是对大学生进行德育教育，实现德育目标的组织保证。研究高校德育队伍的建设规律，把握这支队伍的结构、功能和培养、选拔、管理的组织措施，是关系到高校德育目标、内容、过程、评估等要素能否合理运行，取得成效的重大问题。

一、高校德育队伍的内涵

德育队伍是一个扩大意义上的概念，就高校具体而言，应该包括专职德育工作者队伍、德育理论研究及课程教学队伍以及兼职德育工作者队伍。

（一）专职德育工作者队伍

专职德育工作者队伍是高校德育的主要力量，是德育工作的骨干和核心，指那些专门负责领导、组织和实施学生德育工作的党、政、工、团各级组织和各部门工作的人员，这支队伍通称政工干部和学生辅导员，他们都是以德育为自己的主业。具体包括学校党委分管德育工作的副书记，学校分管德育工作的副校长，学工部、宣传部、团委及各个分管德育工作的院（系）党委（总支）副书记、副主任，以及专职团干部、辅导员、班主任等。专职德育工作者队伍是学校德育总体规划的设计者和实施者，他们的主要作用是贯彻党的教育方针和密切联系学生思想的实际，制订德育计划，直接从事德育工作并组织兼职德育人员和其他教育者，采用灵活多样的形式和方法，调动受教育者的积极性，认真、有效地实施德育计划，实现德育工作的各项具体目标。

（二）德育理论研究及课程教学队伍

德育理论研究及课程教学队伍主要是指那些专门从事思想政治理论课教学和研究的教师。这支队伍通称高校"两课"教师，他们政治上坚定可靠，具有深厚的马克思主义基本理论修养，具有扎实的思想政治教育理论基础，具有较高的科研能力和组织教学、教育活动的能力。另外，"两课"教师还负有加强德育科学研究、丰富发展德育科学理论的重任，为德育系统提供科学的理论依据，指导德育工作的实践活动，并兼有帮助德育专职工作者提高理论水平的任务。

（三）兼职德育工作者队伍

兼职德育工作者队伍是指专职德育队伍以外的其他力量，主要包括除专职德育队伍以外的教育工作者、德育理论及课程教学以外的其他学科教师等。在行政系统中从事管理工作的人员，在教室、实验室、图书馆等岗位上直接从事与教育教学活动相关的辅助人员，以及在资产管理、后勤医疗服务等岗位上的其他专业技术人员，他们都是学校实施德育的广泛的、重要的力量。各学科的任课教师具有人数多、分布广，文化课知识、专业理论知识和技能娴熟，随时可结合本学科教学渗透德育的优势，他们同样发挥着潜移默化的德育作用，体现了全方位落实"教书育人""管理育人""服务育人"的良好理念。同时，社会力量也是学校德育队伍的有效补充。充分发挥社会力量的作用，可以使学校德育融入学校、家庭、社会的大德育体系中，实现德育的整体化、系统化、社会化，可以增加学生社会实践的机会并提高德育质量。在三支队伍中，专职德育工作者队伍具有协调、调动、安排其他德育队伍和其他力量的作用。只有将上述三支德育队伍紧密结合，才能更好地发挥德育队伍的整体功能，从而实现全员育人。

二、高校德育队伍的功能

（一）教育引导功能

教育引导功能是指高校德育队伍通过制定德育政策、制度及教学管理、纪律制度考核和奖惩措施等手段，因势利导，有领导、有计划、有步骤地对德育对象开展马克思主义中国化最新成果和社会主义核心价值观"进课堂、进教材、进头脑"的系统教育的功能。教育引导功能是高校德育队伍的核心功能。坚持教育引导功能，要紧紧围绕立德树人根本任务，以培养学生良好的思想素质和道德品质为中心，通过功能的发挥，努力使学生既能掌握马克思主义基本理论，又能以马克思主义理论为指导解决实际问题。新形势下，高校德育队伍要充分发挥教育引导功能，必须注重方式方法的创新，努力改变单纯说教的传统模式，不仅要告诉学生"是什么"，而且还要指导学生懂得"为什么"，帮助学生学会"怎么做"，着力启发自我、自觉，引导实践，从"授人以鱼"的传统教育引导功能向"授人以渔"的新型教育引导功能方向拓展。为此，当代高校德育工作者不能仅满足于进行理论灌输和教育活动，而是要进一步加强对青年学生思维观念、思考方法的引导。具体来说，德育工作者既要着重研究高校德育与国内外社会环境、社会发展及高校师生的思想品德素质要求的适应性，又要着重研究德育教育的群体与个体关系；既坚持宏观上对整个被教育群体的教育引导，又重视对不同个体的个别指导或辅导。总之，高校德育队伍教育功能向引导、辅导方向拓展，走出传统的封闭、狭窄的"说教"天地，广泛吸取系统方法、控制方法、目标方法、信息方法等适应新形势需要的科学技术理论和方法论，具有十分重要的现实意义和长远意义。此外，高校德育教育还要善于借鉴相关学科的理论知识，如教育学、心理学、伦理学、社会学、政治学等，运用一切有利于德育教育的现代教育工具和理论模式，形成德育教育发展综合化的认识论，将德育的教育引导功能进一步拓宽、拓深。

（二）管理服务功能

管理服务功能是指高校德育队伍运用德育教育的特殊手段，通过德育工作的特定渠道和方法，对德育对象在重大是非原则问题上进行教育疏导，对他们的健康成长给予关心，并给他们的工作、学习和生活排忧解难的功能。管理服务功能是高校德育队伍的基本功能。应当说，改革开放以来，高校德育队伍在为师生的工作、学习、生活等方面做了大量服务工作，尤其在为学生成长、成才方面做出了巨大贡献。但在新形势下，高校德育队伍的管理服务功能还须进一步拓展。这是因为：首先，科学发展观要求德育教育的内容、任务，应当更多地以服务形式和载体来实施，在实施服务的过程中有效地渗透德育内容。其次，高校在办学机制方面的不断改革，使得学校将越来越多地赋予学生在专业学习上的选择权、自主权。特别是全国高校普遍实行学分制后，学生在校内可跨班、跨年级、跨系选修课程，有些相关学校甚至允许学生相互跨校选修。传统的班级管理、教育模式开始弱化，学校的教学管理和学生的需求愿望出现了前所未有的新情况，这些都迫切要求高校德育工作必须贴近社会经济发展对人才培养的要求和学生的成才愿望。最后，立德树人的根本任务要求高校德育工作应当突出为培养合格人才服务。为此，高校德育工作者应当进一步强化服务意识，拓宽服务领域，对学生的服务不能仅停留在一般的释疑解惑和简单的排忧解难层次上，要在深化高等教育综合改革新形势下，进一步完善服务手段，努力构建促进学生健康成才的服务体系。

要根据新时期青年学生的身心特点，热情指导他们如何正确认识自己、正确对待他人，学会集体生活，正确处理好各种人际关系。在重视对青年学生进行思想政治素质、科学文化素质、道德品质素质、能力素质等教育训练的同时，也重视对他们进行心理健康教育。在德育理论和德育实践的过程中要多融入教育学、心理学、社会学、伦理学等方面的知识和实践，突出心理疏导在德育方面的重要地位，更好地为培养学生健康的人格和健康的心理服务。要借鉴国外大学在心理健康教育方面的好的做法，如，设立"学生辅导中心""学生成长中心或""学生顾问"等，并更多地使用教育学、心理学、伦理学、社会学等方面的专家对学生进行学习指导、心理疏导，以及日常生活、社会生活和人际关系方面的辅导。

（三）实践育人功能

实践育人功能是指高校德育队伍把实践作为德育的有效载体和检验评估德育绩效的标尺，通过划出一定比例的教学时间，在教育教学过程中组织德育对象开展社会考察、调研，参与各种社会实践，使他们在实践中成长成才的功能。实践育人功能也是高校德育队伍的一项重要功能。近年来，高校德育队伍越来越重视德育实践活动的组织和指导，在人力、财力、物力上都加大了投入。但是，从总体来看，高校德育队伍的这种实践功能，与新形势下高校深化综合改革的要求，与改革中人们思想认识、价值观念变化和成才需求相比，还需进一步拓展和扩大。为此，要从充分尊重师生的自主、自立精神，热情支持师生的交往、参与意识，切实关心师生的自身发展和成才需要等方面，拓展德育队伍的实践功能。首先，要有组织、有计划地开展拓宽知识视野，提高实用技能的课外讲座或系列培训活动，提高师生，特别是广大青年学生服务社会的能力；其次，要建立和完善大学生社会实践活动的组织运行与服务机制，努力使社会实践活动适应社会发展的新形势和新要求，指导学生在各种实践中获得自我发展的能力；最后，与社会各级政府、部门建立广泛联系，以"共建""联办"等多种形式，跨院校、跨地区建立社会实践基地，努力探索社会实践活动的日常化、项目化和阵地化，更好地发挥高校德育队伍的实践育人功能。

第二节 高校德育队伍的素质分析

一、高校德育队伍的素质要求

（一）坚定的政治素质

我国高校德育既是人才培养的重要组成部分，又是实现党的总任务、总目标的重要实践活动，具有强烈的政治性和党性。因此，对高校德育工作者来说，坚定正确的思想信念和政治方向是首先应当具备的素质。思想信念是人们对某种思想、主张的极度信服和对某种社会理想的坚定追求。它决定着一个人思想行为的政治方向，德育工作者只有树立崇高的政治信仰，即崇高的共产主义信仰，才能一方面产生自身强大的内驱力，以坚忍的意志从事伟大的事业；另一方面又以坚定的信念向教育对象灌输马克思主义和中国特色社会主义科学理论，并以坚定的信念感染教育对象，与教育对象一起，产生思想共鸣，增强德育效果。德育工作者不仅要有坚定的政治信念，而且要有正确的政治立场，还要有正确的观点来提高认识能力，提高政治上分辨是非的能力、政治敏锐性，以及善于从实际出发，正确处理各种政治问题的能力等，使自己的主观认识符合客观实际；思想和言行要坚持对党负责和对祖国、对人民群众负责的一致性；要追求并坚持真理，坚持原则，实事求是；要公而忘私，襟怀坦白，光明磊落，言行一致，表里如一；德育工作者要树立辩证唯物主义和历史唯物主义世界观，以及正确的人生观、价值观，不断进取、勇于创新；要正确对待挫折和困难，塑造社会主义理想人格，并具有较强的事业心、使命感，热爱德育事业；德育工作者要坚持实事求是的作风、民主的作风、批评与自我批评的作风。

（二）良好的道德素质

德育的主要任务和目的就是提高人民群众道德认知和道德行为的能力。

教育者在德育过程中，在与社会成员互动过程中，扮演着特定的社会道德角色。人们对其在不同社会情境中的道德言论和行为都有公认的期望，这些规范性期望表明了哪些行为是道德上允许的，哪些是不允许的，哪些行为在特定场合是适宜的，哪些是不适宜的。如果与期望标准不一致，就会受到一定的社会压力，社会成员和角色伙伴会感到迷惑不解，或大失所望。同时，教育者作为主体性的人有自己个人的道德世界和道德理想，他们不是一个教育传输机器。对教育者实施道德教育的任何要求都必须经过其主体的过滤、加工甚至改造，才能变成一种道德输出，转化为对学生的德育影响。因此，不能由于考虑社会角色要求的客观性，而忽视教育者主体性因素，以角色所体现的职业品质掩盖或替代教育者人格所决定的个性品质。对高校德育工作来说，一方面要培养大学生成长过程中必须具备的良好的道德品质和行为习惯；另一方面又要按照我国社会主义现代化事业接班人的要求培养他们具有高尚的社会主义、共产主义道德品质。因此，对高校德育工作者来说，要培养大学生的社会主义、共产主义道德品质，自身就必须有科学的道德认知，按照社会主义、共产主义的道德要求和规范提高自己的道德境界和道德修养，才能在德育实践活动中生动体现社会主义、共产主义的道德理想；要培养大学生成长中必备的良好的道德品质，自身就必须拥有优秀的道德品质和人格魅力，是社会基本道德规范、社会主义核心价值观的倡导者和践行者。

（三）精湛的业务素质

业务素质指高校德育工作者要具备德育的各种实际工作能力。德育队伍工作的实际表明，德育队伍的业务素质主要包括组织管理能力、分析研究能力、宣传表达能力、道德移情能力等。首先，组织管理能力是德育队伍首先要具备的业务素质。德育是社会性的教育活动，同时它的教育对象又是以群体或个体形式出现的人，德育队伍在教育过程中，既要组织各种教育力量以发挥教育合力的作用，又要独立主持各种教育活动；既要深入细致进行个别教育，又要善于发现和培养骨干，并通过他们团结和带领群众；既要善于发动和组织德育活动，又要善于协调德育各部门之间、德育部门与其他部门之间、德育工作与其他工作之间等的关系，德育队伍只有具备较强的组织管理能力，才能有序、有效地开展德育工作。其次，分析研究能力也是高校德育队伍必须具备的能力，这一能力在现时代显得更为重要。高校德育工作者要善于运用马克思主义基本理论，尤其马克思主义认识论和方法论解决德育实际问题，并在实践中不断丰富和发展德育理论；要在通过调查研究掌握大量事实材料的基础上，认识和研究人们的思想及德育的内在联系和规律；要能够在分析研究的基础上，综合各种情况进行正确判断和做出科学决定。只有具备了一定的分析研究能力，德育队伍才能依据形势变化和客观情况科学制定德育目标，正确选择德育方法，合理设计德育活动。再次，德育工作者还必须具备较好的宣传表达能力，这是高校德育队伍应当具备的基本能力。德育过程在一定形式上是德育工作者言传身教的过程，德育工作者要将基本的社会道德规范、共产主义的理想信念、党的理论和路线、方针、政策通过文字、语言、形象等表达出来，并通过课堂教学主渠道以及广播稿、黑板报、橱窗、报纸杂志和网络、手机等大众传播媒介进行传播和宣传，才能使受教育者得到感染、影响直至接受。当代大学生对于马克思主义、对于党的历史、理论、实践已经越来越陌生，距离也越来越远，"信仰危机"是他们道德失落的重要表现。党的十八大以来，习近平总书记强调要牢牢掌握意识形态工作领导权和话语权，不断巩固马克思主义在意识形态的指导地位，巩固全党全国人民团结奋斗的共同思想基础。这对高校德育队伍的宣传表达能力提出了新的要求。最后，高校德育工作者还应当具备道德移情能力，即理解、分享他人或群体情感的能力。罗杰斯认为，要使学生产生有人格的建设性变化的有意义的学习，教师就要如实地接纳学生，并理解学生的感情。教育者之间的移情换位对彼此团结协作、加强教育合力、提高德育效率是十分重要的因素，对群体的移情和换位有助于及时调控班级道德气氛，获得德育信息，对道德舆论导向、群体心理健康也会起到积极作用。教育者如不能够设身处地地与儿童分享忧伤与快乐，不能够沉醉于孩子的顽皮活动中，就没有权利谈论对孩子的影响问题。从这个意义上说，成功的教育者就是要使自己变成一个孩子。因此，移情换位能力是高校德育队伍能力的重要体现。

（四）扎实的知识素质

高校德育队伍也是思想政治教育队伍。高校思想政治教育是一门综合性、实践性很强的应用型学科，其工作对象是具有一定科学文化知识素养的人。因此，每一个思想政治教育工作者都必须具有扎实的理论基础和宽广的知识面。首先，高校德育工作者要熟练掌握思想政治教育的专业知识。思想政治教育理论课仍然是高校德育的"主渠道"，但它是一种融政治性、思想性、理论性、知识性、实践性和修养性为一体的综合课程，涉及的内容十分广泛，而且有一定的理论深度、广度和高度，是理论性和综合性较强的课程。因此要讲活、讲透该课程，除了必须以教材内容要求为主线索，弄通、弄熟各环节内容外，还必须广涉知识面，通过"言传身教"最终使教材内容体系转化为学生的认识和信仰体系。在具体教学中，应多联系现实中的生动事例，力求讲得生动、透彻，不能照本宣科。否则就会出现教与学脱节的现象，从而达不到教育的目的，甚或出现言者谆谆、听者昏昏，你讲你的、我干我的之类的现象。其次，高校德育工作者要具有广博的各学科知识。尽管个人精力和能力所限，不可能对社会科学和自然科学知识都掌握得精深，但要努力建立合理的知识结构，在掌握思想政治理论课扎实的、丰富的专业知识基础上，学习与之相关的，能提高学生学习兴趣，对教育起辅助作用的文学、历史、哲学、法律、艺术、社会等人文科学知识，帮助学生树立正确的世界观、人生观、价值观。只有具备了丰富的知识，才能旁征博引，以理服人，更好地达到教育学生的目的。最后，高校德育工作者要了解高校教育性质、特点，帮助学生树立自信心。随着我国高等教育从精英教育向大众化教育的方向发展，但原有的教育体制和教育方式下的高等教育却一直受精英教育的影响，许多高校教师感叹大学生一代不如一代。德育工作者应利用自己所知，正面引导，帮助学生树立自信。这种引导，不是盲目吹嘘，而应实事求是地鼓励他们树立自信，认识自己将要承担的社会责任和义务，把自己的命运和祖国、民族的命运联系起来，树立主人翁意识，以天下为己任，明确学习目的，既不妄自尊大，又不妄自菲薄。实践证明，这种方式能起到很好的效果。

（五）过硬的心理素质

德育的对象是人，必然涉及人的心理活动，这就决定了德育工作者不仅要了解教育对象的心理特征，还要保持自身健康的心理状态和过硬的心理素质。高等教育的发展在当代呈现出社会化、国际化、立体化和多元化的特征。这些特征一方面使学校德育过程的随机性、偶然性和无序性增强，也使德育工作更加复杂，德育任务更加繁重；另一方面也使得社会在思想文化领域出现科学与价值冲突、历史与伦理背离的复杂局面，同时也使得现代生活方式日益呈现高速度、快节奏等特点。这些新情况、新挑战给德育工作增加了难度、强度和分量，也对教育者心理承受力提出了更高的要求。当前，德育队伍中部分教师对德育工作、思想政治工作尤感头痛，甚至出现厌教、辍教现象。究其原因，除了因为这部分德育工作者的价值观念、择业取向在各种因素冲击之下发生了转变之外，一个十分突出的原因就是他们的心理素质水平下降，心理健康状况不佳，无法承受和摆脱这些矛盾、冲突和压力。因此，教育者积极乐观的心理状态，有利于师生心理、生理状况的健康发展。同时，健康良好的心理素质对于预防和克服教师心理挫折有积极的防御作用，可以提高他们的承受力和忍耐力，维持心理平衡，自尊、自爱、自信、自强，提高适应能力和工作效率。为此，高校德育工作者一方面要深刻认识自己所肩负的历史重任，具有强烈的事业心和进取心，对德育工作保持高度的热情和自信，才能在实际工作中产生承受挫折、克服困难的良好心态，面对成功与失败，顺境与逆境，都能沉着稳定，控制好情绪。另一方面，要始终保持良好的心境，注重培养自身具有开放性、稳重而富有吸引力的性格特征，工作中一丝不苟，踏实认真，为人处世健康开朗，诚实友善，积极乐观。

二、高校德育队伍的培养与提高机制

（一）建立严格的选拔、招聘机制

要建设一支专兼结合、素质优良、业务精湛的德育队伍，必须把好"入口关"，建立科学有效的选拔制度，把较高素质的人选拔出来，防止低素质者的进入。建立健全选拔、招聘机制是高校德育队伍建设的前提和基础。

建立健全选拔、招聘机制，重点是制定正确的选人标准。首先，选拔的对象要有过硬的政治素质。其次，选拔的对象要有知识、有才干。高校德育的主要对象是有一定文化知识的大学生，能否将他们培养成为未来社会主义现代化建设事业的接班人，与德育工作者的知识结构和能力水平密不可分。德育工作者应当具备的知识包括专业文化知识，马克思主义与思想政治教育的理论知识，以及对提高学生全面素质有益的各种知识。当然，选拔的对象还要具备传播知识，实施德育活动，促进成长的能力，以有效发挥其作为德育主体地位的作用。当下，科学技术日新月异，信息技术迅猛发展，选拔对象还应具有创新精神和敏锐的思维能力，以面对复杂的内外环境，适应新形势、新情况、新任务。最后，选拔的对象要有从事德育工作所特有的个性特征和人格魅力，如爱岗敬业、无私奉献、富有激情、充满活力等。因为德育工作与其他教学管理工作不完全一样，后者重于"教"与"管"，而德育更重"育"；后者主体与客体之分明显，且难以相互转化，而德育的主客体在一定条件下可以相互转化，而且主体的素质涵养和言行举止本身就对客体有着潜移默化的影响，所谓"言传身教"。

建立健全选拔、招聘机制，要制定并坚持正确的原则，使用科学合理的方法。正确的原则如自荐与推荐相结合的原则、双向选择的原则、公开择优选拔的原则等；合理的方法如任命、推荐、招聘、考核等。只有坚持正确的原则并使用合理的方法，才能取得最佳的选拔、招聘结果。

建立健全选拔、招聘机制，在当今尤其要努力实现社会化、公开化的公平竞争，从长远看还要尝试实施政工师上岗许可制度。现在律师、会计师，包括一般教师等都已建立了严格的选择制度，持证上岗，德育工作者的上岗和资格确认也应逐步向这方面过渡，实施政工师上岗许可制度，从而把严"入口关"。

（二）建立科学的管理机制

加强内部管理是德育队伍建设的关键。首先，要根据社会发展的具体要求，建立一套行之有效的约束管理制度，对德育队伍的素质、职责、待遇、奖惩以及招聘、培训、转岗、提拔等做出明文规定，并通过制度建设，达到优化队伍组合，加强队伍建设的目的。新形势下，尤其要建立相对稳定和合理流动的制度，既要保持队伍的相对稳定，以便积累经验，提高整体素质和工作水平，又要看到队伍的正常流动是必要的，也是优化队伍结构的需要，二者不可偏废，关键是要制定制度，明确要求，区别情况，严格把关，妥善解决。

其次，要完善激励机制，调动队伍的积极性，增强队伍的活力和生机。从辩证唯物主义的观点来看，客观事物的发展总是不平衡的，我们的事业正是在先进与落后、积极与消极、光明与阴暗的矛盾运动中不断发展和前进的。因此，我们在奖励先进时，还必须鞭策后进，批评消极和阴暗面，切实把奖惩很好地结合起来。西方管理学和心理学中的需要层次理论、成就需要理论等，从不同的角度强调满足人的需要对于激励所起的重要作用。亚当斯的公平理论更是认为，一个人所得的报酬的绝对值与其积极性的高低无直接的、必然的联系，只有一个人所付出的劳动与所获得的报酬的比值，与同等情况下的参照人相比较，主观上感到公平合理，才会真正激发人的积极性。西方将激励理论所形成的激励机制建立在对人的心理分析上、对人的各种需要的满足上，这一点值得我们借鉴。因此，完善激励机制，重点是要正确处理物质鼓励与精神鼓励的关系。德育工作者在做学生的思想政治工作时要处理好物质鼓励与精神鼓励的关系，而对德育工作者本人的激励也要采取唯物主义的态度，建立物质鼓励与精神鼓励相结合的激励机制，使在思想政治工作中做出突出成绩的先进集体和先进个人获得应有的奖励，享受应当享受的待遇。在现时代更要从思想上激励德育队伍，注意提高他们的思想理论水平。当然，在正面激励的同时还要建立健全惩戒和约束机制，对不认真履行工作职责，甚至工作失职，造成严重后果的德育工作者，要追究其责任。只有做到奖惩分明，才能够更好地发挥良好的导向作用，极大地调动广大德育工作者的积极性、创造性，为德育工作做出努力，干出实绩。

最后，要建立科学的考核、评估体系。没有考核就没有管理。建立科学的考核评估体系也是德育队伍培养、提高的重要环节。建立考核制度，一是要坚持一切从实际出发，根据本地区、本部门、本单位的实际情况制定符合实际的考核制度，要有针对性，有的放矢，对症下药，不能"一刀切"，反对脱离实际的主观主义与形式主义的种种做法。二是要做到定量与定性相结合。德育考核和评估工作是对德育活动开展情况、完成质量做出定性的结论和定量的估计评价。它必须是兼具科学性与严肃性的工作。在实际工作中，对德育工作效果的考核评估难度较大、较复杂。因此，德育考核、评估工作要科学化、规范化和制度化，坚持定性分析与定量分析的结合，这是推进德育工作发展的客观要求。三是要注重"四个结合"，其一，是素质考核与业绩考核相结合，既注重对德育工作者政治态度、思想作风、知识水平、工作能力及事业心、责任心的考核，又注重他们的工作实绩，从"德、能、勤、绩"四个方面进行全面考核；其二，是组织考核与群众考核相结合，既要发挥职能部门的作用，由相关部门按一定的组织程序考核，又要组织群众进行民主评议，以保证考核的客观性；其三，是年终考核与平时考核相结合，既要一年一度集中考核，又要结合平时工作开展经常性的检查和督促，使考核经常化、制度化；其四，是考核与奖惩、任用及职称评聘相结合，考核的过程和结果要达到激励的目的，促进德育工作者总结经验、发现问题、不断提高。

（三）建立完善的培养、教育机制

建设一支优秀的德育队伍，不仅要做好选拔、管理工作，更要注重建立完善的培养、教育机制。首先，要科学制定培养目标和计划。德育队伍的培养与教育本身就是一个系统工程，必须以科学的目标为指导，才能明确工作方向。培养与教育目标的制定既要着眼于德育队伍素质现状及现阶段乃至未来相当长时间所承担的任务，又要考虑实现目标的现实条件，如物质条件、精神条件等，还要考虑实现目标的社会环境。当前，德育队伍培养与教育的总体目标应该是：通过培养与教育，使德育工作者成为具有坚定的马克思主义信仰，中国特色社会主义道路自信、理论自信、制度自信以及社会主义核心价值观的引导者、践行者；成为党的基本理论知识及科学文化知识的传播者；成为科学把握教育规律，促进工作对象身心发展的教育者。培养计划是培养目标的具体化，包括培养的时间、步骤、人员、内容、组织机构等。培养与教育要严格按照计划有序、有效地开展，计划实施过程中要经常检查计划执行情况，及时发现问题，根据变化的情况做适当调节，使计划更加完善。计划实施后要总结经验教训，为下一次培养工作目标的制定提供依据，使今后的培养与教育工作开展得更好。

其次，课程设置和教育内容要规范化。针对思想政治教育专业的培养目标、特点和要求，思想政治教育应当设置思想教育、政治教育、道德教育、法纪教育四大类内容。广义的思想教育指关于政治、法律、道德、哲学等方面的思想观念的教育，狭义的思想教育指世界观、人生观、价值观教育；政治教育主要包括马克思主义理论和党的基本路线、方针、政策教育及形势政策教育、爱国主义教育等；道德教育在现阶段主要指公民基本道德教育、社会主义核心价值观教育、职业道德教育、家庭美德教育等；法纪教育一般指社会主义民主教育、社会主义法制与法治教育、纪律教育等。思想政治教育这四个方面的内容应当是相互联系、相互渗透和相辅相成的。其中，思想教育是整个思想政治教育的关键，制约和影响着教育对象的政治态度、道德观念和法纪意识，关系到他们观察、分析和处理问题的根本出发点和态度；政治教育是整个思想政治教育的核心，始终把坚定正确的政治方向放在人才培养的首位，是我们党和政府历来十分重视和强调的，对人的道德观、法纪观等也起着很重要的制约作用；道德与法纪教育是思想政治教育的根本，思想政治教育的根本目的也就是把教育对象培养成为具有良好道德品质及道德修养的，遵纪守法的社会主义事业合格建设者和接班人。

最后，培养路径和教育方法要丰富化、实效化。建立健全完善的培养教育机制，必须拓宽培养路径，建立形式多样、行之有效的教育方法。培养路径上既要重视岗前培训，又要重视上岗后的短期培训和阶段培训，更要建立长期的学习制度；既要整体培养，又要有计划地选送素质全面、能力水平高、有培养前途、可担重任的人员参加更高层次的培训、深造和锻炼。教育方法上要注重理论学习和实践锻炼相结合，既引导、组织德育工作者以马克思主义为指导，紧密结合现阶段工作实际，通过调查研究、交流经验总结、举行专题研讨等各种形式，积极开展思想政治教育理论研究，又引导、组织他们深入实践，在实践中不断学习、大胆探索、积累经验、增长才干。此外，还要建立自我教育制度，使德育工作者自觉学习马克思主义和中国特色社会主义理论，自觉接受积极影响，克服消极影响，从而提高自身的思想道德素质。在教育过程中，自我反省、自我修养也是重要的方法，建立自我教育制度就是要把自我反省、自我修养的方法制度化，靠制度的力量保证自我教育效果的实现。

第三节　高校德育队伍专家化、科学化建设模式的实践探索

一、建设职业化、专家化的德育队伍

（一）更新理念，树立现代德育观

德育是社会大系统的一个要素，社会的现代化要求德育的现代化。高校德育自身的发展也越来越表明，应该从社会和人的现代化的视角来审视高校德育。因此，更新理念，树立现代德育观是高校德育队伍建设的前提和基础。自"中央16号文件"颁发以来，关于高校德育队伍建设的理念已经有了很大更新，高校德育队伍的建设受到了前所未有的重视，德育工作者的地位和整体素质均有所提高，但仍不能满足社会发展和人才培养的现代性诉求，德育现代化进程任重而道远。树立现代德育观就是要强调德育在社会现代化过程中的推动作用和导向作用，这是现代德育与传统德育在社会功能性质上的差别，以往的德育功能侧重于政治方面，表现为通过社会政治意识的

传播，制约人们的政治行为。随着现代社会的发展，现代德育已经突破政治功能的局限，其经济功能已越来越被重视。在我国社会主义现代化建设过程中，现代德育一方面发挥现代政治功能，推进民主政治建设，为社会主义精神文明建设服务；另一方面为经济建设服务，为建立和发展社会主义市场经济体制服务，由促进生产力提高、经济增长转向以保护生态平衡为前提的理性的经济增长，保护不可再生自然资源的科学化经济增长，努力提高人的生态文明素养，为社会、经济的可持续发展服务。这为高校德育队伍职业化、专家化建设提供了理论和实践依据。随着我国经济和社会的不断发展，人们的思想观念和道德准则正发生巨大变化。高校培养的是社会主义事业的建设者和接班人，他们的思想道德状况如何，直接关系到社会主义现代化建设战略目标的实现。高校要切实坚持党的十八大提出的"立德树人"的理念和要求，从战略高度充分认识加强学生思想政治工作的重要性和必要性，狠抓德育队伍建设，改变长期以来只重视师资队伍建设，对德育队伍建设只有"号召"，没有"实招"的现状。建设职业化、专家化的德育队伍，就是要将德育队伍纳入师资队伍整体，立足长远，统筹规划，系统建设。

（二）科学规划，塑造职业型的德育队伍

德育是科学性、综合性强的活动，不仅需要一批业务、学识精湛的专家学者来研究理论、制定对策，又要有一批信念坚定的骨干来身体力行地完成具体工作。因此，高校应像规划师资队伍建设一样对德育队伍建设进行科学规划。首先，要鼓励德育工作者开展科学研究，提高理论水平。高校德育工作者需要在掌握教育学、心理学、管理学、政治学、公共关系学、法律学等多学科的专业知识的基础上开展科学研究，掌握必备的专业技术和综合技能，才能更好地解决工作中的各种问题，对学生遇到的情况的理解才能比其他人更深刻，对困扰学生的问题的了解才能比学生本人更加透彻，并且能够运用自己的专业技能、经验为学生提供正确的指导。这样才能赢得学生的信任，才能为学生所接受。同时，德育工作者要积极参与到思想政治理论课教学、科研和实践中去，在科研中积淀知识，提升德育理论和实际工作的水平，同时走实践与科研相结合、学习与工作相结合的道路，使德育工作朝着学科化、学术化的方向发展。德育工作的职业化、专业化必然要求德育队伍逐步向专家型发展，只有在思想政治教育相关领域进行深入思考并进行科学研究以后，德育工作者才能真正成为学生德育方面的专家。其次，要健全制度、鼓励竞争。高校必须进一步完善德育工作者专业职称评聘办法，充分考虑到德育队伍工作实践性、事务性、工作多和任务重等工作特点和实际，建立一套行之有效的职称申报体系和评聘办法，不仅要将德育队伍的职称评聘单独作为一个系列纳入学校职称的评聘制度，更要有一些切实可行的倾斜措施。要进一步优化德育队伍结构，合理调配思想政治理论课专业教师、共青团干部、专职学生辅导员等人员的构成比例，鼓励和吸引其他专业课教师、管理人员、职工和学生干部等从事兼职德育工作，建设一支"专兼结合、功能互补、信念坚定、业务精湛的德育队伍"。最后，要不断提高德育工作者的有关待遇，适当提高高校德育工作者的岗位津贴，提高他们的物质生活待遇。如，为专兼职德育工作者发放业务学习补助、通信补助，奖励在学术研究领域取得良好成绩的德育工作者，等等。同时，学校还应该为有志于从事高校德育研究的职工提供一定的科研经费，向已经取得一定科研成果的职工给予一定的物质和精神奖励。

（三）专门培养，打造专家型的德育队伍

我国长期以来形成了比较强大而精干的德育工作队伍，但在计划经济向市场经济转型的过程中出现的重智育轻德育的"一手硬一手软"的状况当前仍不同程度存在着，造成部分教育工作者轻视德育工作，高校也忽视对德育工作者的培养和关心，德育工作队伍整体素质不高、适应不了新形势等问题。因此，有必要在全国范围内建立更多的德育队伍培训、研修基地，并在多数高校而不局限于一些重点高校或师范高校开设思想政治教育或者德育专业，从而为实现德育队伍的职业化和专家化提供基础保障。高校不仅要创造条件，通过脱产学习、在岗培训、选送进修等渠道，专门培养和打造一批德育专家、学者和教授，同时要切实将德育当作一门科学来研究，要建立德育学术群体和学术梯队，对德育进行专门的科学化研究。培养造就专家化德育队伍，不仅是现代德育的新要求，也是德育工作者避免因烦琐事务缠绕而工作层次、效率低，从而使自己从经验和事务性的工作中解放出来，充分发挥创造性，提高德育实效性的重要途径。当然，德育队伍职业化、专家化建设也离不开德育工作者自身的努力，这是决定事物发展规律的内因。德育工作者既要不断加强自身政治思想道德素质的修炼，在重大政治问题上立场坚定、旗帜鲜明，与党中央保持高度一致，坚决维护党和国家的利益及高校教学秩序稳定。同时，又要注重并加强专业知识学习和学术研究，充分认识到德育工作的学术性、职业性，把德育工作当作一门学问去研究、去探索，把德育工作当成个人事业去发展，努力使自己成为德育专家。

二、建设社会化的德育队伍

（一）创新高校德育队伍的工作理念和方法

高校是社会的"晴雨表"，其本身也是社会的一个缩影；同时，作为人才培养的摇篮，高校通过日常教育活动为大学生营造相对稳定的道德文化氛围和精神环境，从而对大学生进行最系统、最全面、最集中的道德教育。作为高校德育的主体，高校德育工作者在学生德育工作中的主导地位不言而喻。因此，德育队伍的社会化建设要求高校德育工作者要增强德育改革和开拓创新的使命感和紧迫感，树立德育系统工程思想，把德育看成全社会的共同任务，引导并集中全社会的力量形成多渠道、全方位、立体式的德育工作体系，从而有效实现德育目标。

首先，德育工作者要创新工作理念。现代社会的科学技术和信息技术迅猛发展使得知识以前所未有的速度传播和扩展，并且更替的周期越来越短，传统的学校教育已经远远不能满足现代社会技术创新和知识更新的需要，因此必须用发展的眼光看待教育，变短期性、阶段性教育为长远性、终身性教育，与终身教育理念相适应，高校德育工作者应树立终身德育理念。此外，高校德育的主题是对学生进行思想政治教育和品德修养、心理健康教育，而人的思想政治素质、道德修养素质、心理素质等是一个由外化到内化的逐步形成的过程，这就决定了德育的过程即是教育对象在德育认知的基础上，不断吸收、实践、升华从而内化成相对稳定的素质的过程，这个过程毫无疑问是一个长远的、终身的过程，它不仅需要小学、中学、大学道德教育的相互衔接，而且还会贯穿德育主体的人生全过程。随着社会的变迁、时代的发展，新的德育问题会不断地出现，德育也会不断地为适应社会的需要而发展。因此，高校德育工作者应树立终身德育的工作理念，积极探索高校德育社会化的有效途径。

其次，德育工作者要更加注重理论与实践相结合。在传统的以灌输为主的德育模式下，德育工作者把自身作为唯一的德育主体，在德育对象面前往往居高临下，以先知先觉者的身份出现，忽视德育对象的个性特点和实际需求。但是，在科技发展与社会变革日益加速的今天，由社会经济利益多元化而引发的社会价值取向与评价标准的多元化，使人的主体意识不断增强，教育对象的思想也变得更加活跃和复杂，而高效快捷的传媒又使人们能既快速又平等地占有信息。这就越来越要求德育不能只停留在简单的说教上，而需要体现在社会生活的方方面面。因此，教育者与教育对象之间的双向互动以及高校德育主体系统与社会环境之间的相互作用将更为频繁，影响也将更加深入。为此德育工作者必须更加注重理论与实践相结合，从台上走到台下，从校园走向社会，从书本走向实践，在实践中不断丰富德育思想和德育内容、方法及途径。否则，德育工作就难以适应社会发展，德育工作者就会被时代所淘汰。

最后，德育工作者要创新工作方式、方法。实践是最好的方式、方法，德育方式、方法是否科学、合理、有效，也只有在实践中才能得到检验，因此德育工作者要更多地将德育教育向社会延伸，在校外建立德育基地，与工厂、企业和社区联合开展各种行之有效的德育实践活动，在实践中不断创新工作方式、方法，让广大青年学生回到现实的道德生活中去，在道德交往的实践中培养高尚的道德情操。

（二）重视家庭在德育队伍社会化建设中的重要作用

家庭教育不仅是每个人逐步成长、成才的起点教育，而且贯穿人的一生，每个人的个性、人格、德行，都会有家庭教育难以磨灭的烙印，因此家庭教育是奠定人的思想政治品德的基础，也是高校德育的社会基础，在高校德育中具有不可替代的地位和作用。近几年来，高等教育综合改革的力度不断加大，专业调整、学分制、就业指导与政策等都使得家庭与高校的距离拉近了许多。家长们开始更多地关注学校教育并且希望能够参与到学校教育中来，这为高校德育工作带来了难得的机遇。

高校应加强与学生家长的沟通与联系，争取家庭对学校德育的参与、支持和配合。为此，一方面，德育工作者要提高认识，高度重视家庭在德育工作中的重要地位，努力寻找家庭教育与学校德育的最佳结合点；另一方面，学校要积极创造条件，逐步确立起学校与学生家长沟通联系的组织形式和工作机制，推动德育工作与家庭教育的协调与结合。要创造性开展"家长联谊会""家长见面日"以及开办家长学校，定期为家长举办系列讲座等活动；通过成立家长委员会，特邀家长参与学校教育与管理；通过互访交流、信函往来、电话通信等多种形式，建立一种家庭与学校定期联系制度，以充分发挥家庭作为社会细胞的基础性教育功能。

（三）发挥社会在德育队伍社会化建设中的引导作用

德育作为一项育人工程从一开始就应该是全社会的事业。高校德育队伍的社会化建设单靠家庭不行，光靠学校也不行。只有争取全社会的力量，借助于社会环境和社会教育，才能实现德育队伍社会化的建设目标。社会德育是家庭和学校德育的延伸和发展，因此，高校德育工作者要努力挖掘和利用社会德育资源，拓宽德育领域。当前，尤其要通过网络等各种现代化的传播手段对大学生的思想、政治、品德施加影响和作用，坚持以科学的理论武装人，以正确的舆论引导人，以高尚的精神塑造人，以优秀的作品鼓舞人，既抢占并优化网络市场环境，又不断净化社会大环境，控制社会舆论和文化市场，积极引导大学生追求高尚的道德情操，陶冶健康的审美情趣。高校德育工作者还要善于利用社会资源来配合和巩固校内的德育成果，使社会所倡导的行为习惯和思想观念内化为大学生深层次并且稳定的心理品质。

伴随着生产力水平的不断提高和社会文明的不断进步，社会化的进程不断加快，社会的育人功能日臻完善。邓小平同志在谈到教育问题时曾经强调，各级领导都要重视教育，各级地方政府都要支持教育，全社会都要关心教育。因此，高校德育队伍必须动员全社会的力量，发挥社会在德育队伍社会化建设中的引导作用，构建德育系统工程。一方面，积极倡导全社会为青年学生营造健康的文化氛围和良好的社会环境；另一方面，努力为青年学生提供更多的了解社会的机会。例如，与社区建立联系，将社区教育纳入到学校德育工作之中，这样社会工作人员自然就成为学校德育队伍中的一员；建立教育基地，吸收德育基地工作人员到德育队伍中来；在全面依法治国的社会大背景下，将法律专业人员请进校园，通过法律讲座，增强大学生的法律观念；让大学生广泛接触社会，接触各个层面的英雄模范人物，树立多层次的学习榜样，帮助他们树立正确的人生观，让他们认识到社会需要各种各样的人才，从而坚定为祖国、为人民服务的志向。

总之，高校德育工作是一项需要与时俱进、不断创新的系统工程，需要各个子系统全面、协调、可持续发展。只有把学校教育同家庭教育、社会教育结合起来，把优化学校环境同优化社会大环境结合起来，形成育人合力，建设一支社会化的高校德育队伍，才能真正完成"立德树人"的根本任务。

三、建设信息化的德育队伍

（一）高校应为德育队伍创造信息化工作的各种条件

网络已渗透到社会的各个领域，也在改变着当代大学生学习、思维和生活的模式，影响着他们的政治态度、道德风貌和价值取向。面对网络的巨大影响，高校应该认清形势，创造各种条件抓紧落实德育进网络的工作，为德育队伍的信息化提供支持和保证。

第一，充分发挥主题网站的主导作用。主题网站建设必须主题鲜明，目的明确，坚持正确的导向，坚持全面性、广泛性、主动性和针对性原则，并不断创新内容和形式，增强吸引力和感染力。学校要密切关注并正确引导主题网站的建设，尤其要在网络文化建设中始终把握先进文化的主旋律。网络作为载体始终在有效地传播着各种各样的思想信息，网络文化既是网络思想工作的教育手段，也是网络思想教育的战斗武器。学校要努力营造一个健康向上的网络文化氛围，尽量为大学生提供一个良好的网上生活空间。

第二，加强对信息网络的监控和管理。学校要加强对局域网、校园网及 BBS 等各类网络平台的管理，增强学生上网的法制意识、责任意识和安全意识，提高学生辨别网络信息的能力，引导学生树立正确的网络观念和良好的网络道德；建立和完善可行的网络管理规则，做到网络活动有章可循，照章办事；采取"实名上网"等方法对网上不良或不健康内容进行监控，在技术上抢占制高点，把技术和管理措施配合起来，在保证安全的情况下发挥网络的最大作用。

第三，开展丰富多彩的网上教育活动。学校要将德育与网络技术有机地整合起来，根据网络环境制定网络德育的培养目标、培养内容、实施计划以及定时向学生提供在线指导，帮助学生解决心理、思想、生活、学习等方面的问题。学生可以在网络上学习德育课程，有选择性地、自发地感受德育内容；还可以精心策划，开展融思想性、知识性、趣味性于一体的网上校园文化活动，如开展网上知识竞赛、网上论坛、网页设计比赛等。

第四，加大网络工作培训力度。网络信息的发展日新月异，建立一支能适应网络时代的德育队伍是当务之急。学校要加大培训力度，尽快提高教育队伍的整体素质，尤其运用网络技术的能力和素质。通过培训使他们熟悉网络文化特点，提高信息处理能力，及时了解大学生的思想动态和他们所关注的热点问题，有针对性地开展德育工作，从而为充分发挥网络功能，加强和改进思想政治教育提供有力的组织保证。

（二）德育队伍应提高自身信息技术应用能力

面对信息化带来的巨大机遇和挑战，广大高校德育工作者应该与时俱进，努力提高自身信息技术应用能力。

第一，树立网络教育观。面对网络带来的各种新情况和新问题，德育工作者应与时俱进，解放思想，及时更新旧的教育观念，改变以往德育中以教育者为主体，受教育者只是被动接受各种知识信息的状况。德育工作者不再单纯扮演知识传授者的角色，而要在教育教学过程中充分凸显学生的主体地位，使学生具备高效、科学、合理利用网络的能力，并引导他们树立正确的网络观念和网络道德，学会正确甄别各种纷繁复杂的网络信息资源，增强自律意识，在网络这个虚拟的空间里继续引导学生在自我教育、自我调适、自我发展的过程中逐渐养成良好的思想政治素质及道德品质，成为适应时代进步和社会发展的新型人才。

第二，提高驾驭网络的工作能力。教师的素质和水平直接影响学生的道德品质的养成和政治思想观点的形成。德育工作者要自觉主动适应信息化发展的要求，树立现代科技意识，充分借助网络技术平台，采用图文并茂的综合表现方式表达教育内容，增加教育信息容量，增强教育的感染力和吸引力，达到网络德育的实效。这就要求现代德育工作者要在网络上拥有自己的一片空间，即在网上制作自己的德育专题主页和建立自己的德育专题网站，或在校园网及其他栏目里，渗透或开辟德育理论研究或实际工作指导等，有效占领网络德育新阵地。

第三，加强网络德育工作的理论研究。网络德育工作的实践同样需要科学的理论指导。因此，高校德育工作者应该加强对网络德育工作的理论研究和探索，尤其对网络空间的特点与发展变化趋势的研究及对网络实施有效管理的方法研究等，通过研究和探讨来引导网络德育工作的开展。

网络德育工作的理论研究还包括对沉迷网络的学生等特殊对象的心理

特点及疏导方式的研究。通过研究才能既有效处理应对沉溺网络问题，又不断提高德育队伍自身的信息技术应用能力。

总之，高校德育应正视信息技术发展带来的种种机遇和挑战，转变教育观念，与时俱进，充分利用网络优势，将网络思想教育与实践教育相结合，优势互补，从而建立一支适应现代化要求的信息化高校德育队伍，提高高校德育的实效。

第三章　德育思维方式发展

第一节　大学生德育思维方式

一、高校德育思维方式的内涵

在长期实践活动中，人类按照需要改造客观事物，使客观事物发生预期变化，这个变化反映到人类思维中，逐渐形成一种固定下来的"逻辑格式"，进而积淀为思维方式。对人类德育实践经验的凝结就形成了德育思想，零散的德育思想，还不具有德育思维的意义。只有当零散的德育思想变成具有一定结构性的系统思想时，这种固定的结构才能成为德育思想的"逻辑格式"，德育思维方式才得以确立。也就是说，经过亿万次的德育实践，在德育工作者的意识中以"逻辑格式"固定下来的必然要思考的问题结构。这个问题结构包括两类：一类是与知有关的问题，需要寻求答案，加以解答；另一类是与行有关的问题，需要寻求方案，加以解决。探索与知有关的问题，形成种种德育观，使教育者更加深入地认识德育，满足教育者对德育的认识需要。探索与行有关的问题，形成种种德育操作模式，使教育者更好地改进德育实践，满足教育者对德育的实践需要。德育实践总是在一定的德育观念支配下进行的，两者是内在统一的。

教育思维就是教育思想的逻辑的格，就是教育观和教育操作模式的统一。"教育观的背后是教育（应该）是什么的问题，教育操作思路的背后是教育（应该）怎么做的问题，这两个问题具有内在的联系"。这就是教育思想的逻辑的格，就是教育思维。高校德育思维方式就是以"逻辑格式"固定在教育者头脑中的高校德育观和高校德育操作模式的统一。

二、高校德育思维方式与高校德育教育方式的关系

高校德育思维方式与高校德育教育方式是辩证统一的关系。

高校德育思维方式决定高校德育教育方式。有什么样的高校德育思维方式就有什么样的高校德育教育方式与之相对应。在简单性思维方式指导下的高校德育教育方式表现为：它是一种封闭的方式，不能与社会环境保持同步发展。它是一种各自为政的方式，高校德育系统内部各子系统之间各自为政，难以实现育人的耦合效应。它是一种割裂的方式，高校德育系统各要素之间结构不合理，没有实现优化组合。

高校德育教育方式巩固和强化与之相应的高校德育思维方式。封闭的、各自为政的、割裂的高校德育教育方式巩固和强化着高校德育的简单性思维方式。只有一点一滴地改变高校德育教育方式，才能逐步改变高校德育思维方式。高校德育通过采用开放的教育方式，在适应社会环境中优化社会环境，使高校德育与社会环境协同发展，教育者才能逐渐形成开放性思维方式。高校德育通过形成全员育人的机制，使高校德育各子系统之间协调互补，实现育人的耦合效应，教育者才能逐渐形成整体性思维方式。高校德育通过整合教育内容、聚集教育主体，使德育各要素优化组合，实现社会目标与个体目标的共生，教育者才能逐渐形成非线性思维。

高校德育工作者的思维方式只有完成从线性到非线性、从封闭性到开放性、从还原性到整体性、从平面性到立体性、从片面性到辩证性的转换，才能使高校德育适应复杂多变的环境，满足大学生全面发展的需求。

第二节 德育思维方式发展的主体诉求

大学生主体意识的增强在客观上要求高校德育从他育为主的方式向自育为主的方式发展，大学生对全面发展的需求客观上要求高校德育由应试德育向素质德育发展。大学生思想道德素质是知情意行的综合，高校德育传统的知性教育只注重知识教育，忽略了情感陶冶、意志锻炼、行为实践，容易导致大学生知行脱节，客观上呼唤实践德育的实施。

一、大学生主体意识增强的诉求

随着社会主义市场经济和政治文明的发展，大学生的主体意识不断增

强，高校传统的他育方式不能充分发挥大学生的主体意识，客观上要求高校德育思维方式向前发展，从他育为主的方式向自育为主的方式发展。

（一）主体意识

1. 主体

近代西方哲学认识论首先要将主体和客体区分开来，主体是在和客体的相互作用和相互比较中得到规定的，从人的角度来理解主体；也就是说，只有人才能成为主体。意识是在与存在的相互作用和相互比较中得到规定的，存在有两种形式，即对象存在和自我存在。因此，主体意识就是人的对象意识与自我意识的统一，就是说人既要做外物的主人，也要做自己的主人，拥有掌握自己命运的意识。虽然学界对主体意识的界定有所不同，但是都包含这样的意思：有主体意识的人能够意识到自己作为主体而存在、活动，能够以主体的方式对待自己的存在和活动，力求自由自觉地表现和发挥自己的内在本质力量。

2. 主体意识的特性

主体意识内涵丰富，其特性主要表现为自主性、能动性和创造性。

（1）自主性

自主性是对依赖性的扬弃，是主体意识实现的源头和原动力。自主性是主体按自己意愿行事的动机、能力或特性，包括自由表达意志、独立做出决定、自行推进行动进程等。人的活动有两种基本状态：自主活动状态和非自主活动状态，自主性是自身特性与社会特性的统一。自身特性方面有主体性、主动性、上进心、判断力、独创性、自信心等，社会特性方面有自我控制、自律性、责任感等。这些特性融会在自主性态度和自主性行为之中，构成一个人的统一的品格特点。人在实践活动中，有时处于自主状态，有时处于非自主状态。在自主状态下，人能够将主观目的与客观实际统一起来。在非自主状态下，人或者完全受外力控制，或者受自然、社会、自身的种种限制，无法按照自己的意志活动，不能实现自己的目的。缺乏自主性，人将无权决定自己的价值，无法展望自己的未来，无法拒绝处于"非我"的存在状态，无法对自我和社会负责。自主性的前提条件是独立，没有独立性就没有自主性可言。

（2）能动性

自觉性是相对于自发性而言的，自觉性是能动性的前提。自觉性是指主体认识到客体的本质和规律并遵循规律而进行实践活动的特性。人的生命活动是有意识的，自觉性使人与动物区别开来，有了自觉性，人才能通过实践活动改造客体以满足主体的需要。有了能动性，人才能根据客观事物的特性和人类发展的需要来制定实践活动的目标，在从事具体的实践活动之前，就预定实践活动的方案，预测实践活动的结果，人就获得了真正自主和自由。

（3）创造性

创造性是主体意识的最充分体现，是人作为主体的一种特有存在形式。创造性是指个体产生新奇独特的、有社会价值的思想或产品的能力。新奇独特意味着能别出心裁地做出前人未曾做过的事，有社会价值意味着创造的思想或产品具有道德价值、审美价值或实用价值。创造是新的内容或形式、新的结构或功能的生成，是在人与世界关系中主体本质力量非重复性地外在化、对象化、客体化的过程，同时也是外部世界、对象、客体内在化、观念化、主体化的过程。从根本上说，人类是创造性的存在物，每一个人都有创造性潜能。创造性充分展示了人的本质力量，人类依靠自己的创造性活动，使自己从动物界中分离出来，谱写着人类的历史。创造性是推动人类文明和社会进步的强劲力量，可以说，人类文明史就是一步创造史。从类人猿到现代人，人类不仅仅是在适应环境，更是在创造环境。现有的一切美好事物都是创造性所结的果实，离开创造性，就没有今天所拥有的一切。

（二）大学生主体意识增强的表现

大学生主体意识是指大学生在认识和实践活动中对于自身的主体地位、主体能力和主体价值的自觉意识，是大学生自主性、能动性和创造性的观念表现。社会主义市场经济和民主政治的发展和完善，为大学生主体意识的发展创造了条件。大学生具有更强的主体意识，主要表现为自主意识凸显、能动意识觉醒、创新意识强烈。

1.自主意识凸显

自主意识是指主体能够自主地行使自己的权利，在思想上表现为自我意识，在行为上表现为自尊、自信，具有自我控制、独立判断的能力。大学生是在社会主义市场经济确立和完善的过程中成长起来的，大部分都是独生子女，物质生活优裕，享受到父辈们无微不至的照顾。因此，在教育者眼中，大学生依赖性强，缺乏独立意识和生活能力。

大学生没有经历过大规模的政治运动，不再惧怕权威，不循规蹈矩，崇尚自我和独立。他们的生活逻辑是人生目标主要是个体的自由与发展，其行为总是表现得很"酷"，不是简单的追随与模仿，而是挑战、勇气、能力的特性，代表了个性的张扬。他们努力展现绚烂多姿的自我，从发型设计、服装款式到自我形象和文化品位都在求新、求异，这充分体现了他们对个性的重视和自我价值实现的渴求。没有自主性，个性就会成为一个空壳。

2. 能动意识觉醒

能动意识是指主体自觉对客观环境发出的信息进行分析、选择、判断、整合，在思想上表现为较高的竞争意识、参与意识、成就意识，在行为上表现为兴趣广泛、爱好多样，以及较强的适应能力。

在日趋激烈的社会竞争中，大学生的竞争意识日益增强。许多大学生认为，在社会中生存和发展主要依靠的是个人能力和自我奋斗，而不是家庭背景和社会关系。在以就业为导向的成长路径下，大学生一进入大学校门，就开始进行职业生涯规划，完善知识结构，提高科学文化素质，明确奋斗目标，从而实现自我价值和人生目标。

进入大学，大学生最关注的就是自身的成长成才，他们积极参与到有利于自身成长成才的各种活动和工作中。参与社团活动是学生获取知识、提高能力、适应社会发展需要的有效途径。社团活动是大学生活不可缺少的一部分，高校学生社团可谓五花八门，种类繁多，如，学生会、团委、戏剧社、民乐社、手工社、诗社、书画协会、吉他协会、舞蹈团、爱拍电影、电子爱好者协会、计算机协会、羽毛球协会、足球协会、定向越野协会、青年志愿者协会等。大学生根据自己的兴趣选择自己喜欢的社团，在参加社团活动的过程中提高自身的综合素质。通过学生社团活动，充分调动了大学生的主动性和参与意识。另外，大学生为维护自身权益，积极监督学校的教学管理服务工作，针对学校教学管理服务工作中的问题提出建设性的意见。

3. 创新意识强烈

创新意识是指主体根据社会进步和个体发展的需要，在实践活动中表现出创造新事物或新思想的动机、意向和愿望。创新意识是人类意识中积极的、富有成果性的表现形式，是创造性活动的出发点和内在动力。创新意识是一种现代意识，是衡量社会进步和民族文明程度的一个重要标志。

创新意识是当代大学生应具备的基本素质，是大学生实现自我价值的客观要求。大学生敢于质疑权威、挑战权威，在学习中，不再盲目相信书本和教师，开始摆脱教条主义，独立思考所学知识的合理性。大学生思维活跃，具有较强的探索激情，在探索过程中遇到疑难问题敢于标新立异，另辟蹊径。大学生具有较强的创新热情，创新实践意识强烈，很想把自己的思想付诸实践。创新实践活动是大学生将基本理论内化为创新意识，将书本知识转化为创新品质的必要途径。大学生积极参加各种创新实验项目，独立完成整个研究项目，如选题设计、组织实施、分析处理信息、完成总结报告等。创新计划项目的实施，调动了学生学习的主动性、积极性和创造性，激发了学生的创新思维和创新意识，提高了学生的创新实践能力。大学生参加创新实践活动取得一定成就后，可以增强自信，反过来又激发大学生的创新意识。

（三）大学生主体意识增强对高校德育的诉求

大学生主体意识的增强要求高校德育转变思维方式，由他育为主的方式转向自育为主的方式，使大学生由被动的受教育者转变为主动的自我教育者，满足大学生自主自觉学习的要求。

1.高校德育中自我教育的含义

自我教育是教育的最高境界，是教育实现培养人的有效手段。自我教育是个体完善知识、提高能力、塑造个性的重要途径。

教育学中对自我教育研究的学术成果非常丰硕，但对自我教育的理解可谓仁者见仁智者见智。但都认为，在自我教育中，教育主体与教育客体都是自我，即主体我与客体我，主体我与客体我是对立统一的。自我教育是主体我对客体我实施的教育，是主体客体化从不自觉到自觉，从他律到自律的过程。自我教育是主体通过自我意识将自己既作为主体又作为客体，并不断发展这种存在于自我之中的主客体相互关系，在内在相互作用的改造活动中构建新的主观世界。

近年来，思想政治教育学中也开始对自我教育进行理论和实践探索，主要有如下观点：自我教育是通过反省、反思、自我思想改造等自我修养途径，提高思想道德水平、理性思考水平；通过自我约束、自我控制和自我管理途径，增强自身把握正确方向的能力。自我教育是教育者按照思想政治教育的目标和要求，引导受教育者自觉学习、接受先进的思想理论，自觉联系自己的思想实际，并努力通过自身的思想矛盾运动来实现自身的思想转化和提高的方法。高校德育的自我教育是具有自主性的教育，即大学生能够根据社会发展需求和自身发展需要，通过独立思考和理性反思提出思想道德学习的任务，取舍和筛选教育内容，不断认识自我和调节自我，以提高和完善自身思想道德素质而进行的一种教育活动。

2.大学生主体意识增强对高校德育的诉求：自我教育

学生主体性发展的落脚点是自我教育。自我教育与大学生主体意识的觉醒密切相关，主体意识的觉醒表明他们能自觉地将自身置于外部世界的主导和主动地位，表明他们意识到自己是自身的主人，从而在教育过程中发挥自身的主动性和能动性，使自身素质获得质的飞跃。大学生主体意识的增强既迫切要求高校德育实施自我教育，又为高校德育实施自我教育提供了必不可少的条件。

（1）大学生主体意识增强要求成为主动的自我教育者

受主客二分思维方式的影响，传统高校德育强调教育者的主体地位和能动作用，把大学生看成消极被动的"受教育者"，这种纯机械论的教育主客体观把教育者的能动性无限拔高，把"受教育者"的被动性无限放大，将教育者与"受教育者"绝对对立起来，教育者不考虑"受教育者"的身心发展规律而进行教育活动，看不到"受教育者"的活动对教育者的制约和影响，压制和阻碍了"受教育者"学习的积极性和主动性。

随着大学生主体意识的增强，他们不再满足于作为被动的"受教育者"而存在，他们要求成为主动的自我教育者。任何一个教育过程都必须充分发挥教育者的主导性和学生的主体性，任何一个完整的德育过程都包括"教"与"学"两个方面。在高校德育中，"教"的主体是教育者，他面对的客体是教育目标、教育内容、教育方法等；"学"的主体是大学生，他面对的客体是教育目标、教育者传授的教育内容、教育者采用的教育方法等。作为"学"的主体，大学生接收的信息是多源多向多样的，有教育者传递的教育信息，有家庭、同辈群体、传统媒体、社团组织等传递的信息，有从网络、手机等新兴媒体中看到的信息，有从现实生活中直接体验得到的信息，有催人奋进的信息，有消极处世的信息，各种信息连环传播、交互感染、交互强化。大学生对教育信息的选择获取不再是简单的直线性方式，不再是被动地接受教育者传授的知识和传递的信息，而是主动地整合来自四面八方的多种信息，根据自己已有的认知图式对教育者传授的内容进行分析、反思、批判后，有选择地接受，重新建构自己的认识图式。大学生在"学"的过程中会通过各种方式，例如，质疑、反驳、讨论、探究、辩论，甚至面部表情、情绪情感暗示等方式，与教育者交流沟通，如果教育者能对此做出积极回应，大学生就会积极配合，如果教育者对此置之不理，大学生就会产生抵触情绪和逆反心理。因此，高校德育不能再把大学生当作消极被动的"受教育者"，而应当把他们还原为具有自主性、能动性、创造性的自我教育者。

（2）大学生主体意识增强要求自主自觉学习

传统高校德育把大学生看成消极被动的"受教育者"，把外在的社会要求和社会规范灌输给学生。因此，学生把德育看作一种外在的要求和他律。大学生接受教育的动机来自于外部，他们没有明确的学习目的，处于被动的"要我学"状态中，学习动力不足，学习兴趣不浓，学习自主性和主动性不够，高校德育难以实现提升大学生思想道德素质的目标。

一般来说，个体思想道德素质的提升是一个由认识内化到行动外化的交替过程，他首先将社会的思想道德规范内化为自身的思想道德意识，然后在自己的行为中表现出来。自身的内驱力越大，主体意识越强，自主自觉性越高，内化的强度就越大，外化的效果就越好。高校德育目的和内容能否被大学生认同，既受教育者的影响，又取决于大学生的认知程度与知行转化程度。大学生内心心理过程的发生，就是自主自觉学习的过程。他们总是高扬主体性，崇尚个性，强调独立性，具有强烈的叛逆意识和反叛精神，他们抵触灌输式教育，不愿意接受教育者单方面的灌输，希望拥有独立思考的自由，希望自我建构内在的精神世界。他们已不满足于被动消极地学习，而要求自主自觉学习，他们不会无条件地接受教育者传递的思想观念，而是要通过自己的内心体验，经过自己的独立思考、分析、比较后，有选择地接受。大学生在选择自己认同的教育内容后，将这些教育内容转化为自身的思想观念，指导自己的行为，使自己的言行符合社会规范和要求并促使社会发展。

（3）大学生主体意识增强要求发展和完善自我

传统高校德育把社会需求作为教育的唯一出发点，德育的目的就是规范大学生的思想行为，使之遵守社会准则。传统高校德育忽视了促进大学生全面发展的价值，他们把德育看作一项政治任务来敷衍，不会产生接受德育的需要。

近年来，在激烈的就业竞争中，大学生逐渐意识到用人单位普遍欢迎思想道德素质好、品德高尚的毕业生，欢迎事业心强、眼光远大、心胸开阔、具有强烈使命感和社会责任感的毕业生，欢迎具有团队协作精神的毕业生，不欢迎那些集体观念淡漠、自以为是、很难与他人合作的毕业生。大学生逐渐认识到思想道德素质是一个人的素质的灵魂，认识到自身的全面发展也包括思想道德素质的发展，而且认识到自身思想道德素质与社会要求之间存在着差距，产生了不断发展自我和完善自我的动力，自主地检查自己、反省自己，自觉地纠正自己的缺点，自觉自愿地认同伦理道德规范和政治法律规范。一方面，大学生综合主体方面的信息，正确地认识自我、客观地评价自我、积极地提升自我；另一方面，大学生综合客体方面的信息，在观念中创造性地建构起对客体的认知图式，全面认识和自觉协调人与自然、人与社会、人与人之间的关系，自觉掌握与调控自身心理状态，转变思想，改变行为，使自身的思想行为符合社会发展的要求，提升自我素质。大学生作为"主我"与"客我"的统一体，通过"主我"对"客我"的认识和改造，不断建构新的自我，自由、自为地发展。这客观上产生了自我教育的需求，并为自我教育提供了动力。自我教育是主体自我按照社会要求对客体自我自觉实施的教育过程，其目的不仅仅是自我控制，而是在自我控制的基础上设计自我、发展自我、完善自我。自我教育能够满足大学生认识自我、发展自我、完善自我、实现自我价值的心理需要，符合大学生身心发展的内在规律。

二、大学生全面发展的诉求

马克思主义关于人的全面发展理论是大学生全面发展的理论依据。在社会主义和谐社会，大学生全面发展就是要做到知识、能力与素质的和谐发展，身心素质、科学文化素质与思想道德素质的和谐发展，物质需要与精神需要的和谐发展等。高校传统的应试德育无法满足大学生全面发展的需求，大学生全面发展要求高校德育由应试德育走向素质德育。

（一）大学生全面发展的科学内涵

人的全面发展是一个历史范畴，即是说，随着社会的发展，人的全面发展的内涵也相应发生变化。目前，我国正处于构建社会主义和谐社会的发展阶段，"和谐"被纳入我国社会主义现代化建设的国家战略中，社会和谐发展是中国特色社会主义的基本要求。培养和谐发展的个人既是建设和谐社会的前提，也是建设和谐社会的目的。因此，在现阶段，大学生的全面发展内在地包含和谐发展，主要包括知识、能力与素质的和谐发展，各种素质的和谐发展，物质需要与精神需要的和谐发展等。

1. 大学生全面发展：知识、能力与素质的和谐发展

知识、能力、素质是个体实现社会化和可持续发展的三个基本要素。合理的知识结构、完善的能力结构、优化的素质结构是大学生健康成长、成才、成人与可持续发展的三个基本要素。

2. 大学生全面发展：各种素质的和谐发展

一个人的素质不是单一的，而是综合的。学者对素质的类型进行了分析探讨，其中，"三类六型"划分法最为典型。"三类六型"划分法将素质分为身体素质、心理素质、养成素质三大类，以及身体素质、心理素质、政治素质、道德素质、科学素质、文化素质六型。

（1）身心素质的和谐发展

身体素质是人体完成某个动作过程中表现出来的固有能力，主要包括力量、速度、耐力、灵敏及柔韧等机能。身体素质是其他各种素质的载体。没有较好的身体素质，从事学习、工作和活动就没有了依托和保证。没有较好的身体素质，人的活动能力就会受到很大限制。良好的身体素质是指人的各项生理机能都处于良好的状态，即有健全的体魄。现在的大学生承担的学习任务更繁重，面临的就业压力更沉重，面对的社会环境更复杂，大学生要生存和发展，要肩负起建设中国特色社会主义现代化的重任，就必须有良好的身体素质。但是，当前大学生的身体素质令人担忧。

心理素质是在实践活动中通过主体与客体的相互作用，而逐步发展和形成的心理潜能、能量、特点、品质与行为的综合，主要包括认识能力、情绪和情感品质、意志品质、气质和性格等个性品质。对大学生心理素质的标准要求，应当以保持良好的心理状态，具有较强的自我心理调控能力和较好

的心理适应能力为目标。当社会和外界环境发生变化，尤其遇到不利环境时，具有良好心理素质的人，心理承受能力较强，能正确地调节自我，使自己的思想和行为适应客观环境的变化。具有良好心理素质的人，在遇到挫折时，能够采取有效的调控手段，使自身不受到损害，或不沉浸在悲观失望的情绪中，充满信心地迎接挑战。大学生的诸多心理问题都是不能正确面对挫折造成的，有些学生不能面对在参与社团活动和班级管理工作中遇到的挫折，有些学生不能面对恋爱失败的挫折，有些学生不能适应大学的学习方式，有些学生不能适应学校饮食，有些学生不能面对没能考上理想大学或专业的挫折，还有些学生不能面对家境艰难付不出学费、身体不好、比赛失利、身材不理想等挫折。

身体素质是心理素质的基础。身体是灵魂、心智的载体。没有良好身体素质的人就如同一只被剥夺了飞翔能力的鸟儿一样。健全的体魄可以排除浊气，放松精神，消除疲劳，摆脱紧张、抑郁、焦虑、愤怒等不良情绪，使自己内心宁静。

心理素质可以调节身体素质。良好的心理素质可以增强机体的免疫力，使人精神放松、心胸豁达、情绪乐观，防病强身。

在充满风险和不确定因素的现代社会，大学生必须有良好的心理素质，才能将挑战转化为机遇，将困难转化为坦途，才能对生活充满信心，为实现自己的人生目标而不懈努力。在激烈竞争的现代社会，大学生必须具有良好的身体素质，因为人生目标的实现往往不是一帆风顺的，而是要进行长期的奋斗，这需要体力与耐力，如果体力不支、耐力不够就很容易放弃目标。因此，大学生要将养身养心并举，养身先养心，养心重于养身，通过优化心理素质来增强身体素质。

（2）科学素质、人文素质与思想道德素质的和谐发展

科学素质是大学生成才的重要基础。科学素质可以理解为科学理性在人格上的内化，即包括掌握必要的科学知识，具备科学精神和科学世界观，以及用科学态度和科学方法判断及处理各种事物的能力。大学生掌握了人类在长期实践和科学研究中创造和积累的科学思维方法，才能分析和解决学习、生活、工作中的各种具体问题。大学生具备了科学精神才能有进行科学探索的不竭动力。科学素质中最根本的是科学精神。现代社会，科学技术已

渗透到职业生活和社会生活的各个方面，各种实践问题的解决只依靠一门科学是不行的，而要综合运用多种知识。因此，大学生只有掌握多种科学基础知识和科学思维方法才能解决各种实践问题。在建设创新型国家的宏观背景下，大学生必须提高自身的创新能力，而这需要养成科学怀疑、理性批判、勇于探索的精神。

人文素质是大学生成人的重要保证。人文素质是一种具有时代特征的综合素质，包括人文精神、人文意识、人文品质、道德水准和文化心理等。人文素质以人内心的精神世界为基础，思考和关注个体和人类的命运。正如爱因斯坦所说，对于一个纯粹的科学家来说，对人类自身命运的关注，从来都必须成为一切基础工作的目的。大学生通过学习文学、历史、哲学、艺术等人文知识，开阔视野，陶冶情操，关爱他人，敬畏自然，关注社会，提高为人处世的能力。人文素质高的大学生会自觉将服务民族进步、国家发展、人类幸福作为提升自我的出发点和归宿，从而将自我融入国家和社会中。文化品位和人文素质制约着大学生综合素质的发展。

思想道德素质是大学生成才成人的精神动力。在大学生的综合素质中，思想道德素质发挥着根本性的导向作用，为大学生科学素质和文化素质的培养提供精神动力。大学生只有坚持正确的政治方向，提高政治觉悟，才能认清时代赋予自己的历史使命，自觉自愿地为建设中国特色社会主义而刻苦学习科学技术和文化知识。只有具备良好的思想道德素质，大学生才会把个人发展与祖国命运联系起来，才能树立坚定的中国特色社会主义理想信念，并内化为一种持久的精神追求和强大的精神动力，精力充沛地投身到中国特色社会主义建设事业中，自觉自愿地奉献社会，提升自身的综合素质。

3. 大学生全面发展：物质需要与精神需要的和谐发展

"需要"这个范畴在马克思主义理论中的地位极其重要，是考察分析人类历史活动的根本出发点。需要是形成人的利益要求、价值取向和理想追求的内在根据，也是人的活动的内在动力。人的需要多种多样，物质需要和精神需要是人的两种基本需要。人处在有限的物与无限的神之间——这就是人性结构的奥妙所在。人是介于动物与神之间的存在物，是有限与无限的统一。因此，人既需要追求有限的物质，又需要追求无限的精神。

物质需要是精神需要的基础。人的生存需要是一个人生存下去的基础性需要，生存需要应该是最优先被考虑的。一般而言，物质需要满足了，才会产生精神发展的需求。只要物质条件不容许人有从事其他活动的可能，人的更高级的需要就不可能产生和得到发展。精神需要始终受到物质需要的制约与纠缠，物质需要制约与纠缠得越厉害，精神需要发展得就越艰难。人们在追求物质需要满足的过程中会出现一些消极现象，但我们不能因噎废食，全盘否定人的物质需要，要用精神需要引导物质需要。对于大学生来说，如果基本的生存需要无法解决，就根本谈不上静心学习，更高层次的精神追求就会受到制约。

精神需要引导物质需要。在人们的现实生活中，很多人有需要也不断在满足着需要，他们只是盲目地被本能的需要牵着走，没有认真审视过他们的需要，也不了解人的真正需要究竟是什么。人的真正需要是精神需要，精神需要是人的本性的确证，是人与动物的根本区别。没有精神需要，人的本性就不完满，人就不能获得真正的幸福。人的物质需要是无限扩张的，当人的精神需要发展起来，就会引导物质需要，使其更加合理。人的需要的发展水平决定了人的价值观，决定了人的精神境界、品位高低和行为准则。没有精神需要，不建构精神生命，人就退化为动物，人的价值就无从体现。没有精神需要，大学生不可能实现发展自我、完善自我的目的。

大学生是具有个性和能动性的主体，不同大学生因其家庭背景、地域环境、性别、年级、所学专业、面临问题、知识结构等差异形成个性化的需求，这些个性化的需求都可以归到物质需要与精神需要两大类中。大学生全面发展内在地包含物质需要与精神需要的和谐发展。

（二）大学生全面发展对高校德育的诉求

目前，大学生仍然存在许多片面发展的现象，造成大学生片面发展的原因很多，但本书认为，应试教育与应试德育也负有不可推卸的责任。现代社会需要各种素质全面发展的复合型人才。因此，必须扬弃应试德育方式，对大学生实施素质德育，为大学生全面发展开辟出一片广阔的自由空间。

1. 大学生片面发展的原因：应试教育与应试德育

目前，大学生的发展状况与全面发展的要求仍有一定差距，大学生处于片面发展状态，主要表现在四个方面：

①重知识和能力，轻素质。由于受到市场经济和社会重视实用技术等

因素的影响，大学生普遍重视实用技术知识。例如，不论文科学生还是理科学生，都十分重视计算机知识的学习和计算机水平考试。大学生对实用技术知识的重视，并不说明他们就具有很高的科学素质，一些学生对科技常识一知半解，对科技发展趋势一无所知，缺乏迎难而上的勇气、实事求是的精神、独立探索的进取意识。

②科学素质与人文素质的不平衡。目前，大学生的科学素质与人文素质发展不平衡的状况仍然存在，令人担忧。理工科学生重理工、轻人文，文科学生重人文、轻科学的偏颇现象普遍存在。许多理工科学生历史知识、文学知识知之甚少，缺乏艺术修养、审美能力，文化品位不高。许多文科学生对自然科学的基本知识知之甚少，不了解现代科技发展趋势，缺乏理性的科学精神。

③重科学文化素质，轻思想道德素质。大学生普遍重视科学文化素质，因为科学文化素质就是人的智力业务素质，容易在业务中凸显出来，而思想道德素质是为智力业务素质提供精神动力的无形的潜隐的素质，难以在业务中体现出来。

④重物质需要，轻精神需要。市场经济对功利与效益的追求，推动了物质财富的增长，人们将经济领域中的价值原则无限制地推广到社会生活中，以金钱衡量人生价值。一些大学生将赚钱视作人生的目的，片面追求物质需要的满足，精神需要处于萎缩状态。

造成大学生片面发展的原因很多，但应试教育与应试德育负有不可推卸的责任。

应试教育是一种"外在化"教育，以考试为目的，围绕考试开展教育活动，它不是以学生的内在发展为衡量标准，而是以外在的知识和考试成绩等作为衡量标准。考试一般只能考查学生对知识的掌握情况，难以考查学生的能力和素质。因此，应试教育培养的学生仅仅重视对知识的"占有"，忽略对知识的综合运用。知识是素质的基础，知识水平的提高有利于素质的提高，但不等于说知识的增加必然导致素质的提高。素质的形成是一个内化过程，在内化过程中起关键作用的因素不是智力因素，而是非智力因素。

应试德育是应试教育的一种表现形式。传统的高校德育模式是应试德育，教育的目的就是应对考试，教育者教给学生的只是一些概念化的知识，学生只需要将这些概念知识塞进记忆里，于是，学生成为记忆思想道德概念知识的人，而不是成为有思想道德素质的人。思想道德素质是构成民族凝聚力的精神支柱，是一个国家和民族的灵魂，也是一个人的核心素质。思想道德素质在人才成长过程中处于首要地位，是提升科学文化素质的重要驱动力量，也是科学文化素质发挥正功能的保障力量。

2. 大学生全面发展对高校德育的诉求：素质德育

当代大学生肩负着中国特色社会主义现代化建设的历史重任，中国特色社会主义现代化建设需要大批基础知识广博、宽口径、智能型、具有创新潜质的全方位、立体型的高素质复合人才。高等院校要培养高素质复合人才，培养德智体等诸方面全面发展的社会主义新型人才，就必须实施全面发展的素质教育。全面发展的素质教育就是通过德育、智育、体育和美育等几个部分全面协调地发展来培养和造就全面发展的人，它是实现人的全面发展的根本途径。

实施全面发展的素质教育，必然要求高校德育实施素质德育，素质德育追求的是为发展而教、为发展而学，素质德育提倡自主学习、自我建构和探究式的学习，素质德育鼓励个性和创造性，素质德育注重知识和学科的关联与整合，素质德育重视解决实际问题能力的培养，素质德育更多关注人的智慧、能力和创造性等深层次素质的开发与激活。素质德育以全体学生的全面发展为宗旨，为学生学会做人、学会求知、学会劳动、学会生活、学会健体、学会审美奠定基础，使学生的身体素质、心理素质、科学素质、人文素质、思想道德素质等得到全面协调发展，使大学生的理性、情感、意志与行为和谐发展，达到真、善、美的统一。

大学生全面发展的基石是包括思想道德素质、科学文化素质、身心素质等在内的综合素质，素质德育正是要由以书为本的学历教育转向培养大学生综合素质为本的创新能力教育。素质德育强调在理论培养和实践能力培养的基础上拓展素质。理论素养是实践能力的基础，大学生只有掌握了科学的理论才能在实践中大显身手，他们对科学理论知识的掌握是否牢靠要看其发现问题、解决问题的实践能力。大学生的素质在丰富多彩的各级各类科学文化活动中可以得到横向和纵向的拓展，在理论学习和社会实践中得到提升。

素质德育可以保证大学生综合素质的可持续发展。知识只是能力和素质的基础，素质是一个人全面发展的基础，有创新和作为的人，都是综合素质高而且综合素质得到可持续发展的人。大学生的综合素质如何，不仅要看其在校的表现，更要看走向社会后的可持续发展能力。现代社会，新技术、新知识层出不穷，高等教育不能仅停留于传授知识层面，更要重视培养学生获取知识的能力，提高学生的学习能力，使学生"学会学习"。学习素质是确保大学生可持续发展的关键，大学生只有养成良好的学习习惯，掌握了求知的方法和途径，才能根据自身的职业目标和人生目标广泛涉猎相关学科的知识，根据社会发展趋势拓宽自身的知识面、优化自身的知识结构，使自身的综合素质与时俱进。

三、大学生思想道德素质发展的诉求

大学生思想道德素质的发展是思想道德认知、思想道德情感、思想道德意志、思想道德行为等要素均衡发展和循环往复、螺旋式上升的矛盾运动过程。缺少任何一个要素或各要素发展不协调都无法形成良好的思想道德素质。高校传统的知性德育只能促进学生思想道德认知的发展，忽略了思想道德情感、思想道德意志、思想道德行为的发展，高校德育应该从知性德育向实践德育发展。

（一）大学生思想道德素质的构成要素

大学生思想道德素质的形式结构包括思想道德认知、思想道德情感、思想道德意志和思想道德行为四个基本要素。这四个基本要素在大学生思想道德素质的形成和发展中发挥各自独特的作用。

1. 认知是大学生思想道德素质形成和发展的基础

思想道德素质的形成一般是从认知开始的，人的认知过程是螺旋式上升的，从量的积累到质的飞跃，不断得以深化。没有正确的认知，就难以形成积极的思想道德情感和良好的思想道德行为。认知能力和认知结构与人的思想道德素质的形成是紧密相连的，个体的知识水平制约着个体思想道德素质的发展。大学生在接受思想道德教育信息时，会根据已有认知结构、接受目的、接受标准来选择信息和解释信息。选择信息和解释信息的差异源自于主体认知结构的差异。大学生对接收的信息进行推理、判断，如果这些信息能与其原有的思想道德知识吻合就接受，如果不能吻合要么放弃这些信息，要么改变原有的认知，建构新的认知。

知识是人类思想智慧的结晶，高校德育途径之一就是通过思想政治理论课教学传授知识。大学生掌握思想道德知识，是大学生坚信教育内容并照此践行的基础所在，是形成教育者所期望的思想道德素质的基础所在。抛弃掌握系统知识的渠道，而仅仅依赖日常生活中的养成教育方式形成相应的德行固然有效，但难免流于师傅带徒弟式的小作坊生产，局限于经验学习，难以提升、深化。抛弃掌握系统知识的渠道，而仅仅慕求从具体事件中获得与提升推理判断的能力以实现相应的德行固然有效，但难免面临"皮之不存，毛将焉附"的诘难。有效的思想政治教育要求必须经过教育对象主体性的思维运作，并从而达到其对教育内容的知识掌握这样一环。虽然大学生对高校德育教育内容的知识型掌握至关重要，但它绝不是高校德育的全部。

2. 情感是大学生思想道德素质形成和发展的动力

（1）情感对认知和行为的影响

第一，情感对认知的影响。传统认识论（包括旧唯物主义反映论和唯心主义先验论）把人的认知活动视为不受情感影响的纯理性、纯智力的行为过程，忽视了人的情感等非智力因素的能动作用。实际上，人的一切活动都是在一定的情绪情感状态下进行的，不同的情绪情感状态会选择不同的认知角度和认知层次，进而对同一事物或现象产生认知差异。情感在人的认知活动中不起主要作用，但能调节人的认知活动，快乐、兴趣、喜悦等正情感能促进认知活动，愤怒、悲哀、恐惧等负情感会抑制认知活动。

第二，情感对行为的意义。情感对行为活动具有增力或减力的效能。心理学研究表明，任何一种行为的发生和发展都与一定的需要相联系，需要是促使行为发生和发展的原动力。需要动机成为推动一个人行为的基本动力系统，情感与这种动力系统有着密切的关系，情感起着"放大"或"缩小"内驱力（即需要）的作用。当情感需要与客观事物的关系一致时，情感起着积极的推波助澜的作用；反之，起消极的离心作用。例如，一个学生出于自身兴趣而学习，在情感上是愉悦的，学习效果就很好；而一个学生出于教师压力而学习，在情感上是抵触的，难以产生良好的学习效果。

（2）情感是大学生思想道德素质形成的动力

一定的思想道德认知并不能确保相应的行为，思想道德认知与行为之间有一些中间变量，情感是认知与行为之间的一个调节变量。儒家思想就特别强调感情在道德行为中的作用，所谓"格物致知"的"知"不同于通常所说的知识或认知，不但是对客观事物和道德原则的认识和理解，更主要是指对他人喜怒哀乐等情感的体会与感知。

大学生思想道德素质的形成与发展虽然以认知发展为基础，但也与情感活动密不可分。思想道德情感是指人们对思想道德现象和行为规范的爱憎、好恶的内心评价和态度。思想道德情感是人们根据一定的需要，在感知、理解、评价客观事物时所产生的一种情绪体验。积极的思想道德情感，会使大学生接近、尊重、信任教育者，使他们积极思考，认同、接纳教育内容，并付诸实践。消极的思想道德情感，会使大学生排斥对教育内容的认知，对不良思想道德现象视而不见、听而不闻，对思想观念不愿做深刻的思考，对政治观点不愿做深入的分析，对道德规范不愿践行。

3. 意志是大学生思想道德素质形成和发展的保障

（1）意志对认知和情感的影响

心理学上把人的心理活动分为认识过程、情感过程和意志过程。意志是指人为达到某种目的，有意识地调整自己的行动，并克服种种困难的心理活动。

意志主导认知。意志可以支配、调节个体的认知活动。认知活动总是有目的、有计划的，是一种复杂而艰巨的脑力劳动，因此要求人们具有坚强的意志品质。在认知活动中常常会遇到各种困难，诸如，细致观察、有意记忆、创造想象、问题解决等，如果没有坚强的意志，认知活动无法顺利进行。在认知活动中，由于意志的参与，才能不断深入研究，深化对事物的认识。

意志调控情感。良好的意志品质可以控制不良情绪的影响（如失败时的恼怒、沮丧，胜利时的骄傲、狂喜等），将行动进行到底。所谓"理智战胜情感"，是指在理智认识的基础上靠意志的力量去克服和抑制不合理智的情感。意志薄弱的人常常受不良情感左右，或者一次失败就情绪低落，一蹶不振，或者难以控制不良情绪，做出背离理智的冲动行为。

（2）意志是大学生思想道德素质形成的重要保障

思想道德意志是指人在实现思想道德目的的行为实践中，自觉奋进或克服阻碍的意识能力和心理趋向；换言之，是指人为实现有意义的思想道德目的（这个目的此时并不吸引他）而克服那些富有吸引力的动机、需要或愿望的心理特征。中国古代教育家非常重视道德意志的作用。

思想道德意志是思想道德习惯和行为养成的重要环节，完整的思想道德教育过程不能脱离锻炼意志这一环节。思想道德意志是一种强大的精神力量，它在大学生思想道德品德形成和发展中发挥着保证力、控制力等作用。如果大学生意志薄弱，尽管对思想道德目标有深刻的认识和积极的情感，一旦遇到困难便可能放弃。如果大学生有坚强的意志，就能按照思想道德要求约束自己，克服各种困难，排除各种障碍，实现思想道德目标。坚强的意志力能够促使大学生克服种种困难，始终朝着理想目标迈进，不断完善自己。大学生要有良好的思想道德素质，就必须借助意志进行自我克制、自我主宰，并用理性来引导自己的行为。

4.行为是大学生思想道德素质形成和发展的标志

思想道德素质的内在心理要素（思想道德认知、思想道德情感、思想道德信念）属于精神的范畴，它在客观化、外在化之前，还不能构成完整意义的思想道德素质。大学生思想道德素质的形成发展是内化与外化的统一，内化是在知情意等心理机制的作用下，将社会的思想道德规定转化为自身的思想道德认知、情感、意志等精神力量。外化是将精神力量转化为思想道德行为实践，经常、反复进行，养成良好的习惯，形成相对稳定的思想道德行为。大学生思想道德素质的形成过程是其各构成要素由低级到高级、由简单到复杂、由量变到质变，从而形成相对稳定的思想道德品质的动态过程。

大学生思想道德行为是知情意等内在心理因素的外在表现，是衡量大学生思想道德素质的重要标志。评价大学生的思想道德水平高低，不能根据他说什么、表面上喜恶什么，而是要看他做什么。思想道德行为作为思想道德素质形成的一个子过程，它直观地、感性地体现出大学生认知活动、情感活动和意志信念的实际效应，体现出教育活动的实际效果。

（二）大学生思想道德素质形成的复杂性对高校德育的诉求

传统德育将大学生思想道德素质简单理解为理性认知，高校德育因此简化为知性德育，结果培养出缺乏丰富情感体验、缺乏坚强毅力、缺乏思想道德践行能力的片面发展的"人才"。大学生思想道德素质构成要素的复杂性以及各要素之间的复杂关系，决定了高校德育思维方式应该从简单的线性思维向复杂的非线性思维发展，也就是说，从简单传授知识的知性德育走向知情意行综合发展的实践德育。

1. 知性德育：对大学生思想道德素质的简单化理解

过去，人们对思想道德素质做了简单化的理解，认为思想道德素质只有一个维度，即知性或理性。理性确实在思想道德素质结构中发挥着举足轻重的作用，它是实施思想道德行为的前提条件，它解决"如何行为"的问题，理性的发展能够增进人们的思想道德认知能力。理性的发展程度越高，我们就越能够正确地评价其他生命的需要，就越能够意识到我们自己的动机与冲动的真正性质，就越能够协调产生于我们自己生命的冲动与产生于社会的冲动之间的相互冲突，就越能够选择有效的方法去实现我们所赞许的目的。理性能够使人按照社会的整体需要来评判和调整自己的行为，使人抑制自己的自私冲动，承认他人的合理冲动，将人类的各种冲动整合到社会秩序中。由于对理性的过分强调，传统德育实质上被简化为知性教育，主要传授普遍化、客观化的知识，忽视对大学生的情感、意志、行为等要素的培育，导致思想道德教育与大学生生活的疏离，培养出缺乏丰富情感体验、缺乏承受挫折的坚强毅力、知行脱离的伪君子。知性德育不能确保大学生做出正确的政治行为和道德行为，同时也妨碍了大学生追求有意义的生命活动。

2. 实践德育：大学生思想道德素质综合发展的有效方式

思想道德素质是人的一种内在的精神品格或人格，具有整体性特征。从人的存在这一维度看，德行并不仅仅表现为互不相关的品格，它所表征的，同时是整个的人。德行的具体表现形式可以是多样的，但作为存在的具体形态，德行又展现为同一道德主体的相关规定。德行的这种统一性往往以人格为其存在形态。大学生思想道德素质的不断提升是一个复杂的人格完善过程，这个过程既需要理论教育，也需要情感体验、锻炼意志和深入实践，在社会实践中才能将知情意统一起来。因此，思想道德素质的表征与提升都离不开社会实践。

一方面，思想道德素质要通过实践表征自身。思想道德素质与人的存在是一体的，而人的存在就是他们的实际生活过程，从这个意义上说，思想道德素质融于社会生活中。社会生活在本质上是实践的，因此，思想道德素质就产生于人们的物质交往活动中。在原始社会，人们通过祭祀、节庆、歌舞等形式接受部落首领的教育，教育、道德与生活融为一体、无法分离。道德同存在的事实性密切相关，而不是同脱离实际的理想、目的和责任相关。作为道德基础的事实，来源于人们相互之间的密切合作，来源于人们在愿望、信仰、满足和不满的生活中相互关联的活动结果。因此说，道德具有社会性和实践性。大学生的思想道德素质是在具体的政治生活和道德生活中展现的，空谈思想道德素质是毫无意义的。离开实践，各种道德规则和政治观念就成了僵死的条文和抽象的原则。

另一方面，思想道德素质在实践中得以提升。思想道德素质是一种实践精神，它要转化为一定的目的和在这个目的支配下的行动，它的意义才能呈现出来。因此，理论上讲，思想道德素质不可或缺的构成要素是实践或行为。大学生思想道德素质高低的根本标志是其行为表现，高校德育的最终目标是使大学生形成良好的思想道德行为。大学生良好的思想道德行为，不是单独口授的结果，不是记诵道德规范和政治规则就可以学会的，只有通过实践才能真正理解思想道德内容、深化情感体验、磨炼意志品质，真正学会如何去做。传统德育带有明显的理性化、形式化、知性化特征，忽视了大学生的生活实践基础，导致大学生思想道德认知与思想道德行为相分离。实践是大学生思想道德素质生长的土壤，离开实践，思想道德素质的提升就成为"口号"而已。高校德育只有发展实践育人方式，在实践中锻炼大学生，才能使他们的思想道德认知、情感、意志与行为统一起来。

第三节 复杂性思维方式视域下德育的实践对策

系统科学理论认为，系统的内聚吸引、合作、相互作用的普遍现象，是由系统内部诸要素的差异与协同来完成的。高校德育系统要对大学生思想道德素质的培养产生内聚吸引、合作和相互作用，就必须使高校德育适应并优化社会环境，使高校德育系统内部各子系统协调互补，使高校德育系统内部各要素优化组合。

一、协同发展：高校德育与社会环境的适应优化

高校德育是一个开放系统，要与社会环境不断进行物质、能量和信息的交换，与社会环境有着千丝万缕的联系。随着社会环境的发展变化，高校德育也要发生相应变化以适应社会环境，在适应社会环境中发展自身，在自

身发展中优化社会环境，达到与社会环境的协同发展。

（一）高校德育与社会环境协同发展理论依据：教育与环境辩证关系

环境与教育之间的关系一直是人们关注和争论的焦点问题，对环境功能的不同看法构成不同的教育环境观。近代以来，在教育环境观的争论中形成了两种典型的观点——环境无用论和环境决定论。环境无用论否定环境对人的思想和行为的影响，片面地强调人的理性、心理和情感等因素在个体生活中的作用，有代表性的是"意志决定论""本能决定论""遗传决定论"等观点。教育家赫尔巴特就否定环境对人的影响，他不让学生接触社会，而是从观念出发开展教育活动，主张用自由、完善、法权和正义的观念来丰富学生的心灵，培养学生良好的道德品质。环境决定论认为，人是环境的产物，环境决定了人的思想和行为特点，环境的变迁必然导致人的思想和行为的变化。主张环境决定论的突出代表是爱尔维修，他反对天赋观念，否定人的主观能动性，强调环境特别是国家政治制度对人的思想和行为的决定作用，把人看成环境的被动产物，过分夸大了环境的作用，陷入机械唯物论。环境无用论和环境决定论是人与环境关系问题上的两种极端表现，违背了辩证法，不符合人的成长发展规律。

马克思主义环境论认为，环境与教育是辩证统一的，环境决定人，人反作用于环境，人可以认识、开发和优化环境。具体来讲，主要表现在四个方面：①环境为人的生存和发展提供了客观物质条件。人类生存的第一个前提，即历史的第一个前提是必须能够生活，而生活就需要吃穿住等物质资料，人们只能从环境中获取这些资料。②环境决定人的主观世界。人的思想观念的形成不只是"独立主体"的思维过程，而是客观存在的社会环境在头脑中的反映，观念的东西不外是移入人的头脑并在人的头脑中改造过的物质的东西而已。影响人的思想行为的环境因素多种多样，但起决定作用的是经济因素，即利益关系。利益关系是社会存在和发展的"神经系统"，如何对待利益关系，是人们世界观、人生观、价值观的突出表现。③环境的变迁必然导致人的思想和行为的变化。社会环境的发展变化引起人们思想观念的发展变化，这是不需要深思就能明白的。更得这样厉害，以致它们常常是互相直接矛盾的。因此，我们在教育中不能固守任何道德教条，我们拒绝想把任何道德教条当作永恒的、终极的、从此不变的伦理规律强加给我们的一切无理要求。相反地，我们断定，一切以往的道德论归根到底都是当时的社会经济状况的产物。④人在环境面前不是完全被动的，人可以认识、开发和优化环境。机械环境决定论肯定了社会环境对人的思想观念的影响，但否定了人对环境的能动作用。社会环境决定人们的思想观念是在归根到底的意义上而言的，人在环境面前也不是完全无能为力的，人可以认识和改造环境。

马克思主义教育环境论的基本观点是：环境决定人的发展，决定人的思想政治状况和道德面貌，人可以通过社会实践改变环境，改变思想政治状况和道德风尚。一方面，社会环境尤其社会物质条件、经济制度和政治制度规定着德育的性质和方向，制约着德育的内容和方式，保证德育能够符合一定社会经济和政治制度的要求。另一方面，德育对社会环境也产生巨大的影响和促进作用。德育能够抑制、克服与革除社会环境中落后的、起阻碍作用的思想观念和行为习惯，激励和强化社会环境中先进的、起促进作用的思想观念和行为。马克思主义教育环境论强调只有在社会实践的基础上，才能使环境、德育与人的思想观念产生相互作用并使之有机统一起来。马克思主义教育环境论为我们正确认识和处理环境、德育与人的思想观念之间的关系提供了科学的理论指导，高校德育既能在适应社会环境中发展自身，又能在自身发展中优化社会环境。

（二）高校德育在适应社会环境中发展

高校德育要走出"孤岛"效应，必须要以开放的思维和积极的态度对待社会环境，疏而不堵、因势利导，利用社会环境加强教育。高校德育不能消极被动地适应社会环境，而要积极主动地适应社会环境。高校德育要增强主体性，使自身在适应复杂的社会环境中得以发展；增强耗散性，使自身在适应开放的社会环境中得以发展；增强预示性，使自身在适应不确定的社会环境中得以发展。

1.增强主体性：高校德育在适应复杂的社会环境中发展自身

与传统社会相比，现代高校德育面临的社会环境是非常复杂的。思想道德教育环境的复杂性，是由影响因素的广泛性、影响因素的易变性、影响性质的多重性、影响方式的多样性决定的。影响高校德育和大学生思想行为的因素是极其广泛的：既包括自然环境也包括社会环境；既包括经济环境、政治环境，也包括文化环境；既包括历史环境也包括现实环境。高校德育环境是多要素构成的，各要素相互作用、交织叠加，越来越难以划界。影响高校德育和大学生思想行为的环境因素变化速度加快。随着科学技术的发展，人们认识和改造环境的手段和能力得到前所未有的提高，社会经济、政治和文化飞速发展，尤其互联网的发展加速了信息的产生和传播速度。影响高校德育和大学生思想行为的因素具有多重性质。社会环境中既存在健康向上、催人奋进的积极因素，也存在悲观消沉、使人颓废的消极因素，这些不同性质的因素混杂在一起，难以完全分离和过滤。影响高校德育和大学生思想行为的方式是多样的，有教育与环境因素的相互双向影响，也有环境因素对教育的单向影响方式；有直接的影响方式，也有间接的影响方式；有广泛的、普遍的影响方式，也有个别、特殊的影响方式；有深入持久的影响方式，也有浅层偶尔的影响方式；有真实的影响方式，也有虚假的影响方式。

混沌理论告诉我们，混沌系统对初始条件是非常敏感的，初始条件的微小变化可能导致不成比例的巨大后果。因此，社会环境中的微小变化都可能对大学生的思想行为产生巨大的影响。大学生生活、学习、交往的范围和领域不断扩大，与此相关的因素都可以影响他们的思想和行为，这些因素稍有变动都可能成为干扰源，使他们的思想产生混乱，行为无所适从。在全球化和信息化时代，社会环境这个信息源犹如一部无线电发射器，发射的信息频带越来越宽，可供选择的正信息增多，渗入的负信息也随之增多。负信息成为大学生认同高校德育内容的干扰源，干扰大学生的思想行为，使他们迷惘困惑，无所适从。在复杂多变的社会环境中，高校德育更要坚持主体性，对社会环境中的信息加以鉴别和选择，对负信息要分析其错误之处、揭露其危害之处，用正信息引导大学生，增强他们对社会环境的认识和把握能力，使他们在复杂多变的社会环境中做出正确的选择。

2. 增强耗散性：高校德育在适应开放的社会环境中发展自身

与传统社会相比，现代高校德育面临的社会环境是开放的。在空间上，影响大学生思想行为的社会环境是没有固定界域的开放环境，有宏观的经济、政治和文化环境，有微观的家庭、学校和社区环境；有国内社会环境，有国外社会环境；有现实社会环境，有虚拟社会环境，这些社会环境的宽泛程度难以确切估计。尤其大众传媒环境和网络环境对大学生的吸引力、影响力不断增强，大众传媒利用各种手段制作和播出具有诱惑力的节目，互联网对各种新鲜刺激信息、感官信息、娱乐信息的即时快速传播，都有效地吸引了大学生的眼球。

大学生的思想系统是远离平衡态的开放系统，通过与外界进行物质、能量和信息的交换，接受各种外界信息的刺激，产生思想矛盾，通过涨落，产生新的思想认识，新的思想认识又会输出到社会环境中。在开放的社会环境中，大学生掌握的信息内容往往比教育者还多，高校德育如果采取"堵"的方式，仅仅对大学生传递正面的知识和信息来压制他们的思想行为，恰恰会适得其反。如果给大学生输入大量杂乱信息，而不让他们输出信息，就会使他们思想混乱。思想的输出可以让大学生产生一定的满足感和价值感，思想的输出又会带动思想的输入，增强思想的耗散性，加强思想系统的稳态运转。环境的开放和人的流动空间的扩大，要求思想政治教育也相应地改变封闭的观念和工作方式，代之以开放的观念和工作方式。教育者要通过组织讨论、写论文、调研、社会实践等多种形式，积极鼓励和引导大学生输出思想成果，向社会环境中输出积极有益的思想观念，增强高校德育的渗透力和辐射力，使高校德育与社会环境之间形成合理的张力。

3. 增强预示性：高校德育在适应不确定的社会环境中发展自身

市场经济的竞争使社会环境中的不确定性因素增多。在市场经济社会，竞争已经遍及社会的经济、政治、文化、科技、教育等领域，竞争已成为现代国家、民族、群体和个人都无法逃避的必然选择。竞争的开放性意味着人类活动领域的扩大，竞争的全球性导致物质资源在全球范围内流动和展开，竞争的自由性导致物质资源和各种利益关系的多样和多变。竞争带来的开放、流动、多样的社会环境，为个体的自由选择和自主发展提供了机遇，但竞争中的不确定因素为个体的发展带来难以避免的风险。

现代社会的各种人为风险使社会环境中的不确定性因素增多。传统社会是相对封闭的、变动缓慢的，人们做事的参照系是习俗、经验、惯例等确定的东西，人们遇到的几乎每一件事情都可以从过去的经验中找到解决的方法，知道该做什么，不该做什么；什么时候能做，什么时候不能做。习俗、经验、惯例成为个体行动的外在条件和动力源泉。而在现代社会，人们的日常生活不再具有"日出而作，日落而息"的固定程式和不变性，而面临着诸如技术风险、诱惑风险、环境风险、战争风险等各种人为风险，人为风险的存在为未来发展增加了许多不确定性因素，这些不确定性因素恰恰为变化求新创造了条件。

在激烈竞争和人为风险存在的社会环境中，大学生只有认识不确定性、把握不确定性的内在规律性，才能把不确定性因素转化为确定性因素，抓住发展机遇。把不确定因素转化为个体发展的机遇，转化为个体发展的竞争优势，往往是瞬间的事情。因此，高校德育要提升大学生的机遇意识，培养大学生及时把握机遇的能力。在现代社会，过去失去了它决定现在的权力。它的位置被未来取代了，因而，不存在的、想象的和虚拟的东西成为现在的经验和行动的原因。我们在今天变得积极是为了避免、缓解或者预防明天或者后天的问题和危机。大学生要将未来的不确定性因素转化为发展机遇，要能够面向社会、面向未来，预示事物发展的方向。从客观上要求高校德育增强预示性，对社会发展规律及其对人产生的影响提出前瞻性的预见，并使大学生形成自我判断和自我选择的能力。

（三）高校德育在自身发展中优化社会环境

社会环境作为一种自发影响，总是良莠不齐、好坏并存，从来都不存在绝对好或绝对坏的环境。人是有能动性的，既不能对社会环境的不良影响抱怨不已，也不能对社会环境的不良影响心安理得，而应该克服对社会环境的依赖意识，确立对社会环境的自主意识。所谓自主意识，就是主体对环境的独立意识，而不是盲从意识；就是主体对环境的主人意识，而不是奴役意识；就是主体对环境的驾驭意识，而不是屈从意识。高校德育的社会环境是一个极为广泛而复杂的系统，不同层次的社会环境要素交织叠加，综合影响大学生的思想行为。社会环境是高校德育生存和发展的必要条件，高校德育如果丧失了对社会环境的自主意识，就必然在社会环境中随波逐流，飘忽不定，被社会环境所主导。因此，高校德育要遵循趋利避害的原则，对社会环境中的复杂因素进行分析与鉴别，努力选择和发展有利的环境因素，避开或转化不利的环境因素，不断优化社会环境。

1. 高校德育的发展是优化社会环境的基础

高校德育要通过增强主体性、耗散性和预示性，使自身得到发展，才能使人们认同它的价值，增强其对社会环境的影响力度，为优化社会环境创造有利条件。

（1）认同高校德育的现代价值是优化社会环境的基础条件

随着社会环境的发展，高校德育的价值逐渐从过去单一的政治导向和政治保证功能，发展到经济功能、预测功能、开发功能、享受功能等更适合社会发展和个体发展需求的层面。大学生对高校德育现代价值的认识逐渐深刻起来，如果高校德育能渗透到专业教育，指导大学生的职业生涯规划，为大学生自我实现提供方向和动力，他们就会自觉自愿地接受德育内容，将德育内容内化为自身的思想意识，外化为实际行动，向社会环境辐射和渗透先进思想、先进文化，为优化社会环境奠定坚实的基础。

（2）增强高校德育对社会环境的影响力度是优化社会环境的必要条件

从教育与人的关系来看，随着教育的发展，教育对人的身心发展、智力发展和思想道德发展的影响力度越来越强。从人与环境的关系看，随着人们掌握的科学知识和人文知识逐渐增多，人类对社会环境的影响力也越来越强。教育对人的影响力度增强，人对环境的影响力度增强，因此，教育对社会环境的影响力度增强。高校德育只有不断发展自身，才能提升大学生的思想道德素质，有效规范大学生的行为，为社会输送大批坚持社会主义核心价值观的合格建设者和可靠接班人。这些在各自岗位上兢兢业业、恪尽职守的建设者和接班人，能够发挥模范带头作用，感染周围的人，为优化社会环境创造必要条件。

2. 高校德育在发展中优化社会环境的思路

当代大学生同他们父辈的青少年时期一样，也是生活在三个环境中——家庭、学校和社会。在传统社会，家庭对一个人的影响始终是第一位的。随着九年制义务教育的普及，学校对学生的影响逐渐增强。而如今，社会对学生的影响力度加大，尤其大众传媒正在超越家庭和学校成为影响大学生思想行为的第一因素。因此，优化高校德育环境主要是优化家庭环境、校园环境和大众传媒环境，尤其应以优化大众传媒环境为重点。

（1）建立家校联动机制，优化家庭环境

大学生的思想行为最先受到家庭的影响，父母的思想觉悟、道德品质、性格气质、为人处世等都会对他们产生直接的、深刻的影响。在家庭成员之间自然频繁的交往中，父母的思维方式、行为方式、生活方式和情感表达方式等为他们提供了第一参照系和最感性的示范。大学生人格的起点不是学校显性教育的结果，而是家庭教育隐性渗透的结果。在积极向上的家庭氛围中长大的大学生，更具有上进心，积极参与社会事务，关心国际国内事务。在平等和睦的家庭氛围中长大的大学生，更能平等待人，关爱他人，自由发展，形成健全的人格。温暖和谐的家庭有助于发展孩子的健全人格，冷漠暴力的家庭容易使孩子形成消极回避甚至扭曲的心理状态和个性特征。一些大学生产生的诸多心理健康问题与童年时期不健康的亲子关系相关，他们在现实中遇到挫折尤其情感挫折时，就容易唤起童年时期的创伤性记忆，不知不觉间就会出现消极情绪甚至过激行为伤害自己，伤害他人。因此，父母应该有意识地营造温馨和睦的家庭环境，采取科学的教育方式培养孩子形成正确的价值观和积极的人生态度。家庭是社会的细胞，家庭环境的优化将为整个社会环境的优化奠定基础。

优化家庭环境，不仅父母有责任，学校也有责任，而且学校也可以有所作为。高校可以建立家校联动机制，成立学校领导、党团干部、辅导员、班主任、任课教师、家长委员会等组成的"家校进步共同体"。通过校园网及时向家长宣传国家的有关法律法规，宣传学校的工作，辅导员、班主任、任课教师可以通过QQ群、微博、短视频平台等及时向家长告知学生在学校的生活学习情况，反映他们成长过程中出现的新情况、新问题，及时回答家长关心的问题。通过学校与家长的沟通，家长既可以更好地了解子女的学习和生活状况，也可以更好地与子女沟通交流，形成平等交流的亲子关系，营造出温馨和谐的家庭环境。

（2）加强校园文化建设，优化校园环境

大学校园环境是高校为培育人而有意识创设的育人环境，是实施教育活动不可缺少的重要资源，是一种潜在的教育因素。校园环境包括物质环境和精神环境。优美的校园环境能够愉悦学生的身心，激发学生的自豪感和自信心；先进的教学设备能让学生领悟到高科技的魅力，激发学生的求知欲望；现代化的图书馆能让学生了解专业领域的前沿研究，激发学生的研究欲望。良好的校园环境是一种道德力量，这种力量以某种特有的潜在作用促进大学生自觉自愿地按照校纪校规的准则调节和规范自己的行为，潜移默化地陶冶着大学生的思想情感，提升着大学生的精神境界，完善着大学生的道德品质，激励着大学生奋发向上。良好的校园环境能够提供正确的价值导向，将师生员工凝聚为一个蓬勃向上的共同体，催人奋进，升华精神。校园环境尤其校园精神环境的优劣，直接影响着大学生素质的发展。因此，要加强校园文化建设，优化校园环境，发挥环境育人的功能。

校园文化建设包括物质文化建设和精神文化建设，物质文化建设为精神文化建设提供必要的基础，精神文化建设为物质文化建设提供方向。校园文化建设的重点是精神文化建设，尤其要通过开展内容丰富多彩、形式灵活多样的校园文化活动来建设校园精神文化。丰富多样的校园文化活动符合大学生好奇、好胜、好学的特点，是大学生乐于接受并自愿参加的活动形式。大学生通过参加文明修身活动将良好的心理素质、深厚的道德涵养、崇高的理想信念和文明的行为举止统一起来，通过参加学术科技活动养成崇尚科学、追求真知、勇于创新、锐意进取的习惯，通过参加文体艺术活动养成既竞争又合作的精神，通过参加志愿服务活动深入领会和认同社会主义核心价值观，通过参加创新创业活动提高创新精神和实践能力。大学生在参加各种校园文化活动中，使自己真正"动"起来，在琐碎的实际工作中提高适应社会的能力，在互相配合中提高合作能力，在自我教育、自我管理中主动成长、自由发展。通过举办丰富多样的校园文化活动，营造出富有朝气的、充满活力的、积极进取的校园文化氛围，"润物细无声"地滋润着大学生的心灵。

（3）加强舆论引导，优化大众传媒环境

随着社会主义市场经济的不断推进，我国的大众传媒虽然没有实行私人所有，但主要以"事业性质、企业管理"的方式自主经营、自负盈亏，基于商业利益的驱动，它也不得不考虑收视率、点击率、发行量，从而走上世俗化甚至低俗化的道路。消费逻辑侵蚀着大众传媒，大众传媒将人们从"心仪彼岸"的神圣化道路上拉回到"心仪物质"的世俗化道路上，大众传媒不太关心文化产品的质量和文化产品对人类精神生活的影响，更关心文化产品的制造、发行、销售，更关心利润的实现。为了增加发行量和点击率，大众传媒极力张扬的消费主义生活方式，使越来越多的大学生追求世俗化的物质享受，崇高的理想信念悄然"褪色"。另外，开放的互联网方便了西方国家输出文化，对我国进行意识形态的渗透。西方国家总是将自己置于中心位置和救世主的位置，西方媒体在声称遵循所谓客观报道的原则下，特别喜欢挖掘中国的"黑暗面"信息，攻击社会主义制度和政策。媒体报道的内容与高校德育内容往往发生冲突，大学生正处于青年成长的高峰期，生理发育已完全成熟，心理发育还没有成熟，看问题往往是理性不足，容易跟着感觉走，出现偏激的认知和情绪，媒体报道很容易影响他们对事物真相的判断，从而消解高校德育的作用。

大众传媒肩负着新闻传播和思想宣传的任务，影响着人们的价值取向。因此，大众传媒要坚持正确的舆论导向。在当前，加强舆论导向建设就是要坚持以马克思主义中国化理论为指导，以社会主义核心价值体系为引领，以社会主义荣辱观为基础，大力发展先进文化，支持健康有益文化，努力改进落后文化，坚决抵制腐朽文化。大众传媒的报道应立足主流，弘扬主旋律，以民族精神和时代精神鼓舞大学生的斗志。另外，要建立一批针对大学生的优质教育传媒，满足大学生精神文化生活的多样需求。

高校德育要利用大众传媒的信息资源丰富德育内容，借鉴大众传媒的传播方式改进德育方式。长期以来，高校德育无视大众传媒中的各种信息，教育的信息量极其有限，教育内容陈旧、枯燥、乏味、缺少变化，不能与大学生产生思想共鸣。高校德育要充分挖掘大众传媒中的教育资源，尤其要挖掘新媒体中的教育资源，充分利用新传媒的有益信息。新媒体能快速及时地传播每个人都基本可以看懂听懂的、图文声并茂的各种信息，这与大学生喜欢追求新奇、追求个性的心理特征相吻合，比较容易刺激大学生的神经系统，激发大学生的求知欲望。长期以来，高校德育没有形成有效的信息传递，原因之一是重理性轻感性，重理论轻实践。马克思主义认为，感性思维上升到理性思维确实是认识过程必需的，但如果没有对一个个生动的感性存在的认识，就无从有理性思维。如果高校德育只重视理性思维，而忽略从个别的感性的实际存在出发去分析对象的特殊性，就会滑入教条主义的泥淖，陷入只唯书的空谈阔论中。高校德育需要寻找感性触觉点，充分利用好大众传媒中形象、生动、直观的材料，吸引大学生的注意力，刺激大学生的感性思维，用马克思主义理论对这些感性材料进行理性分析，调动大学生的理性思维，使大学生对教育内容从感性认识上升到理性认识。大学生可以更理性地选择大众传媒中的精华，摒弃吸引眼球的糟粕，光靠吸引眼球的大众传媒会越来越没有市场，这就迫使大众传媒通过提高文化品位来增加发行量和点击率。

二、功能耦合：高校德育各子系统的协调互补

任何系统都不是各组成部分的机械组合或简单相加，而是一个有机整体，系统的整体功能是各要素在孤立状态下所没有的新质，即整体是大于部分之和的。高校德育系统的整体功能要最大限度地发挥出来，各子系统之间必须做到协调互补，产生耦合效应。

（一）功能耦合的含义

系统内部各子系统之间是非平衡、非线性的，这种非平衡、非线性可以使系统功能产生协同放大的效应。系统的非平衡性决定了系统内部物质、能量、信息的差异性，这种差异性的相互作用使系统要素之间与子系统间具有动态的非线性作用，而这种非线性的相互作用导致差异系统协同放大，并促使有序结构的迅速形成，以实现系统整体优化目的。协同放大是指开放系统内部子系统围绕系统整体的目的协同放大系统的功能，协同放大原理说明系统内部各子系统之间能够形成功能耦合的效应。

耦合是物理学的一个基本概念，是指两个或两个以上的系统或运动方式之间通过各种相互作用而彼此影响以至联合起来的现象，是在各子系统间的良性互动下，相互依赖、相互协调、相互促进的动态关联关系。一切开放的整体系统都具有自我调节功能，其各个子系统是互相生成、互相依赖、互相作用的，各个子系统之间往往会形成功能耦合。一个系统要达到整体目标，就必须从整体出发，调整各子系统的功能与目标，以达到系统整体最大限度地相互适应与总体最佳。一个子系统出了问题，系统活动都可能中断。一个子系统薄弱，即成"瓶颈"，就会影响整体的功能和效应。

高校德育系统是教学系统、管理系统和服务系统以一定的方式组成的结构或功能统一的整体，三个子系统围绕教育目标相互影响，通过非线性的相互作用产生协同效应。在高校德育中，必须考虑教学系统、管理系统和服务系统之间的相互作用，忽视他们的联系就不能实现功能耦合最佳效果。

（二）教学系统、管理系统、服务系统的功能耦合

高校一切工作都要以学生为本，坚持"一切为了学生，为了学生的一切"的教育理念，做到教学育人、服务育人、管理育人。高校德育各子系统，即教学系统、管理系统和服务系统之间既相互制约又相互促进，三者要统一到"育人"这个焦点上，才能产生功能耦合效应。

1. 教学系统、管理系统和服务系统的功能耦合点——育人

在传统的科层管理中，高校组织机构按照职能划分为各个专门的部门，其职能划分得过细，使得教学、管理、服务和育人分割开来，从而使得个人或部门往往用简单的观点解释各种事件。如果学生出现思想行为问题，大家往往将其归咎于专职德育部门的"无能"和"无力"，教学系统的专业教育、管理系统、服务系统则可以不承担任何责任。高校德育系统是一个复杂系统，复杂系统的基本特性是"因""果"在时空上的分离，事实真相与我们习惯的思考方式之间，有一个根本的差距。要修改这个差距的第一步，是撇开因果在时间与空间上是接近的观念。在现实中，大学生的思想行为问题往往是由于环境的变化、大学扩招、学业就业压力过大、行政部门的官僚化、后勤服务部门的市场化等原因造成的，如果只是一味地对专职德育人员施加压力，通常是没有功效的——短期也许会有所改观，长期却会使事情恶化。如果用系统思维分析，大学生思想行为出现问题不仅与专职德育人员有关，也与专业教师、管理者、服务者有关。

高校德育系统的三大子系统——教学系统、管理系统和服务系统，如果结构合理，就能发挥协调与互补的功能，实现"育人"的功能耦合效应。高校提出"三育人"的工作理念，"三育人"是指教师、干部、职工分别在教学、管理、服务工作中，共同创造一个良好的育人环境，承担育人的责任，使学生得到全面、健康的成长。"三育人"工作要始终把坚持正确的政治方向摆在首位，用马列主义、毛泽东思想、中国特色社会主义理论教育学生，培养有理想、有道德、有文化、有纪律的社会主义新人。在"三育人"工作中，教书育人为主，管理育人、服务育人为辅，三者相辅相成，缺一不可。教学系统、管理系统和服务系统三大系统功能耦合的聚焦点是育人。

2. 教学系统、管理系统与服务系统功能耦合的机制

"机制"原指机器的构造原理和运作原理。在不同学科、不同领域中，人们从不同角度理解"机制"，赋予"机制"以本学科、本领域的内涵和特色。在社会科学中，"机制"的引申义非常复杂，主要有几种：一是构成方式，事物作为一个整体，总是由若干要素按照一定的方式构成；二是作用方式，组成事物的各要素总是按照一定的方式相互作用；三是运行方式，按照某种方式组合在一起的各要素，通过有规律性的相互作用而引起系统整体的生

成、运行并发挥功能；四是调节方式，可以建立人们所期望的对事物运行和发展最适合人的要求的调节形式；五是呈现方式，机制是两个事物间可能存在的因果关系，这种关系是经常发生的、易于识别的因果关系，虽然因果关系诱发的条件不明朗，后果呈现的方式也不确定，但总的还是希望朝着人们的愿景发展。本书将"机制"理解为一种运行方式，即指系统内部各要素之间的结构形式，以及通过要素之间的有序作用来实现整体功能的运行方式。高校德育要将教学系统、管理系统与服务系统整合起来，实现育人的耦合功能，就必须建立相应的工作运行机制。

（三）教学系统内部思想政治理论课教学与专业教学的功能耦合

思想政治理论课是高校德育的主渠道，但也不能忽视专业教学（包括哲学社会科学课程和自然科学课程）对大学生思想道德素质的影响。思想政治理论课教学与专业教学之间的关系复杂，主要有三种情况：①专业教学中渗透德育，专业教学与思想政治理论课教学对大学生思想道德素质的形成发挥着同性同向强化的作用。②专业教学只教给学生专业知识，专业教学与思想政治理论课教学是互不相干的"两张皮"。③专业教学与思想政治理论课教学的主旨相悖，专业教学与思想政治理论课教学对大学生思想道德素质发挥着"异性异向弱化"的作用。第一种情况，思想政治理论课教学与专业教学产生了协同效应，实现了功能耦合。后两种情况，思想政治理论课教学与专业教学没有实现功能耦合。

三、内容整合：高校德育系统内部各要素的优化组合

高校德育系统内部各要素不是杂乱无章地堆砌在一起的，要素与要素之间通过相互联系、相互作用形成一定的结构，生成不能用孤立的要素特征来解释的新特征和新功能。高校德育系统内部通过整合教育内容、聚集教育主体，使教育资源涌现出来，才能达成社会目标与个体目标的共生。

（一）整合教育内容

高度统一的德育内容不能满足现代社会大学生精神生活的多样需求，客观上要求高校德育整合教育内容。整合教育内容一定要坚持主导性内容，同时蕴含当今时代内容、结合社会实际内容、比较中外相关内容、渗透一定业务内容，形成主导内容与多样内容的综合。整合教育内容的方式多种多样，主要有主题式教育、案例式教育、专题式讨论等。

1. 整合教育内容的必要性

在复杂多样的社会环境中，性质相异的信息潜移默化地影响着大学生，高校德育只有将社会环境中的教育内容整合进去，才能满足大学生多样化的精神需求。

2. 整合教育内容的内涵

高校德育内容的确定和选择直接关系到大学生思想道德素质和精神面貌的发展状况。整合教育内容不是给各种教育内容同样的地位，不是让各种教育内容占有同样的分量，不是将各种教育内容杂糅在一起。整合教育内容一定要坚持主导性内容，同时蕴含当今时代内容、结合社会实际内容、比较中外相关内容、渗透一定业务内容，形成主导内容与多样内容的综合。主导性内容只有渗透多样性内容才会变得更丰富多彩，多样性内容只有坚持主导性内容的指导才不会失去方向。

3. 整合教育内容的方式

高校德育整合教育内容的方式多种多样，诸如，主题式教育、案例式教育、专题式讨论等。

（二）聚集教育主体

现代社会，高校德育的教育主体不仅包括个体教育者和群体教育者，还包括个体受教育者和群体受教育者，不同的教育主体拥有独特的教育资源，只有将教育主体聚集起来，才能使教育资源涌现出来，实现教育目标。

1. 聚集教育主体的必要性

现代社会，教育者与受教育者之间的边界模糊，而且二者常可以相互转化。教育者和受教育者都拥有一定的教育资源，将他们聚集起来，使教育资源涌现，并共享教育资源，共同提高学习力。

（1）教育者与受教育者的相互转化明显且边界模糊

受主客二分思维方式的影响，传统高校德育强调教育者的主体地位和能动作用，把教育者的能动性无限拔高，而把大学生看成消极被动的"受教育者"，把"受教育者"的被动性无限放大。其结果是将教育者与"受教育者"绝对对立起来，"教育者"的职责就是"教"，学生的任务就是"学"。而且，教育者认为自己总比受教育者占有更多的知识、拥有更多经验，不考虑大学生的身心发展规律，看不到大学生的思想行为对自身的制约和影响，压制和阻碍了他们学习的积极性和主动性。在信息社会，教育者与大学生的知识占有关系发生了转变，教育者传递给学生的信息在学生可接收的信息总量中所占比重逐渐减少，学生越来越多地从社会的开放学习资源中获取到教育者未传授的知识，获取到补充与深化教育内容的知识，获取到自己认为更有价值的知识，而且学生对社会学习资源的接触与接受往往要先于教育者。在这种情况下，受教育者与教育者的边界开始模糊，受教育者与教育者的地位相互转化，也就是说，此时的所谓教育者对教师而言只不过是一种制度身份，他在与学生的知识（包括价值、规范、态度、生活方式等）互动中的实际地位（或可视为实际扮演的角色）已变成一个非教育者；同理，此时的所谓受教育者对学生而言也只是一种制度身份，他在与教师的知识互动中也已变成了一个非受教育者。大学生具有很强的自主意识、能动意识和创造意识，他们希望作为主体参与到教育中，表达自己的思想观点。大学生确实在许多方面都要强于教育者，大学生成为"先生"，为教育者提供丰富的知识资源。教育者在知识的占有方面处于劣势的现象也频频发生，教育者成为"学生"，被置于学习者的位置，通过与大学生的互动，教育者完善自身的知识结构，开阔自己的信息视野。教育者与大学生都要作为教育主体，教育者可以从大学生那里开发教育资源，大学生可以从教育者那里获取学习资源，使教育资源涌现，促进教育者与大学生共同成长。

（2）合作学习，共享资源

合作学习又称协作学习，是以现代社会心理学、教育社会学、认知心理学等为基础，以研究与利用课堂教学中的人际关系为基点，以目标设计为先导，以师生、生生、师师合作作为基本动力，以小组活动为基本教学方式，以团体成绩为评价标准，以标准参照评价为基本手段，以大面积提高学生的学习成绩、改善班级内的社会心理气氛、形成学生良好的心理品质和社会技能为根本目标，极富创意与实效的教学理论与策略体系。合作学习是融入良性竞争的互促学习，因为每个个体的目标非常紧密地联系在一起，每个个体目标的实现必须以团队其他个体也能够获得和实现他们的目标为前提。在良性竞争的互促学习中，形成学生个体与个体的互动、学生个体与群体的互动、学生群体与群体的互动、师生之间的互动、师师之间的互动，互动中的每个人都是有待开发的教育资源，通过互动实现资源共享。合作学习创设出富有活力的合作情境，生生之间、师生之间、师师之间存在认知差异、情感差异等，他们相互切磋、相互交流、相互启发、集思广益，使教育资源涌现，获取自身所需知识，完善自身认知结构。在不鼓励合作学习的教育中，学生获得的知识包括三部分，即教科书提供的知识、教师个人的知识和师生互动产生的知识。教师获得的知识只有师生互动产生的知识，而在鼓励合作学习的教育中；学生获得的知识包括四部分，即教科书提供的知识、教师个人的知识、师生互动产生的知识和生生互动产生的知识；教育者获得的知识包括师生互动产生的知识和师师互动产生的知识。

（3）创建学习型组织，提高学习力

学习型组织是指组织通过培养弥漫于整个组织的学习气氛，能够积极主动地、持续高效地进行组织学习，从结构、目标设计，到组织成员的思维、理念等，都具有强烈的革新和协调意识，并能驾驭组织内外环境变化的能力而获取组织成功的组织。学习型组织的五个构成要素，即五项修炼：自我超越、改善心智模式、建立共同愿景、团体学习和系统思考。这五项修炼的目的是使组织内的全体成员全身心投入并保持持续增长的学习力，学习力是一个人或一个组织学习动力、学习毅力、学习能力的综合体现。学习动力来源于学习目标，学习毅力来源于学习者的意志，学习能力来源于学习者掌握的知识及其在实践中所获得的技能和经验等。任何类型组织之间的竞争最终一定是学习力的竞争，组织竞争力的强弱与学习力成正相关关系。学习型组织善于把学习力转化为创新力，实现以观念、知识、智能更新为表征的制度创新、管理创新、技术创新、人力资源创新等。学习型组织善于创造和谐、民主、向上的学习氛围，营造积极的组织学习文化，建立知识与信息的共享网络，用各种补偿或奖励的形式来增加知识的共享与使用，最终实现组织及组织成员的自我超越。在高校德育系统内，创建学习型组织，使教育者和大学生充分发挥生命的潜能，在学习中体悟工作意义和人生意义，使教育主体聚集起来，实现教育资源涌现，最终提高学习力。

2. 聚集教育主体的内涵

聚集是一种特殊形式的关联，分为共享聚集和组成聚集。共享聚集是指部分可以参加多个整体。组成聚集是指整体拥有部分，整体不存在则部分消失。教育主体的聚集属于共享聚集。教育主体不仅包括个体教育者和个体受教育者，而且包括群体教育者和群体受教育者。聚集教育主体是指通过交流与互动，充分开发个体教育者、个体受教育者、群体教育者和群体受教育者四种教育主体中的教育资源，实现教育资源的涌现和共享。具体来讲，包括以下两方面。

（1）聚集教育者与受教育者

在传统社会，教育者与受教育者有明确的定位和界限，二者之间具有不可逾越的鸿沟，其突出表现为二者之间的等级关系。在现代社会，教育者与受教育者的主体性都明显增强，教育者和受教育者的边界日益模糊，身份相互转化，因此，教育主体就不仅包括教育者，而且包括受教育者。思想政治教育的教育者与受教育者，都是具有主体性的人，都是教育、教学的主体。

在高校德育中，教育者的主体性体现为以下四个方面：①全面、客观地认识大学生。全面、客观地认识大学生是有效开展德育活动的前提，它在整个德育活动中具有重要意义。教育者在引导组织大学生的学习活动时，必须仔细研究学生已有的知识结构、情感态度和行为倾向，因为学生真正的学习过程，是借助已有的知识与观点，去理解和探讨新的思想理论，将新的思想理论纳入旧有知识系统中，不断丰富知识系统的过程。②选择教育内容和教育方法。教育者要根据国家制定的高校德育准则选择教育内容，并根据时代发展和大学生的发展提出的新要求，适时提炼出反映时代和大学生发展要求的教育内容。教育者应该随着教育情境和大学生的变化，选择有效的教育方法，根据教育内容选择灵活多样的教育方法并创造新的教育方法。③主动适应、选择和改造教育环境。在传媒高度发达的现代社会，社会环境对大学生思想行为的影响力度越来越大，社会环境影响具有自发性和多重性，呈现出无目的、无计划、无组织的自发状态。这就要求高校德育工作者认识环境、选择环境、优化环境，将环境信息转化成教育资源，开发环境的育人功能。④自我改造，自我提升。教育者把自身作为认识和改造的对象，进行自我改造、自我提升，是教育者主体性的内在动力源泉。随着社会环境的变化，教育者逐渐丧失知识权威的优势，需要不断拓展知识领域，优化知识结构，使自己与时俱进，适应时代发展的要求。教育者只有发展好自己，才能掌握真理，满足大学生求知和发展的需要。

在高校德育中，受教育者的主体性体现在以下三个方面：①选择德育内容。高校德育内容主要包含反映社会要求的具有长远性和全局性的内容，具有长远性和全局性的德育内容在一定程度上与具有短期性和局部性的个体需要存在着矛盾。如果大学生不能全面理解德育内容，就必然会把德育视为外在的强制与约束，从而以消极和被动的态度对待德育。②要求与教育者平等互动。在现代社会条件下，大学生具有较强的独立自主意识，注重个性和自我价值的实现，他们不再盲目迷信教育者的权威，而是根据自己已经获得的知识和信息，对教育内容进行质疑和批判，设法影响教育者。大学生与教育者在获得知识方面具有共同的平台，甚至比教育者获得的知识和信息还要丰富，他们对各种社会现象和社会问题都有自己的看法，拒绝教育者的单向灌输，要作为独立人格的主体通过平等的双向互动，表达自己的见解。③对自教自律的诉求。在现代社会，大学生的主体意识不断增强，他们越来越不能满足自己在德育过程中的被动地位，他们希望将自己的思想观念、需要、行为内在地统一起来，使自己在德育过程中发挥主体作用，自觉自愿地改造主观世界，不断地建构自我、发展自我和完善自我，因此，他们希望采取自教自律的德育方式。自教自律既是大学生主体性发展到一定程度的产物，又是大学生主体性发展的必然结果和归宿。

在高校德育中，教育者与受教育者都具有主体性，都是教育主体，将他们聚集起来，可以使各种教育资源涌现出来。教育者可以更好地了解受教育者已有的知识结构、情感态度和行为倾向，进而选择适合受教育者的教育内容和教育方法，使受教育者更自觉地认同教育内容。将教育者与受教育者聚集起来，受教育者可以与教育者平等互动，受教育者可以充分表达自己的见解，教育者可以将受教育者的观点融入以后的教育中，丰富教育内容。

（2）聚集群体教育者、聚集群体受教育者

在马克思看来，人在现实社会中有三种存在形态，即人类作为种属的一般形态；群体作为不同社会类型的特殊形态；个人作为有个性的人的个别形态。物以类聚，人以群分。人以群体作为最基本的存在形态，因为只有在群体中个人才能表现出丰富的联合性和整体性。每个人都以不同方式与他人发生直接或间接的思想交流和行为交互，在特定的时空条件下，具有相同或相似特征的思想交流和行为交互会趋于相对稳定状态，形成群体现象。在教育者与受教育者中都存在各种群体，每个群体特点不同，所拥有的知识、所持的价值观念和行为方式都不同，每个群体中都蕴含着不同的教育资源，因此，要将群体教育者和群体受教育者分别聚集起来，开发群体教育资源。

3. 聚集教育主体的前提

聚集教育主体，使教育资源涌现的前提是教育主体之间的平等互动。因为，只有在平等互动中，教育主体才不会把对方看作被动等待的对象，而是看作与"我"共同讨论"同一话题"的对话中的"你"，教育主体之间才能形成一种同伴式的"参与—合作"关系，才能创造出一个充满自由、民主和活力的教育情境。教育主体置身其中，才能真正地传播、交流和沟通信息，才能不断重构自己的知识和价值观念。

在高校德育中，教育主体之间的平等互动，主要包括教育者与受教育者之间的平等互动、受教育者之间的平等互动、教育者之间的平等互动。

第一，教育者与受教育者之间的平等互动。教育者与受教育者作为平等的主体，相互影响、相互作用、相互渗透，在高校德育活动中展示出来的是一种交往主体性，而不是占有主体性。教育者与受教育者双方都把对方当作与自己相同的"人"来看待，教育者通过全面认识受教育者、科学掌握和运用教育客体、适应和优化教育环境等活动来提供教育资源。受教育者根据自己已经获得的知识和信息，对教育内容进行质疑和批判，通过提问、反驳、争论、探讨等方式与教育者深入交流以丰富教育活动。教育者与受教育者通过平等互动，可以丰富对方的精神世界，并创造性地生成新的精神文化。

第二，受教育者之间的平等互动。个体受教育者因其家庭背景、成长环境、性别差异、所学专业、面临问题、知识结构、智力活动方式等的不同，形成不同的心理特征、思想观念和行为方式，他们只有在平等互动中，才能互通有无，相互学习，相互影响。群体受教育者因其群体的目标、构成人员、组织结构和运行方式等的差异，有各自的价值规范和规章制度，举办丰富多样的群体活动，如体育活动、艺术活动、科技活动、志愿活动、文学活动等，通过这些群体活动，他们不但能够进行自我教育，而且可以帮助他人，成为他人的教育资源。

第三，教育者之间的平等互动。个体教育者因其年龄、性别、家庭环境、知识结构、生活经验、学术研究方向等的差异，形成不同的思想观念和思维方式，他们可以通过建立教学共同体和学术共同体的方式聚集起来，共同成长。群体教育者因其工作性质、工作内容、工作方式等的不同，有各自的教育经验和错位优势，通过平等交流平台，才能相互了解，共享教育资源，发挥合力育人优势。

4. 聚集教育主体的方式

在高校德育中，聚集教育主体要通过教育交往的方式，因为教育交往不仅是人的思想道德素质形成的基础，也是人的思想道德观念得以呈现的方式。聚集教育主体的方式多种多样，有合作学习、探究学习、实践活动、虚拟互动等。

（1）合作学习

合作学习是相对于"个体学习"而言的，是指受教育者在教育者指导下，受教育者为了完成学习任务分成小组或团队，明确责任，互相帮助。在合作学习中，学习团队为了实现共同目标，需要自由、自主地交流和讨论，激发团队成员学习的积极性，有效发挥学习潜能，提高学习效率。在合作学习中，团队成员形成一种伙伴关系，每个人首先进行独立学习和独立思考，然后在和谐、民主的氛围中进行交流和讨论，形成优势互补、资源共享的局面，借助集体的智慧提高自身的思想道德素质。在合作学习中，教育者由关注个人到关注每个小组或团队，可以将每个团队的知识信息吸纳进来，丰富教育内容，开阔视野，提高教学和辅导艺术。

（2）探究学习

在高校德育中，探究学习是指受教育者在教育者指导下为科学探索马克思主义理论与思想政治教育问题而展开的学习活动。在探究学习中，教育者发挥主导作用，教育者直接给受教育者布置需要探索的问题，或者征集受教育者希望探索的问题再进行修改整理后布置给受教育者，并指导受教育者搜集资料、开展研究、解析问题等。受教育者通过一段时间的探究后，将探究的问题整理成文字材料，向班级其他同学介绍，教育者进行点评，进一步引导受教育者思考、探究相关问题。经过探究学习，受教育者学会收集材料和整理材料，学会如何寻找问题和分析问题，学会如何运用所学马克思主义理论分析社会现实问题。经过探究学习，促进教育者进一步研究难点问题，汲取不同学科的知识，扩展知识面，为指导受教育者的探究学习做好准备。

（3）实践活动

在高校德育中，聚集教育主体的实践活动，主要包括思想政治理论课实践教学、校园实践活动和校外实践活动。

①思想政治理论课实践教学

思想政治理论课教学不是简单地传授某一方面的知识，而是要让大学生树立正确的信念，形成符合社会发展要求的行为方式，因此，通过专题讲座、社会调查、课堂讨论、课外研讨、参观考察等实践教学，可以使大学生正确认识社会，深化理论认识，产生学习兴趣。

②校园实践活动

校园实践活动主要是指学生社团活动，主要有文明修身类、学术科技类、社会工作与社团类、文体艺术类、志愿服务与勤工助学类、创新创业类六种活动。大学生自觉自愿地聚集起来开展社团活动，在互相配合中提高合作能力，在自我教育和自我管理中主动成长、自由发展。

③校外实践活动

通过社会调查、志愿服务、勤工助学、挂职锻炼和生产实习等校外实践活动，使教育与生产劳动结合起来，有利于大学生运用所学理论发现问题、分析问题并创造性地解决问题，使他们内隐的创造潜力得以挖掘。

（4）虚拟互动

当今信息社会，网络已成为各种信息的集散地和社会舆论的放大器，网络信息和舆论由于具有虚拟性、开放性、互动性、情绪性和突发性等特点，传播的速度之快和传播的范围之广都是传统信息和舆论不可比拟的。尤其微博的应用，使信息和舆论传播的速度更是以几何级数增长，微博已成为大学生接受和发布信息的一个重要平台。微博通过转发机制，在极短的时间里可能把某个事件放大为整个社会关注的热点，社会事件的当事人和众多目击者第一时间将近似原生态的信息向外传播并不间断地连续报道，事件有关各方、媒体人、旁观者都可以将自己的看法观点在微博上流转、汇聚和碰撞。教育者和受教育者都能够快速地接收、理解、评判和容纳各种事实信息和评论信息，进而构筑自己对客观世界的认知图式。虽然微博可以让人更清楚地了解事件的细节和过程，但不超过140字的只言片语容易将知识碎片化。这些碎片化的知识影响大学生对信息的甄别与选择，容易做出错误的价值判断，这就需要教育者在与大学生分享信息的同时，根据学生的需要，开辟专题或在线帮助，让学生发表自己观点的同时，补充、修改和引导他们建构完善的认知图式。

（三）教育目标共生

德育目标规定着德育活动的价值取向，是德育活动的起点和归宿。划分德育目标的标准和方法很多，本书根据目标内容将高校德育目标划分为社会目标和个体目标。高校德育整合教育内容、聚集教育主体就是要使教育资源涌现出来，最终实现社会目标与个体目标的共生。

1. 教育目标共生的依据

我们不能把个人绝对化，使他成为这个圆环的最高目的；我们也不能对族类或社会这样做。在人类学的层面上，社会为个人而生存，而个人为社会而生存；社会与个人为族类而生存，而族类又为个人与社会而生存。这三项中的每一项都同时是手段和目的：是文化和社会使得个人可能长成，是个人之间的相互作用使得文化可能永续和社会可能自我组织。因此，一方面，作为内在于社会整体中的个体，他有对社会、族类共在价值的肯定；另一方面，作为个体的人，他有对自我存在价值的肯定。每一个个体都与社会、族类有一种相互依存、相互联系的价值关联性。高校德育既可以实现带有全局性、普遍性、战略性的社会目标，又可以实现局部性、差异性、战术性的个体目标。社会目标与个体目标是辩证统一的，社会目标包含个体目标，个体目标体现社会目标。

2. 教育目标共生的内涵

高校德育目标既要体现社会主义的政治方向，以促进社会发展为外在指向，培养社会主义事业的合格建设者和可靠接班人，又要体现以人为本，以促进大学生成长成才成人为内在指向，使大学生思想道德素质、科学文化素质和身心素质得以协调发展。高校德育的社会目标是主导性目标，个体目标是层次性目标，两者相互联系，相互促进，忽视其中任何一个，高校德育都不可能健康发展。

缺乏社会的主导性目标，个体的层次性目标就失去风向标。德育层次性目标的选择和制定必须以主导性目标为前提和根本，因为德育的主导性目标决定了德育的方向和性质。德育的主导性目标一旦丧失，高校德育将成为无家可归的流浪者，四处漂泊，迷失社会主义方向，使受教育者思想混乱，失去批判力和鉴别力。

缺乏个体的层次性目标，社会的主导性目标难以落实。没有个体的层次性目标，高校德育必定是没有创造力的，是死的、静的。我国高校以社会为本位，在德育目标定位上过分强调统一性、政治性，缺乏层次性与现实性，显得单调、空洞，远离学生的认知水平和生活实际，导致高校德育缺乏活力和生气。

高校德育目标共生就是要在社会的主导性目标中体现个体的层次性目标，同时用个体的层次性目标促进社会的主导性目标。

3. 教育目标共生的方式

社会的主导性目标要通过强化显性教育的凝聚力与影响力来实现，个体的层次性目标要通过发挥隐性教育的渗透力与辐射力来实现。要达成教育目标的共生，需要显性教育与隐性教育的有机结合。

（1）强化显性教育的凝聚力与影响力

在高校德育中，显性教育是指德育主体根据德育内容策划组织的，直接公开地对大学生进行德育教育的正规方式的总和。显性教育是一种"有形"的教育方式，具有规范性、专门性和公开性等特点，是由国家或组织用制度的形式予以规范、高校德育工作者专门设置与策划的、利用公开场合与公开方式表达德育的要求和主张，让大学生直接感受和接受德育影响的德育活动。显性教育主要包括思想政治理论课教学、党员培训课程、入党积极分子培训课程、团日主题活动、先进人物事迹报告会等。显性教育具有较强的影响力，它所承载的教育信息大多具有较强的思想理论性和政治导向性，能够对各种错误思想文化形成批判力量，增强社会主义主导文化的声音，使社会主义主导文化深入人心，充分发挥社会主义主导文化的影响力。显性教育具有较强的凝聚力，它通过有组织的、公开的信息传递渠道，将党和政府的大政方针及随形势变化不断调整的政策及时传达给大学生，将大学生未知的思想理论和实事性信息及时传送给他们，使他们知情、明理、践行，在思想和行动上与社会发展方向保持一致。随着经济全球化、政治民主化、文化多样化和社会信息化的发展，环境信息对大学生思想行为的影响越来越大，大学生自主选择的机会增加，自主选择的范围扩大，但是他们又显得迷茫困惑，游移不定。这恰好说明显性教育的育人作用发挥得还不够，更需要强化显性教育的凝聚力和影响力，把主导性内容与学生的思想和生活实际结合起来，有效地引导学生过滤、选择和优化环境信息，不断提高大学生的思想认识，使他们认同社会主义核心价值体系，实现高校德育的政治功能和社会目标。

（2）发挥隐性教育的渗透力与辐射力

在高校德育中，隐性教育是指寓于显性教育之外的学习活动和生活实践中不为大学生明确感知的德育方式的总和。隐性教育是一种"无形"的教育方式，具有渗透性、潜隐性和非规范性等特点。隐性教育把带强制性的教育目的巧妙地隐藏在"非教育"的日常生活、校园文化、社会活动、网络等领域，以文明宿舍建设活动、文体活动、科技创新活动、志愿服务、演讲比赛、社会实践活动、创办青年网站等活动为载体。隐性教育具有较强的渗透力，它将德育的社会要求和内容潜隐在大学生学习生活的各个角落，渗透到第二课堂活动中，德育的社会要求和内容变为大学生开展活动所需的知识信息，于是，他们就会自觉自愿地学习，德育"润物细无声"地浸润着他们的思想，潜移默化地影响着他们的行为，发挥着滴水穿石的持久影响力。隐性教育具有较强的辐射力，它的覆盖面比显性教育要广泛得多，它充分利用大学生学习生活中存在的教育因素和活动形式，灵活应对不断涌现的新情况、新问题，寓教于事、寓教于乐，全方位辐射到学习与生活领域、理论与实践领域、现实与虚拟领域，满足大学生的个性化和多样化需求。

（3）显性教育与隐性教育的有机结合

显性教育始终处于主导地位，只有通过显性教育才能对社会意识领域的复杂局面进行有效的控制，才能使高校德育显示出强势地位，才能使隐性教育顺利渗透到大学生的学习和生活中，并保持其应有的影响力。隐性教育在多样化活动空间中满足学生多样化发展需求，更贴近学生的实际生活，具有较强的渗透力和辐射力，有利于促进学生对显性教育中思想道德理论与规范的理解和接受，有利于正确观念的形成和道德习惯的养成，具有显性教育不可替代的作用，是显性教育的重要补充。显性教育与隐性教育是"皮"与"毛"的主辅关系，不能抑"显"扬"隐"，更不能以"隐"代"显"。在当前意识形态多元共存的社会中，显性教育比隐性教育更能及时快速地实现对社会意识和思想的导控。一旦用隐性教育代替显性教育，思想政治教育的战斗性和对社会的直接影响功能就难以体现，特别是长期依托和潜隐于非政治领域活动的存在形式，非常容易被所依托的活动掩盖甚至取代，以致丧失思想政治教育的存在形式和影响力。高校德育必须坚持显性教育的主导地位，并用隐性教育之优势弥补显性教育之不足，推动显性教育与隐性教育齐头并进，实现德育目标的共生。

第四章 德育环境建设

第一节 德育环境及其对学生个体发展的价值

人的思想道德素质的形成和发展与德育环境密切相关。关于德育环境的研究是德育科学化研究的重要组成部分，同时又是德育工作者和相关人员在科学化道路上不断地自我扩展、自我更新和自我完善的过程。它作为一种内驱力推动了人与环境关系认识的科学化进程，从而促进了作为科学的德育学科的形成，也促进了德育科学体系的建构。近年来，有关德育环境的研究，学界已多有论及，但如何在新的时代背景下把德育环境的研究和建设置于整体性领域内进行系统地把握，是现代德育体系建构亟须完善的重要环节。

高校德育环境作为大学生思想政治品德形成、发展和高校德育活动的外部因素，对高校德育工作产生了重要的影响。研究高校德育环境是现代德育体系自身建构的需要，同时也是对原有德育范式、手段的突破和创新。

一、高校德育环境概述

（一）高校德育环境的内涵

随着现代科学技术的发展，人类认识世界的能力不断增强，德育系统的环境也不断拓展且变得愈加复杂。从一般意义上说，德育环境可分为宏观环境和微观环境。宏观环境主要指社会政治、经济、文化环境；微观环境是指家庭环境、学校环境、工作环境。宏观的社会政治、经济、文化环境对人的思想政治品德的形成、发展起决定性作用；微观的家庭、学校、工作环境对人的思想政治品德的形成、发展也有着极其重要的影响和制约作用。从环境构成的内容来看，又可将德育环境分为硬环境和软环境。然而，德育环境是一个广泛而又复杂的系统，它是不同层次的环境因素相互联系构成的有机整体。用系统论的方法来审视高校德育环境，就不能孤立地看待各种标准的划分。合理把握、正确定位高校德育环境，我们倾向于将其分为物质性的硬环境和精神性的软环境，并兼而论及以高校为桥梁和纽带也涉及部分社会环境和自然环境等其他相关环境内容。本书将在后面着重阐述。

（二）高校德育环境的结构系统

关于德育环境的结构系统，我们可以把德育环境、人的认知实践与评价、人的思想政治道德素质看作德育环境理论中的三个要素。在这三个要素中，我们可以把环境看作客体，人的思想政治道德素质看作主体，人的认知实践与评价看作客体对主体发生作用的中介。由这三者形成的结构就是我们所说的德育环境"三维结构"。德育环境、中介、人的思想政治道德素质三者之间的关系是，一方面，德育环境对人的思想政治道德素质产生影响作用；另一方面，德育环境也通过中介因素对人的思想政治道德素质产生影响作用。

首先，德育环境对人的思想政治道德素质的影响体现了人和环境的关系。德育为两者之间的和谐关系提供了关联性基础和价值性要求。环境为人的生存和发展提供了各种可能性的物质资源，并同时不断影响人的精神生活。社会的政治、经济、文化、社会生活和学校生活的各个方面，以法律、道德、习俗、其他的社会规范和学校的各种规章制度等形式表现出来，并对人们的思想行为进行导向和规约。人在受环境影响的同时，也通过自己的活动不断改造环境。人们的思想观念，其具体存在的形态表现，大到社会各种学说、思潮、多元的价值观及社会导向、社会风气、社会心理等，小到校风、班风、家风等，精芜杂陈、层次不一，且总是处于不断地碰撞、交融、衍生、变化的过程中，它的变化发展过程及其趋向，都对现实环境形成冲击。

其次，德育环境通过中介因素对人的思想政治道德素质的影响体现了德育和人的关系。环境是德育活动实施以及人在德育活动中品德形成的必要的手段和中介。环境在德育过程的各个阶段都影响着个体品德的形成，对人的道德认知、道德情感和道德实践发挥着重要的作用。

最后，德育和环境的相互关系体现了人始终是联结两者的逻辑起点和现实终点。德育实施的主体客体都是人，教育者和被教育者在德育活动的互动过程中推动着德育的建设和发展。而环境作为人的外部存在，在德育过程中，也是通过人的目的性改造而为德育服务的。

德育环境是一个由若干层次的复杂多元的要素构成的系统，根据不同的标准可以将德育环境划分为不同的类型。从德育实践的空间范围来划分德育环境，可将其分为社会大环境、社区环境、家庭环境、学校校园环境和网络以及大众传媒环境。另外，从学生个体发展人际范围来划分，可以将其划分为四类人际环境，即家庭成员、社区邻里、学校老师、同辈群体。本书将在后面分别对上述各类环境的内涵、特征及其对学生的思想品德形成发展的影响进行简要分析。

（三）高校德育环境对学生个体发展的价值

环境对学生个体发展的影响与德育对学生个体发展的影响有着明显的区别与联系。从区别上看，主要表现为：一是目的不同。环境对学生个体发展的影响是无目的性的，环境的存在主要不是为了影响人的思想政治道德素质，它的存在是为整个人类社会的生存与发展提供前提和基础，在这个过程中会自觉和不自觉地对人的思想政治道德素质产生影响，从而对个体发展产生促进或制约作用；而德育是目的十分明确的教育活动。德育的目的就是为了影响人的思想政治道德素质从而促进个体的发展。二是层次不同。环境不仅影响人的思想政治道德素质的性质和水平，而且也影响着德育发展的性质和水平。而德育是社会上层建筑的一个组成部分，是环境的一部分。德育主要影响人的思想政治道德素质，有时也会反作用于环境。三是性质不同。环境对人的思想政治道德素质的影响，其性质是广泛的、多样的，其中有积极的，也有消极的，有正面的，也有负面的，涉及思想政治道德素质的各个方面。而且这种广泛性和多样性是时时处处自发地产生的。而德育对人的思想政治道德素质的影响是自觉地、有计划、有步骤、有内容、有组织地，在特定时间和地点，系统地进行的。从联系上看，二者是作用与反作用的关系。社会环境的性质决定德育的性质，德育则通过培养和训练具有符合社会占统治地位阶级所要求的思想政治道德素质的人，对环境产生反作用。

具体来说，各种德育环境对学生个体发展的价值主要体现在以下三个方面。

1.德育环境对人的思想政治品德的形成和发展具有促进作用

德育的外部环境，无论是自然环境还是社会环境，都对人的思想政治道德素质的形成和发展具有促进作用。自然环境中，雄伟壮丽的疆土、恬静秀美的山川都蕴含着一定的教育内容，激发人们的爱国、爱家情怀。社会环境的各种因素，特别是思想层面的因素，常常是"鱼龙混杂"，有"香花"，也有"毒草"，积极向上的、高尚的、真善美的促使青年学生奋发向上，健康成长，有利于他们形成远大的理想，树立正确的人生观与科学的世界观，培养优秀的道德品质及高尚的情操。由于青年学生思想觉悟不高，缺乏社会生活经验，缺乏锻炼，意志力薄弱，各种消极腐朽的因素也会促使他们迷失正确的政治方向，胸无大志，追求享乐，沾染上不良的习气，甚至道德败坏，走向邪路等。所以，德育要重视和加强社会环境的研究，发扬社会环境积极因素的影响，抑制消极因素的影响，为青年学生的健康成长营造良好的社会氛围。

2. 德育环境对人的思想政治品德的形成和发展具有潜移默化的影响

德育环境对人的思想影响不是强制的、有形的影响，而常常是无形的、潜移默化的影响。各种德育环境及其因素，以潜移默化的独特方式时时处处地熏陶、感染、引导、激励、教育着青年学生，使他们转变原有的思想观念并提高到新的思想水平。社会环境中的社会风气、社会氛围、社会舆论的教育，正是通过这种潜移默化、耳濡目染、内心的体验和情感的熏陶来实现的。对高校而言，社会文化对大学生的思想和行为的熏陶和感染更为强烈、明显。如，一些大学生在流行文化的影响下，受明星的暗示作用，模仿明星，无论是发型、穿着、动作、行为习惯等，都力图仿效，甚至成了"追星一族"。社会文化作为环境参与或影响包括德育活动在内的人类个体和人类的行动历程的每一环节。社会文化不但影响学校德育工作者，还影响德育对象的身心特征，甚至制约学校德育的内容和方法。显然，社会环境对青年学生的影响，虽然不像学校教育那样，是有计划有组织有要求，运用特定的措施和方法的，但社会大环境的潜移默化的教育作用是不可忽视的。相形之下，它比灌输教育来得更自然，因更少强制性而更易为青年学生所接受，却又往往令青年迷惘而不知所措。正是德育环境的这种独特的教育特征和效果，使得自古以来的思想家和教育家都十分重视环境对人的思想的潜移默化的作用，因此才会有"近朱者赤、近墨者黑""蓬生麻中、不扶自直""孟母三迁"等这样的古训。

3. 德育环境对人的思想政治品德的形成和发展具有重要的约束和规范作用

环境之所以对人的思想和行为具有约束和规范的作用，是因为当人们的思想和行为在环境中表现出来后，就会受到周围环境和人们舆论的评判，同时还会受到法律、道德、纪律规范的检验，这就是环境对人的思想和行为的直接影响。好的思想行为得到肯定和赞誉后，会激励人继续保持甚至强化，也会给周围的人动力，引导他们仿效、改进；不符合社会规范，甚至违背道德和法律的思想行为会受到抑制、批评甚至谴责，使人产生压力和敬畏感，促使人改过。如学生到了图书馆、报告厅等自然会保持安静，因为这些公共场所有保持肃静的氛围要求。这就是制度环境中的条例、准则等对人的思想政治品德和行为的约束和规范作用。德育环境对青年学生的人生观、价值观、世界观，以及理想、信念、道德品质等都有这样的约束和规范作用。以社会风气为例，一般认为它只会对人的思想和行为产生一定的影响，其实不然。一个时代或一个时期的社会风气，甚至制约着人们的思维方式与创造性。

二、高校德育环境的基本特征

高校德育环境从结构上说，具有结构的复杂性、整体性、有序性；从本质上说，具有政治性、广泛性、创造性、开放性和渗透性。

（一）结构上的复杂性、整体性、有序性

1. 复杂性

高校是社会的一个重要组成部分，大学校园被称为社会的"晴雨表"，高校与社会有着不可分割的联系，社会环境的复杂性决定了高校德育环境的复杂性。学校自身也为学生的成长成才提供了各种物质、精神环境，这些环境因素对大学生的思想和行为无时无刻不在发生着作用。此外，高校德育环境由于其性质不同，对大学生的作用方式也各不相同。它们有的是有形的，有的是无形的，有的表现出直接的、具体的影响，而有的则表现出间接的、渗透性的影响。各种不同的影响方式之间既相互联系，又相对独立，交互影响着大学生思想政治品德的形成和发展。这在一定程度上也构成了高校德育环境结构上的复杂性。

2. 整体性

高校德育环境各要素之间密不可分、相互协调的关系，又体现了高校德育环境结构的整体性。也就是说，高校德育环境的功能和作用是在特定的结构中产生的，是有机联系的，牵一发而动全身的。除了各要素间密不可分的关系之外，高校德育环境结构的整体性还表现在各要素之间的彼此协调，也就是说，在一定的环境中，各因素的存在不是机械的、独立的，而是相辅相成、相互配合、相互作用的。高校德育环境只有发挥好整体功能，才能对学生的思想行为产生最大的影响和制约作用。

3. 有序性

高校德育环境从时空上讲体现了结构上的有序性。从空间上看，高校德育环境各因素是相对独立的，是德育环境大系统的一个子系统，这些子系统处于不同的位置，充当不同的角色，其本身又是一个独立的功能体，它们在构成德育环境系统时具有一定的结构和层次，具有有序性，并各自有相应的功能。从时间上看，高校德育环境各因素不是一成不变的，而是变化发展的，是与大学生身心发展要求和规律相一致的，前后更替具有有序性。一方面，高校德育环境是各因素按照一定的结构形式组合而成的有序系统；另一方面，高校学生思想活跃，接触面广，乐于接受新事物，其思想政治道德会随着环境的变化而不断发生变化，但这种变化并非杂乱无章，会呈现一定的规律性。

（二）本质上的政治性、广泛性、创造性、开放性和渗透性

1. 政治性

学校德育历来被视为再生产既定的政治关系的重要工具。学校德育的这种政治关系再生产功能首先通过学生的政治社会化、实现政治角色的认同而实现；其次，通过培养学生自觉的阶级意识而实现，还通过对不同阶级、阶层的融化、改造而实现。所以，高校德育环境在本质上具有政治性。我国从社会到高校，包括家庭，要营造各种各样的环境，来培养德才兼备的社会主义事业合格的建设者和接班人。此外，从社会生活的角度看，高校德育环境在一定程度上是高校学生的社会生活环境，而无论是宏观的国家、法律、道德、社会意识，还是微观的个人思想与行为，都受到政治的直接或间接地影响。既然社会生活环境不可避免地要打上政治的烙印，那么，主要由社会生活环境构成的德育环境自然也有政治性。再者，高校德育对社会政治也有着巨大的影响，可以引导人们对政治目标做出正确的选择，高校的文化传承

与创新更是引领社会文化的繁荣与发展。

2. 广泛性

世界是普遍联系的，万事万物都处在一定的联系之中，人与周围的事物存在着普遍的多样的联系。因此，无论是已经认识到的自然和社会对象，还是尚未认识到的，都可能构成环境。随着人们对人类社会文明史的认识的不断深入和发展，人类活动范围不断地扩大，人们对未来的预测、分析及创造环境能力的加强，环境的时空在不断拓展。作为传承、发展人类文明的重要场所的学校，尤其作为社会高层次人才培养摇篮的高等学校，更会与社会客观存在着直接或间接的联系，一旦现实社会环境发生变化，高校德育就会为适应其变化而变化。

3. 创造性

由于德育环境具有可变性，总是处在不断发展变化的状态之中，这就给我们发挥创造性，促使其朝着积极影响的方向发展提供了可能。即，当现实的德育环境对人的思想品德及德育活动发生影响的同时，我们能够积极发挥主观能动性和创造性，引导和改造现实的德育环境，使之成为有利于德育活动和德育对象身心健康发展的德育环境，从而促进德育目标的实现和德育任务的完成。

4. 开放性

德育是对人的思想与道德施加影响的活动。德育环境具有广泛性，导致德育的环境很难固定。除此之外，德育环境也不能被人为地封闭起来。所以，影响德育环境的因素在空间上没有固定界限。社会存在决定社会意识，社会意识是对社会存在的反映，但社会意识具有相对独立性。人们的思想道德不仅是对现实的反映，而且也会受到历史和未来因素的影响，因此德育不可能机械地固定在某一时间或某一个界限内。这就说明高校德育环境无论是在空间上还是在时间上都具有开放性。

5. 渗透性

高校德育环境对学生的影响不是直接的，主要是间接地熏陶，是一个长期的潜在的过程。这种潜移默化的隐性效应，使得环境对高校德育的影响不直接显露，不能引起即时的反应，而必须通过对社会、经济、政治、文化等各种信息进行筛选、吸收、积累，将其渗透到对学生世界观、人生观和价值观的形成和思想品德的发展中以产生影响。例如，优秀的文艺作品能对学生起到鼓舞志气、振奋精神的积极作用；健康向上、丰富多彩的校园文化活动，能够创设一种文化氛围，发挥教育功能、导向功能、审美功能和娱乐功能，帮助学生树立正确的人生观、价值观和世界观。总之，高校德育环境对人的影响不是强制的、直接的，而是通过感染、熏陶，使人在不知不觉中接受教育，是一种渗透性的、积累式的影响。

第二节　德育环境的基本构成

根据德育环境的结构系统分析，我们将高校德育环境分为社会环境和学校环境两大部分，也可以称之为外部环境和内部环境。

一、外部德育环境

高校外部德育环境，是指较大范围内围绕学生的需求，直接或间接影响和制约大学生思想政治品德形成和发展的各种外部因素的总和，主要包括社会经济、政治、文化等宏观环境和家庭微观环境等。

（一）社会经济、政治、文化等宏观环境

经济环境是最基本的环境因素，直接影响德育的要求和规格，决定德育的发展水平。不同的生产方式对人的思想政治品德的要求是不同的，社会经济环境以其特有的生产方式对人的思想政治品德产生直接的影响。在社会主义社会，我国实行以公有制为主体、多种所有制共同发展的经济制度，以按劳分配为主、多种分配方式并存的分配制度，这种经济环境要求在全社会弘扬以为人民服务为核心、以集体主义为原则的思想政治品德。同时，经济环境还通过对政治、文化等其他环境因素的影响来间接影响德育，繁荣的经济环境能激发人的内驱力，鼓舞人的意志，振奋人心，有助于人形成积极向上的思想政治品德，而衰退的经济环境则容易使人失去动力而意志衰弱。

政治环境是形成人的政治观的外在重要因素，也是实现人的政治社会化的客观条件。政治环境决定了我国高校德育的目标、内容、基本原则等，因此德育必然要把视野投向社会政治环境，从中把握学生的思想政治品德形成、变化的规律性，通过进行党的基本路线、方针、政策的教育来提高学生坚持党的领导和坚持中国特色社会主义道路的自觉性，通过进行社会主义民主、法治的教育来提高学生辨别是非的能力，增强他们遵纪守法的意识，通过形势政策教育、党史国情教育来使学生对周围环境、社会生活、社会关系有正确的认识，帮助他们树立正确的政治立场和价值观念。

文化环境是人们在精神文化支配下的各种行为联系而构成的社会文化关系。社会文化环境通过融合各种教育因素间接地潜移默化地影响人的思想面貌和价值取向。当前坚定不移沿着中国特色社会主义道路前进、实现"两个一百年、两个翻番"、实现全面建成小康社会奋斗目标、实现中华民族伟大复兴的中国梦，作为全社会的共同理想和精神支柱，就起到精神动员的作用，激励学生坚定信念、明确方向、开拓进取。此外，高雅、健康、进步的文学艺术作品、新闻出版作品、广播电视电影作品等能够滋润人们的心灵，升华人们的精神境界，良好的社会风气、社会思潮、社会心理等因素也耳濡目染的影响学生思想政治品德的形成。

（二）家庭微观环境

家庭作为社会的细胞，是社会组成的基本单位，也是品德教育的前沿阵地。家庭成员的言行对子女的思想、品质、作风的形成具有潜移默化的作用。可以说，家庭是人生第一所学校，父母是子女的第一任老师，父母的言传身教和家庭的熏陶至关重要。改革开放和社会主义市场经济的建立和发展，为家庭环境建设奠定了物质基础。现在家长为适应社会，在家庭教育上不惜血本进行投资，花费了大量财力、时间和精力，某种意义上说这是家庭环境建设的很大进步与发展，但这种无微不至的关怀、照顾甚至包办，也使得一些子女缺乏独立自主的能力和自强的精神，有的因为逆反、不适应挫折和困难等造成严重的心理问题，还有的没有勤劳简朴、艰苦奋斗、团结协作的品德而不适应大学的学习和生活，因此家庭环境对高校德育的影响已随着经济和社会的发展而不断增强。为此，重视家庭环境建设是提高德育实效的重要环节。要着力提高全民的素质，家长素质的提高是家庭环境建设的根本和保障。要在全社会大力弘扬中华民族优秀传统文化，并吸收世界先进文明成果，形成有时代特征、民族特色的家庭美德。学校要采取一定的方式培养家长家庭教育的意识和能力，并倡导家长以身作则，率先垂范。总之，加强中华民族的德育建设，必须从家庭抓起。家庭德育氛围也是高校德育环境建设的重要着力点。

二、内部德育环境

高校内部德育环境，是指直接或根本影响和制约大学生成长成才、思想品德形成和发展，以及影响和制约高校德育工作及其成效的各种内部因素的总和。高校内部德育环境主要包括校园硬环境，即物质环境；校园软环境，即高校学术环境、高校文化环境、高校管理环境以及高校生活环境等。

（一）校园物质环境

物质环境是影响大学生道德品质形成和发展的重要因素，良好的物质环境有利于产生良好的德育效果。校园物质环境是指校园内对学生的学习和生活产生影响的一切物质条件的总和，主要包括由学校的建筑、设施设备、活动场地、绿化美化和景点设置等构成的自然地理环境、人文景观、教学科研设施、文化基础设施。学校的德育离不开特定的校园，校园物质环境既是学校生存发展的基本条件，又是精神环境中的各种因素的载体。虽然物质环境是没有生命和感情色彩的客观存在物，但如果能够按照有利于育人的要求，遵循德育规律，匠心独运地加以精心设计构造，就会使其散发出生命的灵性，引起人们对美好事物的向往，激发人们对美好生活的追求，从而使其所蕴含的人文底蕴和自然和谐的美感及所表现的文化观念、文化内涵成为影响学生道德品质的强大外部物质力量，并对学生的思想道德素质产生潜在的影响。因此，校园物质环境建设得好不仅有利于学生控制情绪、调适行为、陶冶情操、美化心灵，还可以启迪智慧，激发灵感，使学生时时感到精神生活的愉悦。

（二）高校学术环境

科学研究是高校的主要功能之一，大学素以灵动的学术气息而意蕴深邃，充满着求真的科学精神与求善的人文精神就是高校的学术环境。学术活动既是学者的活动，又是教育学生的活动；同时也是德育工作者教育人、启迪人、感染人、熏陶人、引导人的活动。高校学术环境充满着对学生的终极关怀，充分调动着学生成长成才的自觉性与积极性，因而，它正日益成为大师的造端地，学生的滋育场。高校学术环境及氛围为什么是一所高校是否兴旺发达的标志。一所大学是否具有社会影响，能否对社会做出应有的贡献，不取决于大学的地理位置、建筑、师生多少，而取决于该校的学科建设、学术水平和学术氛围，取决于有多少科研成果转化为现实生产力及其对社会贡献的大小。

（三）高校文化环境

高校文化环境是指影响高校德育的各种文化要素的总和，包括国家的思想和意志、民族传统文化、社会的道德风尚等在高校的文化体现，以及高校本身的各种文化因素。校园文化具有重要的育人功能，要建设体现社会主义特点、时代特征和学校特色的校园文化，形成优良的校风、教风和学风。新时期高校德育工作，必须营造良好的校园文化环境及氛围，始终代表中国先进文化的前进方向，并充分发挥其在人格塑造中的调节和导向功能，做到以科学的理论武装人，以正确的舆论引导人，以高尚的精神塑造人，以优秀的作品鼓舞人。校园文化是以校园为中心，以丰富和活跃学生课余生活，培养全面发展的合格人才为目的，并由广大师生直接参与和组织的一系列活动所形成的一种精神环境和文化氛围。校园文化的灵魂和核心就是校园精神，校园精神是深层次的群体意识，又是群体的向心力和凝聚力，是校园群体共有的价值认同、价值取向和行为方式。校园文化环境从广义上讲，是指教职员工在学校教学、工作、学习过程中共同形成的物质条件和精神条件的总和；从狭义上讲，是以学生为主体，教师为主导，在学校这个空间范围内所逐渐形成的精神文化形态。树立优良的校风是创造良好的校园文化环境的核心内容。校风是校园文化的本质表现，是学校教职员工共同形成的，具有办学特色的、全局性的、稳定性的精神力量和行为作风，是学校管理和办学水平的集中表现。

校园文化环境对大学生的精神风貌和态度情趣具有同化作用，对大学生的道德品质的形成起着重要的塑造作用。因此，高校应开展丰富多彩、积极向上的学术、科技、体育、艺术和娱乐活动，把德育与智育、体育、美育有机结合起来，将德育寓于文化活动和社团活动之中。为德育工作创造良好的文化环境，是高校德育环境建设面临的重要课题。

随着信息技术的迅猛发展，网络环境成为校园文化环境的崭新领域。网络环境的交互性、即时性、便捷性、开放性、匿名性、平等性等特点，为学校德育提供了丰富的信息资源，拓宽了学校德育渠道，使学校德育环境建设最大限度地实现社会化。但网络是一把"双刃剑"，在给高校德育带来积极影响的同时，也不可避免地带来了负面作用，这为高校德育环境建设提出了一个全新的课题。

（四）高校管理环境

管理环境主要包括制度环境和组织环境。制度环境作为高校德育的软环境，为高校德育的开展和实施提供了基础性的安排和保障。没有规矩不成方圆，没有切实可行的规章制度，即使有最好的环境条件，环境建设也不能协调发展。现代德育已区别于传统的言传身教和上行下效，不再是一种随意性自发性的教育方式，而是一个制度性的活动，因此，制度环境日益成为高校德育环境的重要组成部分。制度不但推动德育环境不断优化，还保证德育环境建设井然有序，强化德育环境对大学生的道德感染和熏陶作用。制度环境由维系学校生活和各种关系的规章、规则和制度构成，具体包括师生道德行为规范、校园管理制度等。制度环境一旦形成，就具有一定的稳定性和普遍的约束力，要求大家共同遵守，不得随意更改和破坏。高校德育活动是由各级互相依存的组织实体机构来实施的，高校德育环境自然也包含作为高校软环境的组织环境，它是高校实施德育的组织保证。高校德育必须在组织的团队中，在各级组织的相互配合支持下才能发挥其系统性和有效性。组织的重视程度、理念方法、理论研究水平和实际工作能力等都在很大程度上制约着德育建设的发展。组织环境主要包括德育工作的领导体制和德育队伍状况。有效的领导体制是高校德育环境协调、有效建设的根本所在，高素质的德育队伍是建设高校德育环境的人力保障。

（五）高校生活环境

高校生活环境主要指在特定空间范围内形成的社区氛围和人际环境。其中，社区氛围主要是指在大学生宿舍等生活园区形成的生活、交往、文化等氛围。宿舍将不同地域、不同生活背景、不同专业、不同素质的学生集合成一个小群体，在这个小群体中他们朝夕相处，心灵沟通，情感交流，学习帮助，相互影响，形成特定的生活环境，这种环境极具影响力和感染力。高校德育的人际环境是大学生与其所能接触的人通过交往形成的主要以情感为基础的相互关系和氛围，是一种交往环境。良好的人际环境不仅是大学生学习、生活的重要保证，也是学校德育价值的重要体现。高校生活环境不仅会影响德育主客体的价值导向和行为模式，还会影响德育主客体的思想情绪和工作动力。

在高校德育环境的构成中，除上述主要构成因素外，还有一些其他环境因素，即对主要环境起支持、维护、保证和促进作用的环境。这些环境虽然对大学生思想品德形成、发展造成的影响不如上述主要环境那样强烈，但是这些环境控制和建设的好坏，同样会给高校德育工作造成重大影响，甚至直接对主要环境起促进或阻滞作用，因此也是高校德育环境中不可或缺的因素。这些环境主要包括：高校的精神和办学理念；雄厚的办学实力与社会影响；所在城市完善的基础设施建设；国家的法律法规和政策；等等。

三、高校德育的内部环境与外部环境的关系

在高校德育环境构成中，宏观的社会环境是影响高校德育的大背景，控制、影响、决定着其他环境的总体状况。学校环境是高校德育环境的重要组成部分，它对德育活动及学生的思想政治品德的形成和发展非常重要。社会环境针对社会大众层面，学校环境主要针对学生群体或个体，但这并不意味着社会环境和学校环境是对立的、是毫无关系的，更不是"井水不犯河水"，它们之间存在着一种互动关系。学校是社会的组成部分。学校环境的形成和发展离不开社会环境的影响和作用。社会环境对高校德育的影响一般是通过学校环境实现的，反过来学校环境的营造又会影响社会大环境的整体建设。

学校外部环境和学校内部环境对学生的影响是纵横交错、互相制约、互相影响的。学校外部环境是内部环境的背景和基础，而优化学校内部环境又能对外部环境建设起促进作用。因此高校德育环境建设要正视现实，扬长避短：既看到学校外部环境中的有利因素，引导学生认同和接纳它，又要看到外部环境中的不良因素、弊端和危害，引导学生加以抵制和摒弃；既要加强学校内部环境的建设，优化育人环境，又要加强对学校外部环境的优选和调控。实践证明，正确处理高校德育内部环境和外部环境的关系，才能更好地建设高校德育环境。

第三节 德育环境建设的实践探索

系统论的协同作用原理揭示了系统的活动机制，揭示了系统的要素之间、系统与环境之间的相互关系和作用。系统要素之间、系统与环境两方面的协同作用，可以使系统在原有要素不变的情况下发挥更大的作用，从而提

高系统整体功能的效果。系统要素之间的协同作用是系统运行的微观机制和内在机制，它是系统存在与发展的依据。系统与环境之间的共同作用，是系统运行的宏观机制和外在机制，它是系统存在和发展的必要条件。德育系统的运行机制同样包括系统要素间的内在机制和系统与环境之间的宏观机制。因此，在学校德育过程中，不仅应当关心德育管理运行的内部机制，而且应该重视其外部机制，建立学校优化的环境，从而为德育管理创造必要的背景条件。

一、高校德育环境建设的基本策略

高校德育环境的性质和特点决定了我们必须坚持集成人学教育观，具体来说，就是要坚持大空间观、大时间观和大主体观。大空间观要求德育工作应以积极的姿态面向社会，通过环境建设工作，优化和开发高校德育环境，同时将德育内容渗透到环境建设工作的方方面面。大时间观就是从德育环境建设的角度，把高校德育活动作为一个动态的连续的过程，形成一种共时性和历时性高度统一的德育环境。高校德育工作只有贯穿大学生在校生活的始终，才能通过长期地渗透和熏陶，为大学生形成良好的思想道德素质打下坚实的基础。大主体观就是将各级党委、政府部门，社会的有关组织、家庭、学校的力量都整合到德育中来，拧成一股绳，形成教育的合力，提高教育的效果。

这种大空间观、大时间观和大主体观就要求我们要提高"大德育"意识，这是优化德育环境的重要前提。德育环境的优化必须使全社会建立起较为充分的对于学校德育的义务感和德育自觉意识，只有在全社会德育意识水平普遍提高的基础上，德育环境的优化才有可能走向现实。每一个具有一定的实践能力、认识能力，并且能够运用这些能力影响和改造德育环境的组织和个人，都是德育环境建设的主体。只要确立并强化这样一个大德育主体观念，就能够实现由主要依靠学校力量实施德育的模式向多主体参与、多渠道渗透、开放动态的整合力型的德育新模式转变。为了践行这种集成人学教育观，我们认为在高校德育环境建设方面应该采取以下策略。

（一）整体建构策略

高校德育环境是由学校德育环境、家庭德育环境和社会德育环境三个子系统共同构成的大系统，三者处于不同的层次和维度。高校德育环境的优化涉及多个方面，整体建构策略是常用的策略和方法。这种策略调节、控制环境各要素对德育的影响，发扬、扩大积极因素的范围并统一其作用的方向，同时抵制消极因素、减少负面影响，使之形成并始终体现正面教育的整体合力和效应。只有使用整体建构策略，有目的、有步骤地调节社会宏观环境与微观环境的矛盾，保持整体协调统一，才能有助于把家庭、学校、社会德育环境三股力量有机结合，构建三位一体的高校德育环境教育模式，从而形成教育合力。

整体构建策略实施过程中，首先要重视政府的主导力量。政府在社会经济、政治、文化等发展目标的选择上起宏观调控作用，在此过程中，应该将构建一个有利于学生健康成长的德育环境的理念贯彻渗透其中，除了要重视与学生特别密切的社区文化环境、传媒环境的建设管理，促进文明家庭的建设等以外，还要重视改善社会风气，形成正确的社会价值导向和中国特色的新文化，从而使得大德育观的实现、良好的大德育环境的营造得到有力的保障。其次要充分发挥学校在营造优化的德育环境中的主体性和主动作用。

学校要根据育人根本任务建设好校园环境，同时主动地参与社会德育环境的建设。既善于利用各类环境系统中的积极因素，组合各种正面的影响而形成合力，又以自身特有的优势，传播先进的道德文化并辐射影响社会，从而使外部环境中正面德育影响源最大限度地转变为现实的德育影响，并促进外部环境中的德育影响有序化，形成德育环境建设的良性互动，以开发学校德育的现实空间。

（二）和谐发展策略

教育作为社会系统的重要组成部分，在经济社会发展中起着基础性、全局性、先导性的作用，如何将和谐发展理念融入教育，使其在构建社会主义和谐社会中发挥出重要的作用，是一个重大而崭新的课题，需要广大教育工作者深入思考和不断探索。将构建和谐教育的理念贯穿到德育环境的建设中，能够促进德育环境的优化，为新时期德育改革提供新的思路，对高等教育的改革和发展同样具有重要的指导意义。

构建和谐的高校德育环境，就是努力使学生生活在各尽其能、各得其所而又和谐相处的高校德育环境中，也就是良性运行和协调发展的高校德育环境，它是和谐社会的一个重要子系统。高校应结合自身的特点，积极优化校园德育环境。首先，要形成融洽的人际关系环境。良好的人际关系是大学生学习、生活的重要保证，是学校德育价值体现的重要方面。其次，要营造各种和谐的校园环境。学校德育环境包括学校内部的一切事物，即包括物质的和精神的、有形的和无形的多种因素。通过融合多种德育价值，使学术研究与道德修养相统一，使科学精神与人文精神相统一，以促进"大学生全面素质教育工程"的实施，促使学校在凝聚力、对外吸引力和向心力等各方面都能够得到发展，从而使德育能有效促进人的全面健康发展。

（三）比较鉴别策略

环境的各种构成要素能对学生产生不同的影响。德育环境的优化要通过纵向和横向的比较，才能鉴别其作用的效果。因此，在德育环境建设的过程中，应该纵向地把德育环境的影响与过去的环境影响、与创造设想的新环境相比较，找出差距；横向地把同一发展水平的环境影响、国内外的环境影响相对比，区别好坏与优劣，并进行优化。通过比较鉴别，还能增强或突出德育环境的某些特征，重点发挥其作用，形成某些特定的环境条件来影响德育活动和师生的行为。这种策略要求在高校德育环境建设时努力挖掘和创造资源，人为地、有意识地去优化高校德育环境。

（四）判断预测策略

环境的运动、变化、发展在特定条件下是有一定的规律的。德育环境对于人的影响也具有规律性。高校德育环境的建设者作为环境的主人，可以对环境未来的发展趋势及状况做出判断、预测并进行综合分析、择优，从而对环境建设加以正确的引导、适时的调控，不断强化、不断优化，让优质的德育环境发挥最大程度的育人功能，让反面的环境因素在建设过程中被过滤，为学生的德育发展提供一个优化的、明净的环境。这种策略主要是组织各领域的专家运用直观归纳法，也可以采取专家会议来预测环境的过去、现在的状况、变化发展的过程，进行分析判断，通过专家之间掌握的环境信息进行交流，引起思想共鸣，进行创造性思维，从而为优化选择环境资源做出正确判断。它有助于政府和学校对环境优化的舆论导向，并提供决策、立法及制度制定的依据，因此在环境优化的策略中有着重要地位。

（五）隐蔽教育策略

该策略是由高校德育环境的渗透性特征决定的。它是指在高校德育环境建设过程中应注重德育环境教育功能的自然化和情景化，注重创设情境和氛围促使个体产生内在的需要和情感上的共鸣，让物质环境、精神环境在不知不觉中对学生发挥教育作用，从而实现环境育人的目的。因此，学校德育的信息输出，应融于学校的一切活动中，尽可能以自然的方式出现。首先，要重视科学规划校园建设，创建一个优美的校园环境，以陶冶学生的情操，激发学生的学习热情，从而对大学生进行"无声"的教育。其次，要加强优良校风、学风建设。通过从严治校、改进领导作风、建立健全规章制度、狠抓教学秩序和考场纪律等确立符合学校传统和特色的校风学风，形成无形的舆论力量和精神力量，从而促进适合学生发展的良好校园环境的形成。再次，要组织丰富多彩的校园文化活动，活跃学生课余生活。通过融政治性、学术性、知识性、健身性、娱乐性、公益性等特征的各类文化活动，有意识地创建一种有利于学生发展的良好文化氛围和教育情境。最后，要重视宣传工作在校园文化建设中的重要作用。要坚持以团结、鼓动、稳定、正面宣传为主的方针，突出主旋律，发扬正确的舆论导向作用，大力发展先进文化，加强社会主义精神文明建设，改造落后文化，抵制腐朽文化，加强校园环境管理，增加一些硬件设施，充分发挥好校园广播、宣传橱窗、院报校刊等文化教育的作用。

二、高校德育环境建设的实践探索

（一）硬环境建设

高校德育的硬环境既是学生生存发展的空间，又是他们的精神家园。学校的师生员工是校园环境建设的主体，他们自己创造、建设、美化的校园环境，身临其中备感亲切也倍加珍惜，这是最微妙的德育领域，也具有奇特的感染力。建设好高校德育硬环境，使之从一般的物质环境优化为有育人功能的德育环境，往往会使这些物质环境因素成为影响学生思想感情、道德行为的重要外部力量。高校德育的硬环境建设一般包括以下内容。

1. 校容校貌建设

校容校貌是学校外部形态、整体面貌的综合表现。首先，学校要围绕育人的根本目的，利用环境学和教育学的基本原理，结合美学、建筑学等各种学科知识，潜心设计，合理布局，精心雕琢一个学校的校容校貌、校内各种建筑及设施等物质实体的构成空间，努力使每一幢楼、每一条路、每一棵树、每一片绿荫都能寄情含意，使之体现一定的价值目标和审美意向，体现校园环境的熏陶作用和潜移默化的力量，同时也体现学校的文化底蕴和治校理念。学校在校园环境的具体建设中，要因地制宜，富有个性和特色，在高等教育国际化的大背景下，更要体现中西文化的交融与碰撞。其次，校园环境建设还要体现严谨的科学精神和自由的学术氛围，教室、实验室的设计要宽敞明亮、充满现代化气息，各类学术报告厅要错落有致，英语角、生物角、读书廊等要小而精致，随处可见，使师生员工在欣赏、享受美的环境的同时，又能领略到奋发有为的时代感、增长知识的紧迫感、创造财富的自豪感。最后，校园环境建设还要充分考虑青年学生的个性特点和成长需要。当代大学生思想活跃、解放，富有创造性和生活激情，但同时他们也追求个性、崇尚自由、抵制循规蹈矩，有的还会自由散漫、不遵规守纪，因此校园的环境设计要把学习氛围和生活氛围结合起来，把轻松愉快的氛围和严肃的制度、纪律约束结合起来。既重视学习环境的建设，也要重视生活环境的建设。如有些高校的大学生活动中心是校园最亮丽的风景线；很多高校越来越重视学生生活园区的建设，不断改善住宿条件等，都有助于学生的健康成长。此外，校园显眼之处应有校训校风，处处应有规章制度。这既符合社会主义现代化教育目标，也从一个侧面反映了学校的精神文明水平和学校现代化管理思想与水平。

2. 基础设施建设

基础设施建设是德育活动得以正常运行的必要的物质条件。大学生的学习和生活离不开必要的基础设施。如设备齐全的宿舍、食堂，先进的学生文化娱乐活动中心、体育活动中心、演讲厅、图书馆、电教馆等，可以给大学生的学习生活带来便利，既节省时间，又提高学习效率；同时这也是在对青年学生进行一种面向世界、面向未来、面向现代化的教育，有利于激发学生为追求美好生活而努力学习的动力。为此，首先要引导大学生自己动手，创建优美的校园环境。如，组织大学生在校园植树种花，实行美化校园责任制，建立"共青团林""院系责任区"，等等，营造一个人人参与校园美化和管理的氛围。其次，信息技术作为一种现代化的科技手段，为德育提供了高端的知识信息平台，丰富了德育的素材，成为德育重要的外部影响条件。因此，高校要重视信息系统设施建设，如，图书馆的信息系统建设，其他以信息技术为媒介的服务系统、管理系统建设等都是信息系统建设的重要方面。当前，要特别重视网络系统的建设，对网站的设计既要有很强的政治导向性，又要有很强的吸引力，力求增强美观教育效果。总之，高校要适应信息技术迅猛发展的时代要求，强占网络空间，有效利用网络虚拟世界，更好地开展德育工作。最后，大学生活是社会生活的部分缩影，高校在基础设施建设中要更多地关注学生的生活空间，同时为学生提供丰富多彩的校园生活，完善学生生活空间、促进大学生全面发展。因此，对学生活动场所的系统性建设是高校德育环境基础设施建设中的重要方面。学生生活场所的建设必须从系统性角度着手，围绕学生个体全面发展的各方面需要的整体性特征，在建设中关注人性化设计，突出隐性教育特征，把具有德育内涵的因素巧妙合理地安排在实际建设中，从而激励学生，促使学生养成良好的行为习惯和德性品质。

3. 德育基地建设

面向生活世界是高校德育的新视域。当前高校德育仍面临与现实生活相脱节的现象，学生一般在学校里以学习科学文化知识、全面培养自身的素质为主，而很少接触社会生活。这就造成学生对现实生活的适应能力不强，缺乏对社会现实问题的综合判断力和分析力，从而缺乏树立积极的人生观和价值观、养成良好德性的土壤。因此，高校德育必须和社会相接轨，不但要向学生传授实用性知识和技能，还要通过建立广泛的校内外基地来培养学生的实践技能和交往能力，为提升学生的德育品质提供良好的环境氛围。这一可塑性环境的开辟对高校德育意义深远。它作为校内外德育实施的中间环节，既拓展了高校德育的实践空间，又在德育实践中，为社会德育提供了积极的价值引导和知识贡献。具体来说，在校内，可以通过设置与一定德育课程相关的模拟情境来深化知识、实际问题，如，模拟法庭、模拟社区、模拟公司等。在校外，高校应和相关企事业单位、政府职能部门及一些社会机构共建社会实践基地，加强学校和其他社会组织的双向互动，如爱国主义教育基地、共建社区、产学研基地、各种实践基地等。

（二）软环境建设

高校德育的软环境主要指影响大学生思想品德形成与发展的各种精神及制度因素，这些因素大多是在德育形成和发展过程中自觉构建、自然形成的。在德育环境中，硬环境是德育环境建设的基础，软环境是德育环境建设的核心和灵魂，也是学校精神文明建设的重要内容。软环境之所以能在大学生品德发展中发挥重要作用，是因为它不仅集中反映了学校精神风貌，反映了校园文化特征以及目标追求、价值体系，而且还由于各种软环境因素中的积极因素是通过学校师生共同实践并经过历史的积淀、选择凝练而成的，它所倡导的道德价值已浸透在校园内的各种环境因素和人文因素之中，会使学生在不知不觉中受到教育和熏陶，成为其自觉成才的稳定的推动力量。高校德育软环境是一个完整的系统，包含诸多相互联系的构成因素。总体来说，德育软环境建设主要包括人际环境建设、文化环境建设、制度环境建设、心理环境建设等。

1. 人际环境建设

人际环境是高校德育环境的一个重要因素，从某种意义上说，人际关系也是校园文化的一种体现。良好的人际关系不仅可以使学生全身心地投入学习，促进学生奋发向上，还有助于大学生形成良好的集体意识，形成一种向上的群体规范，是促进大学生健康成长的一种无形的巨大的力量。

师生关系是高校最基本的人际关系，它时刻影响着教育过程和结果。师生关系融洽和谐，就会取得最佳的教育效果。反之，如果师生关系紧张，甚至对立，教师就很难对学生施加影响。创造和谐的师生关系，一方面教师要起主导作用，要具有较高的师德修养，精湛的教学艺术，良好的外表形象，只有具备扎实的知识、能力素质和工作水平，才能赢得学生的尊重和信服，同时，教师要热爱学生，尊重学生，做学生的知心朋友，赢得学生的信任。另一方面，学生也要做到尊敬教师，勤学守纪，双方共同努力，才能建立起和谐的师生关系，出现乐教乐学的生动局面。

学生间的人际关系，既影响学生的健康成长，也影响优良集体的形成。教师要有目的地加以引导，强调学生间的理解、团结、互助，鼓励学生充满自信、公平竞争、大度为怀，提倡学生间学习上互帮互学，共同进步。同时要重视学生的心理疏导，帮助他们解除因人际关系而造成的各种心理烦恼，正确地引导学生在团结友爱、相互尊重的气氛中健康地成长。

2. 文化环境建设

文化环境也是重要的软环境因素，良好的校风、班风是文化环境的主要内容，它能约束每个成员，逐渐使自己的行为、态度趋同于校风班风体现出的价值规范。学校要重视文化环境的建设，尤其校风、班风的建设。

加强文化环境建设，首先，学校要培养正确的集体舆论。学校要通过多种教育途径，提高学生的思想认识水平及明辨是非的能力，帮助学生树立正确的世界观、人生观、价值观，养成良好的道德行为习惯。其次，学校要根据社会发展要求及自己的实际情况、办学特点，提出校训和奋斗目标，并通过开展先进个人、先进集体的评比活动，在全校形成比、学、赶、帮的良好氛围。最后，学校要加强作风建设，包括领导的作风、教师的教风、学生的学风建设。学校领导在加强自我修养、提高自身素质的同时也需要保证在学校的各项工作以及执行各项规章制度中发挥好带头作用。广大教师要以高度负责的责任心，率先垂范、言传身教，以良好的思想、道德、品质和人格给大学生以潜移默化的影响。教师高度的事业心、责任感和无私奉献的精神以及学生远大的理想抱负、开拓创新精神会使整个校园充满一种浓厚的积极向上的文化氛围。

3. 制度环境建设

学校应遵循教育规律，以教育方针和教育法规为指导，以培养"四有"新人为目标，建立和健全各种规章制度。在制度的建设过程中，应着重考虑以下三个方面：一是规章制度应该是全方位的，做到事事有章可循，如行政管理制度、德育管理制度、教学管理制度、后勤管理制度、内部体制管理制度等；二是规章制度的内容具体明确，操作性强，且要符合学校的实际及各项工作的需要，切忌空洞乏力；三是规章制度制定后要严格执行，纪律严明，赏罚分明。通过制度环境建设要形成自我激励、自我约束、自我管理的制度文化环境。同时要建立一个完善的管理网络，保证德育管理制度的落实，做到分工明确，职责分明，考核到位。

总之，一个管理有序、制度健全的校园环境，总是充满着向上的朝气，学生往往会注意自己的言行举止。因此，管理并不是消极的约束，而是培养学生良好的行为习惯和作风、促进学生全面发展的育人手段。通过制度环境建设，可以创造出使教育得以发挥作用的良好环境，从而促使学生自觉养成良好的道德习惯和道德行为。

4. 心理环境建设

当代大学生作为一个特殊的群体，他们面临着怎样的心理环境以及他们的心理是如何成长的，这是高校德育面临的重要问题。心理环境建设不仅直接关系到个体正常的成长和心理健康，也影响、制约着高校德育的发展。因此，在高校德育环境的建设过程中，应该根据当代大学生的心理个性特征，在发展他们自由个性的同时，进行正确的心理引导和合理的心理疏导。心理环境建设要以高校这个共同体为范围，通过必要的心理健康知识传授及行之有效的引导、疏导工作，给学生以心灵的归属感和精神的慰藉，创造良好的心理环境，让学生在学校内养成良好的心理素质，从而健康成长。

高校德育的软环境作为高校德育的独特氛围，从各个方面影响、改变和塑造大学生的认识、情感和行为。大学生能否树立正确的世界观、人生观、价值观和道德观，很大程度上受到他们所处的现实环境的影响和制约，而其中高校德育软环境的作用与影响尤为突出。因此，高校应当把德育软环境建设提高到一个新的高度来认识，并采取切实有效的措施加强学校德育软环境建设，努力营造一个优良的学校德育软环境。

第五章 德育管理的方法与机制创新

第一节 德育方法的创新

一、新形势下高校德育工作方法的创新

经济全球化、信息网络化等因素的影响使高校德育工作面临着新的挑战，高校德育工作在很多方面尤其工作方法上，长期处于一种陈旧单一亟待解决却又无定论的尴尬境地，很多学者也都以此为题阐述意见。众所周知，大学生是即将踏入社会并建设社会的一个群体，他们的成长不仅关系到将来大学生个人事业、生活的成败，更重要的是，它还涉及社会的各个方面，因此大学生的道德素质问题就显得非常重要。

（一）新形势下高校德育工作环境的变化

21 世纪世界进入知识经济时代，社会的生产方式、生活方式、管理方式、思维方式等都已发生巨大变化。人类历史的经验证明，尽管人的道德水准和文明程度可以获得提升，但人性的基本面是不可改造的。伴随由计划经济向社会主义市场经济体制的转轨带来经济的持续高速发展以及由全面改革开放带来的西方的科学技术、价值观念，社会发生了深刻的变化。一方面，人们领略到了这场伟大变革所带来的社会生产力的彻底解放和物质财富的迅速增长；另一方面，人们也为社会生活尤其道德生活中出现的一些"反常"现象所困惑，是偶然还是必然？是发展市场经济所必须的"代价"，还是社会机制运行本身所固有，抑或两者兼而有之？几十年的渐进性改革开放得益于一个"放"字。人们把容易做的事情做了，却把难做的事情留到了现在。所有这些，就学校德育而言，都意味着德育环境的变迁。而作为社会的一个子系统，学校德育一方面必须完成社会所交付的道德教化的任务，并在此过

程中获得自身发展的基础和条件；另一方面，学校德育也不可能摆脱社会对其自身的制约。

（二）新形势下高校德育工作内容与方法面临的挑战

新时期国际、国内形势的新发展给在校大学生带来了思想观念、价值取向、文化生活的多样性。经济全球化、加入世贸组织、网络文化以及我国高等教育大众化的趋势等都对高校德育工作提出了新的挑战。

市场经济中人的自我和人的物化倾向加剧，使社会生活在一定程度上呈现出片面追求个人物质利益的倾向，人的物欲膨胀，使德育工作所宣传的理论和观念不容易被教育对象所接受。

二、高校德育工作方法的创新

对高校德育工作进行梳理和反思，就会发现高校德育工作面临着很多问题，其集中反映出来的问题要求必须进行德育工作方法的创新。新的形式也需要高校德育工作从新的思维和新的视角，站在"人的全面发展"和"传承传统文化"的理论之上进行高校的德育工作创新。面对未来的种种挑战，高校德育工作的个性化、社会化、终身性等一系列实践创新活动仍需在正确的理念指导下不断探索。高校德育工作应当根据社会与经济发展的需要，借鉴和吸收现代文化和信息技术的积极要素，从计划经济时代传统的灌输型德育模式转向辨析型、引导型的德育模式，构筑起一种新型的互动关系，将树立正确的世界观人生观价值观教育、弘扬培育民族精神教育、公民道德教育和素质教育作为加强和改进大学生思想教育的主要任务。

（一）新形势下高校德育工作方法的创新

面对目前高校德育存在的问题，面对新形势下的挑战，面对我国知识经济发展对思想教育的迫切需要，面对高校教育中德育工作的生命线地位，德育必须实现理论上的突破和实践上的创新。

1. 德育意识的全员化和德育格局的全方位

全体教职工都负有德育工作的责任，要做到"三育人"即教书育人、管理育人和服务育人。全体教师应该更新教育理念，彻底改变只有德育教师才负有学生道德教育的责任这种错误思想，要高度重视和充分发挥每一位教师的育人作用。教师要树立正确的教育思想，做到言传身教，为人师表，以自己的行动感染学生，使他们受到道德的熏陶。要发挥各科教学的德育功能，结合教学相关内容和各个环节，在适当的时机对学生实施道德教育。例如，在物理教学中，可以通过介绍我国古代的科学技术成就，让学生充分认识到中华民族的灿烂文化，树立民族自豪感；介绍我国现代科学技术新成就，弘扬中华民族的创造精神；结合物理知识的教学对学生进行辩证唯物主义教育，使学生认识到世界的物质性、运动性等。不仅在物理教学中，每一学科的教学中都蕴藏着丰富的道德教育资源，这就需要教师充分挖掘，将道德教育融于学科教学中，以期达到对学生道德教育的潜移默化的影响。

学校各项服务工作都应有德育功能，只是有的德育教育的因素比较明显，而有的则比较隐蔽。学校各项管理工作都应尽力与德育工作相互配合，注意道德教育因素，紧密结合，着眼于对学生的教育，从严要求，注意方法的使用，使之成为学校德育的重要补充途径，使学生从中受到感染、激励和教育。

2. 德育目标的层次化

德育目标是通过德育活动所要达到的目的要求，我国还处在社会主义初级阶段，多种所有制形式、经营形式、分配形式并存，呈现了以社会主义道德为主体的多种道德并存的情况。与之相适应，高校德育必须打破传统的"大一统"的目标模式，大学生的道德水准呈现多层次、多规格的特点。

3. 利用网络把德育透明化

国家教育部门可以考虑借助网络的方便快捷的优势，为每个学生建立道德档案。每个年满16岁的公民都在网络中建立档案记录。此记录主要包括以下内容：姓名、年龄、所受教育情况，以及最重要的一面——道德行为、道德素质记录。人的道德素质记录，也就是做人记录。在我国确实有必要建立这种负责机构，在核实事件真伪的基础上，将公民的道德行为记录在案。这种方式便于用人单位和相关人士进行查证，在用人选人时作为一个很重要的参考。当然，这只是一种参考作用。这也是针对现在网络诈骗的一个有效应对措施，最重要的是，这种档案记录要起到一种激励作用，促进个人提高自己的道德素质，改变不当的行为习惯，按照社会的道德规则约束自己的行为，逐渐从他律走向自律，这才是建立，道德档案记录的目的所在。

4. 德育方法多样化、层次性

德育方法是为完成德育任务所采取的手段。由于德育过程是一个多因素相互影响、多层次的发展过程，大学生思想品德的形成受到社会、家庭、学校以及学生个人身心发展状况诸方面的影响，德育必须通过影响思想品德形成的各种条件的综合作用，才能奏效，这就决定了德育方法的多样性和层次性。德育方法从不同的视角可以分为不同的层次。如，从德育主体和客体的角度看，可以分为主体外部灌输和客体自我修养两个层次；从德育内容权重的角度看，可以分为理论教育、实践教育；从德育的类型看，可以分为氛围型、渗透型、情感型、审美型；从德育方法的特点和作用看，可以分为说服教育法、情感陶冶法、实际锻炼法、榜样示范法、修养指导法等。

（二）高校德育工作方法创新的尝试性策略

创新是主体通过探索去解释和把握世界的规律，并遵循和运用事物的规律催生富有全新价值的新事物的过程和结果。创新是一个艰苦的过程，在这个过程中必须充分发挥主体的能动性。而这种能动性的发挥必须符合事物的发展规律，同时又受到客观条件的制约。因此，高校德育方法的创新不仅在其创新过程中面临着挑战，更重要的是这种方法的创新必须正确地应用于教育实践，并对实践产生预期的影响和效益。高校德育是一门科学，其知识体系要经得起现实生活的检验和历史的验证。一般来说，德育的有效性，主要表现为德育活动对其预设目标的实现程度。这是一个尝试性的过程，同时也是检验创新方法的科学性的过程。任何教育理论都不可能放之四海而皆准。因此，任何新的教育理论的实践都必须是谨慎的、尝试性的。

二、高校德育方法创新的基本路径

高校不仅肩负着为中华民族伟大复兴和为社会主义建设培养素质高、专业性强的有用人才的主要任务，而且还肩负着传授知识、培养大学生各方面能力、使大学生自觉遵守法律法规，保证大学生服务于社会主义建设的重任。因此，我国高校的发展影响着整个高校德育的发展，乃至成为整个社会普遍关注的重要的课题，高校应制定出德育方法的创新路线，提高德育教育质量。

（一）高校德育方法创新的原则

高校德育方法的原则是指在进行德育的过程中，德育教育必须坚持的原则。因此，研究高校德育方法在创新的过程中坚持的原则是一项比较重要的课题。高校德育方法的创新必须以正确的原则作为指导，结合高校德育发展的实际情况，专家学者提出了很多关于德育方法创新坚持的原则，从社会的发展情况看，根据所掌握的资料，有以下几个必须坚持的原则：科学性原则、主体性原则、层次性原则和有效性原则。

1. 科学性原则

高校德育方法的科学性原则，要求德育教育遵循大学生思想活动的规律，遵循德育教育的客观规律性，遵循高校历史发展的科学规律性，克服盲目性与随意性。随着现代科学技术的发展，特别是互联网技术的发展，我国的政治、经济、文化、军事等社会各个方面都产生了变化。互联网进入高校以后，对学生的思想观念、生活方式和身心健康等带来了潜在的、深远的影响。原有的德育方法在互联网上完全不适用了，只有及时把握现代科学技术发展的脉络，尽可能地把先进的技术运用到对学生的教育之中，才能跟上科技发展的步伐，也才能增强德育的效果。高校德育工作是对大学生进行教育的工作，因而高校德育工作者把正确的政治观点、政治立场和政治方法放在首位，在实践中接受互联网对高校德育工作的影响，改变传统的德育方法。为此，德育工作者要用科学的世界观、方法论武装自己，使自己具有正确的思想观点、政治立场、思维方法和教育艺术。只有这样才能使德育具有强大的感染力、吸引力、说服力和战斗力。提高大学生的德育水平。因此，高校德育方法一定要坚持科学性的原则，只有这样，高校德育才能沿着正确的路线不断向前发展。

2. 主体性原则

人的全面发展，以一种全面的方式，也就是说，作为一个总体的人，占有自己的全面本质。高校中的"以人为本"就是以学生为根本，尊重学生的主体地位，以此来满足学生的自主性和独立性的教育目的，主体性德育是对传统德育方法的一种超越。

然而，当前高校德育与大学生的现实生活脱节，没有把贴近大学生思想实际、贴近大学生的实际生活，这样就不能开展有针对性的德育工作，德育工作无法取得良好的效果。

因此，高校德育方法坚持的主体性原则，把着眼点放到教育对象主体性培育上，培养大学生的积极性与主动性，知与行不能脱节，不能把德育教育看成是一种强制教育，应该把德育内化为大学生的德育品质，走出对德育教育者的依赖，从根本上增强德育效果。

3. 层次性原则

人的发展是有层次的。由于当前国家的快速发展、改革开放的深入人心和普及高等教育，我国高校也发生了很大变化，由"精英教育"发展为"大众教育"，在德育的过程中，德育工作者要注重平时的积累，把握不同的教育对象所具有的不同的特点，有的放矢，因材施教，坚持普遍性和特殊性相结合的工作方针，这对于高校德育工作者来说有着至关重要的作用。

首先，根据受教育者各项综合素质的不同特点，找到适合学生德育教育的工作方法。伴随着高校大学生人数增多，一些大学生由于生活学习以及社会、学校和家庭等各方面的差异，表现出各种不同的特点。从德育水平来说，大学生整体德育水平比较高，但是由于受到外界的影响，一些大学生对德育水平评价标准产生怀疑，因此，德育水平评价标准的随意性比较大；从互联网的影响看，由于互联网传播信息的方便与快捷，这种新的德育教育载体更容易被大学生接受，互联网在带来有益信息的同时，消极信息的纷至沓来冲击着一些思想不坚定的大学生；从身体素质和能力素质等因素考虑以及从社会、家庭和学校等诸多因素考虑都可以造成学生之间各个方面综合素质的层次性。

其次，增强德育方法的层次性，应该区别教育对象学习目的的多样性。由于教育对象综合素质的层次性，不同教育对象的学习目的也就不同。在对大学生进行德育教育的同时，要"分层次、有重点、循序渐进，努力贴近社会、贴近生活，充分调动各部分学生的积极性、创造性和主动性"，使各种不同层次的大学生转变学习态度，真正去接受学习，从而向更远大的目标前进。

最后，认识教育对象的心理承受素质的差异性。由于高校学生群体表现出来的特点，大学生的心理承受能力在近几年也引起广大关注。高校学生自杀率较前几年呈明显上升趋势。主要来自各种各样的压力，如，学习压力、就业压力和生活压力成为大学生普遍感觉压力过大的几个因素。与此同时，一些大学生可以把压力转化为动力，真正在各方面取得了好的成绩，这就需要高校德育工作认真地研究教育对象，把握教育对象表现出来的层次性的特点，有针对性地解决问题。

4.有效性原则

高校德育工作在德育实践中一定要注重有效性原则。在德育工作中，一些德育工作者没有充分重视有效性原则，没有利用有效的德育方法解决大学生的实际问题，其结果就会造成德育目标无法得到实现，德育任务无法完成。作为高校德育工作者，在德育过程中，需要及时发现大学生的问题，运用恰当的教育方法，及时解决问题。对待已经出现问题的大学生，更应该深入调查出现问题的原因，找到切实可行的方法，从根本上发现问题并及时解决问题。

高校德育工作是一项系统而又烦琐的工程，仅仅坚持以上四种原则是不够的，它需要各个方面的原则作为支撑，应该做到社会教育、学校教育和家庭教育三者的结合，共同促进高校德育工作的发展，改进原有的高校德育方法，从根本上增强高校德育的有效性。

（二）高校德育方法创新的具体内容

1.坚持生活化教育方法

大学生的成长过程是一个漫长而复杂的过程，德育发展与时代的发展紧密联系在一起，在大学生的日常生活中渗透着德育，德育贯穿于整个大学生活。生活化的德育注重生活实践，因此，应从生活中来，到生活中去。当代高校的德育方法需要改变传统的单一灌输和说服教育的方法，善于突出学生的主体性，组织学生自我教育、自我管理，使高校德育工作真正做到贴近学生、贴近生活实际，引导学生正确地认识自己，不断改善自己的道德认识与行为习惯，在活动实施上突出保护自我心灵，发掘自我经验，关注自我行动，促进自我发展。

高校德育是与时代特点紧密相连的，德育工作者更应从大学生的生活实践中对大学生进行教育，关心大学生的生活，让大学生得到身心的全面教育，在德育课堂上利用"道德两难问题"去启发学生，让学生思考和检验自己的道德立场，反思自己的行为。让广大青年学生真正地从日常生活实践中得到教育。

因此，高校德育方法的生活化，是时代的发展，是社会的进步，是促进高校德育发展的条件。高校德育方法只有贴近现实，贴近生活，贴近社会，才能为社会的发展培养更多合格的高素质人才。新时期高校德育方法应该更加注重生活化的教育，在生活实践中潜移默化地教育广大青年学生，为社会培养德才兼备的高素质人才。

2. 坚持隐性教育的方法

隐性教育作为和显性教育相对立的一个概念，是由西方学者首先提出并具体实施的。关于隐性德育课程，学术界还没有统一的定论。隐性德育课程是指广泛地存在于课内外、校内外教育活动中间接的、内隐的，通过社会角色无意识的、非特定心理反应发生作用的德育影响因素。简单地说，就是学校通过一定的教育环境，对学生进行一种间接的经验的传递与渗透，使学生在潜移默化中接受教育。隐性教育以间接性与隐蔽性为主要特点，是一种潜移默化的教育。

高校德育工作必须以大学生德育品质的形成和发展为基础，大学生受到外界环境各种因素的影响，同时也受到一些环境因素的隐性影响，如社会政治环境、经济环境、文化环境等。对大学生德育的影响一般是非计划性、无目的的影响，虽然没有立竿见影的效果，但是却在无形中受到一种潜移默化的影响，高校环境建设包括物质环境和精神环境。物质环境包括学校的建筑、学校的配套服务设施等。这是保证学生基本的物质需要，是高校必备的物质基础设施。精神环境的建设包括教育者传授知识、校园文化的建设、校园网络管理等。而且随着网络的普及和发展，传播信息的方便性、灵活性、娱乐性和速度快的特点，更能吸引广大高校学生接受网络这个传播信息的新兴载体，更需要高校运用正确的教育思想占据学校的主流文化阵地，构筑健康的校园文化建设，使网络德育与网络德育方法紧密结合，更好地教育广大青年学生，提高他们辨别是非的能力。

作为高校德育工作者，在传授理论知识的同时，要根据时代的发展变化，开展具有时代特色、现实感和历史感特点突出的理论课程。强化历史观念和爱国情感，用事实和网络开展生动、鲜明的社会实践和理论讲座，从不同的学科去理解知识涵盖的不同意义。从不同学科的教育中渗入德育观念，培养大学生用积极、乐观的态度去探索知识，去对待学习、工作和生活。这是高校德育工作者肩负的重要责任。

3. 坚持自我教育的方法

自我教育法是受教育者按照思想教育的目标和要求，主动提高自身思想认识和道德水平以及自觉改正自己错误思想和行为的方法，简单地说，就是人们自己教育自己，自己做自己思想政治工作的方法。

大学生健康成长不仅需要外在的教育，还需要大学生自己对自己的约束和管理，不仅要接受课堂教育，还需要进行自我教育，即自我认识、自我监督、自我调适等方面的发展。也就是一个自我教育的过程。

高校德育工作者的首要任务就是培养大学生自我教育的能力，为自我发展创造条件，增强德育的实效性，达到德育教育的目的，完成德育教育的任务。德育工作者在大学生的学习和生活中，应该采取自我批评、自我表扬和自我激励相结合的方法，充分发挥学生学习和参与实践活动的积极性与主动性，加强大学生自我管理和自我服务的能力。在实践中，德育工作者还要善于运用榜样的力量和先进事迹的影响作用，使学生既有奋斗目标又有赶超的态度，从而提高学生的自我教育能力。

自我教育并不是德育工作者不负责任，任由学生的自由教育，而是根据大学生之间有相互影响的作用，进行独立的教育。自我教育是一种特别强调主体意识的方式，需要大学生之间的相互鼓励、相互影响、相互批评，独立地发现问题、自我解决问题，为自我教育创造条件，从而提高自我教育的能力。

第二节　德育机制的创新

一、德育动力机制的运作机理

德育动力机制是指在德育动力产生和发展过程中，德育内部要素、外部要素与整合要素之间相互作用的机理与方式，是促进德育良性运行与协调发展的各种构造、功能和条件的总和。

（一）德育动力机制的基本结构

根据动力机制的一般定义，德育动力机制由外围结构与内核结构两个部分组成。外围结构又包括动力主体、动力传导媒介以及动力受体。

根据需要主体的三个层次，动力主体可以分为个体（微观层次）、群体和集团（中观层次）、国家和社会（宏观层次）。在整个德育活动中，德育主体是贯穿整个德育过程的组织者、参加者，既是德育的出发点，也是德育的目的和归属。具体到德育动力机制中的德育动力主体，还应该进行进一步的细分。根据主体在德育过程的角色与功能的不同，可以把德育主体分为教育主体、受教育主体、社会主体和政治主体。这四种主体之间的主体性与主体间性的融合，在特定的德育关系与德育实践中存在一种相互理解、相互融通的互动与作用关系，并且各主体之间所发出的动力可以通过一定的媒介互相传递。

动力传导媒介是德育动力从一个动力主体传到另一个动力主体的渠道，也是德育动力积累和递增的主要凭借之一。它能把教育主体、受教育主体、社会主体和政治主体的德育动力整合为一体，成为德育的整体动力。首先，利益是最重要的动力传导媒介。政治主体最经常的是通过利益这一传导媒介，将自身的德育动力化解，传递到教育主体、受教育主体和社会主体等动力主体身上。社会主体、教育主体和受教育主体在政治主体整体规划的德育目标所规定的利益导向下，开展创造性的德育活动，培养道德行为，形成道德习惯，以此满足利益需求。这样，政治主体就把自己的德育动力传导到了其他德育动力主体身上。反过来，其他德育主体形成道德习惯，实践道德行为又使德育计划、目标得以实现，从而使政治主体的利益得到了保证。实际上，所有德育主体的动力通过利益这一传导媒介相互传递而凝聚成为实现德育整体利益的动力集合。其次，文化也是重要的动力传导媒介。因为文化价值观和文化模式通过社会化和内化过程，可以融入主体的人格系统里，必然对动力主体的需求结构、价值观等产生影响并可能发生改变，从而使它们的动力发生变化。最后，信息也是重要的动力传导媒介。因为某一动力主体可以将动力以信息的形式传给另一个动力主体，使之知晓，或认同执行，或反对抵制，或置之不理。如，政治主体可以通过广播、电视、网络、报纸、教科书等媒体进行德育的宣传，将德育政策、德育目标、德育规范等告知其他德育主体，使之认同执行。教育主体往往也通过丰富多彩的渠道和多种多样的形式，如，利用PPT、视频、动漫等多媒体，将德育内容（道德信息）融入其中，把枯燥的道德说教变成潜移默化的道德体验。当然，德育动力通过信息这一传导媒介可以在德育主体间进行相互传递。

动力受体是指德育主体获得需求满足的对象、工具、资源等。需求满足的对象称之为满足物，最简单的划分是物质满足物与精神满足物。任何以物质形式存在的满足物都被称为物质满足物；反之，以非物质形式存在的满足物，如爱、权力、地位、荣誉等称之为精神满足物。工具则是德育主体在满足需求的过程中设计和创造出来的，是动力作用于满足物或为了获得满足物的桥梁。社会资源作为动力受体，在于它可以被改造为某种满足物，或作为工具去获得某种需求的满足物。

德育动力机制的内核结构包括动力源、动力方向、动力储存体和道德行动四个要素。动力源是指德育主体的内在需求，它产生的动力是原生性动力。动力方向指动力与德育目标一致或相悖，直接关系到动力主体的动力性质和动力机制的性质。不同动力主体的动力储存体的形式是不同的。教育主体的储存体就是其教育能力，受教育主体的储存体就是其接受教育和道德行为的能力，社会主体的储存体就是团体、集体或群体的凝聚力，政治主体的储存体就是其政治、经济、文化实力，包括现实生产力、科技水平以及建立在经济基础之上的权力体系和执政能力。道德行动是德育动力的直接表达。各德育主体将自身的动力转化为道德行为，各主体恪尽职守，教育主体、受教育主体践行社会公德、家庭美德和职业道德，社会主体和政治主体遵循政治文明依法执政，促进物质文明、精神文明与政治文明协调发展。

（二）德育动力机制的基本类型

根据动力机制的结构性特征和构造要素，可以将德育动力机制划分为德育内生动力机制、德育外生动力机制以及德育联动动力机制。

德育内在过程，简言之，就是德育主体运用德育理论进行德育实践的过程。德育内生动力机制，是指德育内在过程的动力构成要素之间相互作用的机理与方式。它涉及的是德育的内因，是决定德育能否有实效的关键性要素，主要涉及主体形态及其需要的结构要素。德育内生动力机制是德育形成和发展的内在依据，旨在确保德育的正确方向，增进德育的承继性。

德育联动动力机制是促进德育动力系统实现良性互动的各种整合要素之间相互作用的机理与方式。它涉及的是有效促进德育发展的各种整合要素，包括利益激励机制和适度竞争机制组成的德育动力加速机制，动力协调机制、动力保障机制和政策导向机制组成的德育动力缓冲机制。德育联动动力机制是德育形成和发展的整合要素，实质上是一种整合性、衔接性的动力机制，其功能是实现工具理性与价值理性辩证统一，保证动力机制为德育提供适度动力。

二、高校德育内生动力机制研究

古今中外德育的发展，最根本的原因在于存在一系列有效驱动德育发展的动力构造要素，这些动力构造要素的有机结合事实上构成了德育发展的动力机制。然而在德育发展的过程中存在着的各种动力机制类型之中，有一种动力机制更具有根本性和决定性，可以说，它是德育的原动力机制，那就是德育内生动力机制。内生要素是德育动力机制构成要素中起决定性作用的基础要素。因此，要进行德育动力机制研究，首先必须全面而系统地探讨德育内生动力机制的内涵、结构要素及其功能。德育旨在主体的不断自我完善、自我超越、自我升华，在本质上是主体的一种自我选择的德性建构和发展的过程。因而，德育实质上就是现实的人之所以为人的一种自我证实活动。

（一）德育内生动力机制的结构要素

德育内生动力机制呈现一定的结构性，是一系列结构性构成要素按照一定的层次有机组成的。总的来说，德育内生动力机制的结构要素可以分为四个层次：教育主体及其动力结构要素、受教育主体及其动力结构要素、社会主体及其动力结构要素和政治主体及其动力结构要素。主体的内在需求是德育动力的源泉，因此主体形态的结构要素是产生德育动力的决定性要素。德育内生动力机制是德育各主体及其动力结构要素的有机统一。

1.教育主体动力结构要素

一般而言，专门从事德育的教育主体包括日常思想教育管理人员（辅导员、班主任、党团组织管理人员等）和思想政治品德课教学人员（理论课教师）等。如果从全员育人的角度，学校里从事教育、管理和服务的所有人员都有德育的功能。教育主体不是道德律令的传声筒，而是具体主体性的教育主体。对教育主体而言，德育不但是一种利益驱动，更重要的是，它内含教育主体的一种发展需要、道德理想和事业追求。

首先，德育是一种利益驱动。这种利益驱动表现在两个方面，一方面德育是教育主体的职业，做好德育工作，是教育主体的职责。做得好，可以获得职业的发展；做不好，有可能丢饭碗。另一方面，德育工作也是教育主体获得职业尊严的追求。因为社会上很多人对德育教育主体有很多质疑的眼光，既包括对教育主体德性的质疑，也包括对教育主体能力的质疑，更包括对德育本身的质疑。教育主体面对这种质疑时只有在实际工作中来证明自己能行，这就是德育功能属性的发挥，即德育能够以自己的有效活动，使德育对象接受社会对德育的要求，从而确证德育的价值。

其次，德育是教育主体的一种发展需要。德育不但是为了满足社会需要和受教育主体的需要，还是为了满足教育主体自身的内在需要，教育主体本身也是人，也需要不断地发展。教育的本质是育人先育己。在德育过程中，教育主体不但教育了学生，同时也教育了自己，通过德育张扬了自己"人类灵魂工程师"的神圣职责、神圣使命以及高尚人格，促进自我生命的"新的精神能量的生成"。

再次，德育还包含教育主体自己的道德理想。教育主体是一个独立的"人"，实际上，整个德育活动过程都是在教育主体的道德理想和追求主导下进行的。可见，教育主体不只是社会或某个政治集团的道德代言人和灌输者，德育还包含教育主体自己的道德理想。从这个意义上，德育主体在整个德育活动中，融入了充分体现自我意志的道德理想和道德信念，从而使学校德育成为道德主体自愿为之，并倾注了满腔热情的教育与自我教育活动。

最后，德育还内含教育主体的一种事业追求。德育是最具有生命性的教育，也是最体现生命关怀的一种事业，是教育主体对"提升人的生命价值和创造人的精神生命的意义"的一种事业追求。

2. 受教育主体动力结构要素

受教育主体是指接受德育的人。从受教育主体的基本要素构成来看，主要包括受教育主体四个方面的需要，即物质利益、社会化、精神成人和追求高尚。这四项基本要素，既在横向上存在着相互作用、相互促进的张力关系，又在纵向上存在着一条由表及里、层次递进的结构链条。

人作为一个生命体，首先是一个自然存在物，人直接地是自然存在物，而且作为有生命的自然存在物。全部人类历史的第一个前提无疑是生命的个人存在。因此，第一个需要确认的事实就是这些个人的肉体组织以及由此产生的个人对其他自然的关系，对物质利益的追求，是受教育主体产生德育需要的原动力。物质需要是人的存在的前提和条件。人的需要分为生存需要、享受需要和发展需要三个层次，首先就需要基本的物质需求，这是一切人类生存的第一个前提，也就是一切历史的第一个前提。物质需要是人类为生存和发展而对客观物质条件的必然要求。满足于"饥有所食，渴有所饮，寒有所衣，病有所治"的生理需要，其他需要才会产生。根据马克思主义人性论和需要理论，人的基本前提是生命的有机体，人不可避免地具有自然性，而物质需要就是人的自然本性，并且是人类个体生存而必不可少的条件。作为物质需要的主体的具体生存的现实的"人"，生活在某种社会形式中必然有物质需要的诉求。

3. 社会主体动力结构要素

在德育内生性动力机制的主体结构中，社会主体也是一个重要的德育主体。从社会主体的基本动力要素构成来看，主要包括社会主体三个方面的需要，即社会秩序维护、道德传承和实现社会理想。这三项基本动力要素，社会秩序维护是基本要求，道德传承是核心，实现社会理想是目标。

教育产生于社会生活的需要。就社会的实际来看，维系秩序既需要强制，也需要教育。社会主体不能把社会秩序的规范运行完全寄托于个体的自觉性上，因为看不到人有惰性的一面，把事情的成功仅仅诉诸人的自觉性，片面夸大思想教育的作用，可能导致"精神万能"。从功能的角度和满足社会生活需要的角度说，秩序价值，是德育最基本的价值之一。德育产生于社会秩序的需要。换言之，社会秩序的维护需要德育。通过德育，社会主体可以通过行为规范、道德观念和价值判断等有效地支配和约束每一社会个体的行为，让人们理解遵守秩序的重要意义与违背秩序的严重后果，从而遵守和维护秩序。这也是德育职能的具体体现。德育作为社会规则的传承载体，对"应该如何生活的暗示和潜移默化"确保了社会秩序的维护，为人的生活提供了基本条件。

（二）德育内生动力机制的功能分析

德育之所以经久不衰，关键就在于有一整套较为完善的动力机制，而在诸多的动力机制中，居于核心和关键地位的是德育内生动力机制。它内在地包含一种使人获得"人的本质"的德育价值追求的动力构造要素、一种德育文化创造的动力构造要素和一种德育需要过程的动力构造要素。德育内生动力机制，其功能作用是多向度的和多元的，从其根本性质上讲，德育内生动力机制是德育存在和发展的内在关系机制；从其基本功能上讲，德育内生动力机制确保了德育的正确方向；从其核心特征上讲，德育内生动力机制增进了德育的承继性。

1. 德育内生动力机制是德育存在和发展的内在关系机制

事物的发展主要是内因（即事物内部的矛盾性）决定的。德育内生动力机制，从其根本性质上讲，它指的是在人类现实生活德育需要的动力构成要素中，一切源自于德育主体的德行需要基础上的追求德育需要的内在过程的各种内在的动力构成要素所组成的有机体系。这些构造要素决定着德育的内在本质，无疑是德育存在的根本原因，是德育发展变化的内在依据，是德育发展变化的主导因素，即内因。如果说内因是事物发展变化的内在依据和根本原因，体现的是事物的内在矛盾关系，那么，德育内生动力机制实质上就是德育这一事物的内在关系机制。总的来说，这一内部关系机制体现在四个方面：对教育主体而言德育不但是一种利益驱动，更重要的是，它内含教育主体的一种发展需要、道德理想和事业追求。受教育主体的物质利益、社会化、精神化和追求高尚这四个方面的需要是德育动力结构要素，社会主体三个方面的需要，即社会秩序维护、道德传承和实现和谐社会理想是其德育动力结构要素。政治主体的基本动力要素主要包括维护阶级利益、灌输意识形态、保障政治稳定和实现最高理想四个方面。

2. 德育内生动力机制确保德育的正确方向

长期以来，出于特殊的原因，常常单方面强调马克思关于人是社会产物的观点，而忽视了马克思主义关于把人作为社会本体，以人为本的思想。在德育理念上，在不短的时间里没有重视"以人为本"，而是过分偏重德育的社会价值，只强调德育的社会功能，而忽视德育的个体功能。这种德育价值倾向的片面性，忽视了德育对人的生命价值、成长需要的真正意义，必然歪曲了德育的本质，导致了只见"社会"不见"人"的"无人化"德育现象，造成德育与学生成长和发展的严重疏离，结果是德育效果长期低迷，德育的社会价值也不能得到真正的体现。在德育实务中，常常忽视了不同层次、不同水平学生的需求，把精力过多地投入在显性的思想政治和道德教育上，尤其注重外部灌输，却很少与人文素质、科学素质、身心素质相融合，忽视了学生个性的培养，在一定程度上抑制了学生个性和创造能力的发展，因而越来越遭到学生的抵触和质疑。迄今为止，道德和道德教育中的无人化现象依然严重，这既不符合现代和谐社会所要求的以人为本观念的大趋势，也不符合道德和道德教育的本体性特征，成为阻碍现代道德教育进一步发展的严重障碍。加上随着高校招生制度的调整，学生人数激增，学校硬件及软件设施跟不上变化，致使各种不良风气乘虚而入。计算机网络的普及也给传统的德育工作带来了冲击，由于缺少治理网络环境的经验和措施，严重制约了德育工作的影响力，难以形成良好的育人环境。而德育内生动力机制确保了德育的"人本"价值取向。"人本"就是"以人为本"，就是把人作为发展的本原、本体和核心，把不断满足人的全面需求、促进人的全面发展作为根本出发点和归宿。

三、德育动力机制构建的路径

德育动力机制通过制度化的运作，为德育提供适度的动力，推动德育发展，实现德育价值，满足德育主体利益需要。从德育动力机制运作机理看，其主要包括以下四个方面的要素：主体、利益、价值和制度。德育动力机制运作的最终指向是德育主体的需要满足。因此，主体是德育动力机制的最终目的，也是德育动力机制建构的主要内容。德育受教育主体的需要、教育主体的需要、政治主体的需要和社会主体的需要都表现为一定的利益，德育的内生动力、外生动力和联动动力都是建立在利益基础之上的，利益因素是德育动力系统有机联系的中介。故而，利益是德育动力机制中的核心因素，探讨德育动力机制的建构，离不开对利益的考察。由于受利益最大化的驱使，在多元价值格局中建立在不同利益追求基础上的德育主体之间必然产生矛盾和冲突，因此，德育动力机制除了通过利益激发动力，还必须超越利益的视野，通过提升价值和优化价值引导德育各主体选择、确立并维系共同价值理念和基础，从而使各方利益结构趋于平衡、协调和有序，实现社会和谐。所以，价值也是德育动力机制必须建构的内容。然而，价值引领是一种柔性的利益调节方式，不带有强制性，因而必然有其自身的局限性。俗话说"无规则不成方圆"，德育动力机制也不是随意而为的，也该有一定的规则，才能更好地规范德育活动。从这种意义上，制度是构建德育动力机制必不可少的内容之一。

（一）主体维度的建构路径

从德育动力机制的性质和实现途径看，全员参与是德育理念的核心价值所在，是德育动力机制的应然取向和现实诉求。

全员参与是整体德育合力育人观，它的核心思想是人人都是德育主体。对于德育动力机制而言，人人都可以是德育动力的主体，也是德育动力机制的主体。这既是教育本身意义的要求，也是当代教育发展的内在需求。德育工作不是德育工作者的专属领域，其他主体，包括专业课教师、学校各职能部门、后勤服务人员、学生组织、政治主体和社会主体都含有丰富的德育动力要素，对德育动力机制的建构和运作都会产生一定的影响。因为各门课程、各个部门、各种服务载体、各类组织、团体里的人都具有德育资源和德育功能，其思想、道德、品质和人格都会给学生以潜移默化的影响。所以，德育动力机制需要全员参与，把德育工作渗透到各个工作环节和各项日常管理中去，构建各部门齐抓共管、各育人环节紧密配合、全员参与的"全员育人、全方位育人、全过程育人"的德育工作格局，形成全校上下共同推进的强大合力。从这个意义上，全员参与是德育动力机制的应然取向和现实诉求。德育动力机制的主体应该是一种由教育主体、受教育主体、社会主体和政治主体组成的多层次的、全员参与式的德育动力主体。

基于目前教育者和受教育者的主体性地位不够凸显的现状，德育动力机制的主体建构重点应放在教育主体和受教育主体的主体性建构上。

（二）利益维度的建构路径

利益是德育动力产生的原动力。构建德育动力机制，首先要考虑利益驱动。利益驱动是德育动力机制实现张力作用的手段之一。对于德育内生动力机制而言，一切主体的利益追求都可以是德育内生动力机制的内在动力构造的源泉。

对教育主体而言，德育的利益驱动表现在两个方面：一方面，德育是教育主体的职业，为了不丢饭碗，要做好德育工作；另一方面，德育也是教育主体，只有在实际工作中证明自己的价值才能获得职业尊严。

对受教育主体而言，物质利益，是受教育主体德育动力产生的物质基础，而对物质利益的追求，享受精神愉悦、实现完美自我是受教育主体产生德育需要的内在动因。在德育过程中如果能够充分肯定和彰显个体利益和个体发展，必然会提高个体内化德育内容，养成道德行为的热情，提升道德成长的动力，最终提高德育的实效性。

对政治主体来说，其利益就是巩固统治秩序和维护统治阶级的利益。

政治主体有意识地利用德育（教化）的手段来灌输主流意识形态，培育政治品质，实现自己的意志和目的，巩固阶级统治秩序，维护阶级利益。

对社会主体而言利益就是维护社会秩序和实现集体最大利益。道德作为一种调节社会关系的规范，是一种维护社会稳定的手段。社会主体通过德育引导学生在追求自身利益满足与个性发展的同时，也应当遵循相应的道德原则和社会规范。

（三）制度维度的建构路径

德育动力机制除了有主体参与、利益驱动和价值引领外，还必须有制度予以保障。因为"制度文化是精神文化的载体，制度文化赋予物质文化以生命和活力"。当前的德育正处于实效性低下的困境当中，而导致这一困境很大程度上有制度方面的原因。因为我们的学校德育在制度方面有欠缺，存在德育建设制度不完善、不合理、缺乏人道精神等问题。而要改变这种现状以提高学校德育的实效性，加强学校德育制度建设是一项有力的举措。加强德育制度的有效性和德性，有两点是必须做好的，一是社会制度本身要体现公平和正义，从而形成良好的社会道德风气；二是学校德育不能回避对于道德制度本身的德行考察，应该正视并弥补制度缺陷，不断去完善自身的道德规范和制度体系，通过道德的制度来教育人、鼓舞人。所以，德育动力机制的制度建设是非常重要的一环。因为各主体在利益驱动和价值引领的前提下参与德育活动，利益诉求各异，价值观念也各不相同，单靠自觉自律是不行的，还要对德育主体之间关系及其调整规则进行合理确定。这不仅有利于更好地规范个人行为、管理行为和政治行为，提高德育的质量和调整力度，也有利于贯彻以人为主体、理解与尊重主体的合法权益与合理要求的德育理念，也是完善德育动力机制，促进德育动力机制的科学化、法治化的重要环节。本书认为，德育制度是一个非常复杂的体系，制度体系的建构也是一项系统工程，而就德育动力机制的制度机制构建而言，主要可以从政府与学校的关系、教师与学生的关系构建两个维度对德育制度予以完善。

第三节 适应新时代大学生德育创新的对策

人是环境与教育的产物，环境是由人改变的，而教育者本人一定是受教育的。同时，既然人的性格是由环境造成的，那就必须使环境成为合乎人性的环境。所以，在大众化教育的新时期，在构建社会主义和谐社会的背景下，如何创新高校德育环境，使其充分发挥育人作用，是目前面临的重要课题。从实践来看，需要从高校德育的观念、内容、方法及管理队伍上进行德育创新，需要从高校、家庭、社会环境上进行德育环境创新。

一、大众化背景下高校德育的创新对策研究

（一）创新德育理念、更新德育观念

多年来在德育方面所形成的德育观念和理念是与传统的计划经济体制一脉相承的，在社会实践发生重大变革的今天，德育观念和德育理念也必然要求有所创新。

1. 确立"以人为本"的新主体观的德育理念

"以人为本"的德育理念摒弃了以往将大学生纯粹作为教育客体，被动接受的旧的理念，它将德育作为一种人本德育，揭示了德育客体与外部世界的同一性，强调了德育主客体的统一，开发了作为受教育者的大学生在与外部世界的改造与被改造的主体意识，肯定了人的价值和尊严。在德育的实践活动中能够做到尊重人、理解人、关心人、激励人。它最大限度地调动了大学生的主观能动性，反映出大学生作为人的自我意识、人的本质属性的丰富性，并对这种自我意识和本质属性赋予了鲜明的个性特征，从而强化了高校德育的针对性和方法的多样性。

2. 确立以科学发展观为指导的德育新理念

坚持以人为本，树立全面、协调、可持续的发展观，促进经济、社会和人的全面发展。这种在新的时代特点下以科学发展观作为指导思想的德育新理念使高校德育的认知性、社会性和创新性得到丰富和发展；使高校德育的认知性不再是简单进行道德行为教育，而是重在道德认知，把重点放在培养大学生道德判断、道德选择和自我道德修养能力的提高上；使高校德育的社会性更加广阔，能够将高校德育与社会及现实生活紧密交融在一起，依据社会需求和不同大学生群体的生活实践开展德育；使高校德育的创新性更富于变化发展，能够根据大学生和社会时代的发展变化进行德育诸要素的更新，从而在科学发展观中为大学生的全面发展提供精神动力支持。

3. 确立构建社会主义和谐社会的德育新理念

大众化教育背景下由于大学生群体的多样性，以构建社会主义和谐社会作为高校德育的新理念是大众化高等教育的必然要求。建设社会主义和谐社会要求德育和谐，能够使高校德育突出引导、协调和化解的功能，帮助不同群体的大学生正确处理人与社会、自然以及他人的关系，协调大学生自身利益要求，关注大学生中的弱势群体，化解大学生中出现的非对抗性的矛盾与冲突，营造和谐的德育环境，促使大学生成为构建社会主义和谐社会的中坚力量。

4. 确立开放、适度超前"大德育观"的德育新观念

大众化教育时代，多种生活方式、多元价值观念对教育对象的冲击越来越大，多样的大学生群体的教育背景越来越复杂，大学生的思想越来越活跃，它要求高校德育者必须努力更新德育观念，从封闭的德育观转变为开放的大德育观。所谓"大德育观"，即全方位的德育模式，是指把高校德育的内容、原则、方针同各种载体、媒介结合起来，不断开拓德育领域，有效整合德育资源，使德育切实落实到大学教育的每一环节，从而形成一种无形的力量感染、熏陶多样化的大学生群体。

5. 确立当代"终身德育观"的德育新观念

教育终身化、社会化是社会发展的必然趋势。随着大众化教育的来临，高校办学形式多样化和培养目标多样化使现代德育不仅贯穿大学教育阶段，也贯穿于职业教育、成人教育等各类教育，贯穿于家庭教育和社会教育各个方面，德育将伴随人的终生。实现从传统学校德育观向现代德育终身化、社会化观念的转变，是德育工作者的必要意识。

（二）创新德育内容，提高德育实效

加大德育理论研究的深度和广度，这是创新德育内容的基础。长期以来，我国高校德育内容存在着以下弊端：一是缺乏时代性；二是缺乏全面性；三是缺乏针对性。而当今的时代特点，要求德育创新要打破思维定式，学会从大众化教育时代的大背景条件下来观察教育现象，以长远的眼光审视和研究未来国际、国内形势发展的走向和特点，看清今后一个时期内培养的人才将面对什么样的世界格局和国内环境，并结合不同大学生群体的自身特点进行德育创新以加强高校德育战略的现实性、针对性和实效性。在德育创新实践

上，要加强传统教育内容与现代教育内容的统一和本土教育内容与国际化教育内容的统一。在继承和发扬以养成教育为突破口，高扬爱国主义教育主旋律的德育传统的同时，创新服从人类进步和社会发展要求的新时代的德育内容。进行公平竞争观念的教育，让学生了解优胜劣汰并反对不正当手段竞争的德育内容；进行利益观的教育，教育学生关心我国的经济建设但反对一切向钱看；进行平等、互助观念的教育，教育学生能正确处理个人、集体、国家利益三者之间的关系；进行良好个性养成的教育，教育学生彼此尊重、互相关心、交流合作和共同提高；进行法治教育，让学生受到规范的法治教育，教育学生守法光荣；进行心理素质教育，让学生知道首先要成为一个身心健康的人，然后才能成为一个全面发展的人等。

（三）创新高校德育管理体制

大众化教育时代，为应对社会环境的变化就要改革高校内部管理体制，而在高校改革中要加强高校德育体制的创新，还应重点加强服务育人体系，组建包括就业指导、勤工助学、心理咨询、校内外活动等在内的学生服务联合体，建立服务育人新模式，使高校德育与高校管理趋于一体化。高校管理科学化的发展，将日益重视人力资源的开发，实行以育人为中心的人本管理，将充分重视学生思想道德素质的优化、文化素质和科技素质的提高、心理情绪的调节，也将重视提高学生的学习主动性、积极性和创造性。这样，德育应更加有机地融合在教学、科研、行政管理之中。高校德育，也要把科学管理作为自己最基本的载体。注意与行政手段、经济手段、法律手段有机结合。形成管理和教育相统一，制度规范与个性发展相统一，民主性与集权性相统一的运行格局，并建立与之相适应的竞争、评价、激励、约束等机制，进一步强化高校德育与高校管理一体化发展趋势。

（四）进一步加强高校德育工作队伍的建设

为适应高等教育大众化发展的需要，加强高校德育工作队伍建设，关键是建设一支政治强、业务精、纪律严、作风正的德育工作队伍。在新的时代背景下，面对西方各种文化思潮的渗透，德育工作者必须不断提高自身素质，必须具备更高的政治责任感、政治敏锐性和政治鉴别力，必须不断调整、充实和提高自身的知识结构和思维水平。大众化教育时代的德育工作者，不仅要善于做德育工作，更重要的是，要准确地把握时代精神的精华，把它们科学地贯穿到德育工作的各个领域和各个环节中去。德育工作者对大众化教育背景下出现的各种问题和矛盾要及时、科学地予以解答和解决。作为大学生心灵的导师，德育工作者要紧跟时代、不断学习、提高素质，只有这样才能适应社会发展的需要，完成自己的历史使命。

二、大众化背景下高校德育环境创新对策研究

（一）优化高校德育环境

在大众化教育时代，高校作为人才培养、知识创新的重要场所，作为促进学生提高思想文化道德素质的一种特殊环境，应该形成唯德是尚、见贤思齐的崇德氛围，以良好的道德风气、精神面貌对大学生起示范、辐射作用，从而推进全社会的道德进步。

1. 建立新型的师生关系是优化高校德育环境的前提

在大众化教育时期，教师与学生的关系虽然有所弱化但仍然是学校生活中最主要、最基本的关系，它直接影响着学生的心理状态。建立新型的师生关系的关键是教师，因为教育教学活动是在一个"环境"的氛围内展开的，教育教学的物质环境、社会环境、心理环境……无时无刻不在影响学生个性的各个方面，在这些因素中，有相当部分来自教师本身或教师的行为，所以，教师的责任感、能力及对学生的态度、各级领导和政府人员的党性观念、思想作风、工作方法，所有这些因素决定着高校德育环境的基本性质。

2. 德育过程的情境化是优化高校德育环境的基础

所谓德育情境化，是要求学校德育的信息输出应融于学校的一切活动中，尽可能以自然的方式，从学习、社会实践甚至娱乐，对物质环境、精神生活以至人文氛围，以自然的形式孕育德育的内涵，减少刻意的人为痕迹，注重创设情境和氛围，以促使学生个体产生内在的需要和情感上的共鸣，从而主动地去实现自我教育的目的。

3. 校园环境的美化是优化学校德育环境的保障

环境育人是学校全面推进素质教育的重要部分。学生在校时间均生活在校园环境之中，学生的精神面貌、文明行为、思想道德无不受环境的影响。创造一个良好的育人环境，能让师生在工作、学习中耳濡目染，接受良性熏陶，使其对学生文明行为、良好品德的形成教育起一种潜移默化的作用。通过将校园打造为和谐、优美、洁净、绿色的富有教育意义的环境空间，在培

养学生环境意识、环境伦理、环境价值观的同时，使学生在潜移默化中净化心灵空间。心理学认为，自然环境对人的影响主要是通过客观现实对人的心理产生影响，如诗如画的校园风光、布局合理的校园建筑、整齐光洁的校园雨道、美观科学的教室装饰、文明健康的文化教育设施，无不给师生以巨大的精神鼓舞。

（二）发挥家庭教育的优势

相对精英教育而言，大众化教育时期的高校对学生的"管制"相对放松，而建立家庭和学校开展学生心理健康教育沟通的渠道，优化家庭教育环境，是提高学生心理健康水平，增加高校德育和大学生心理健康教育效果的重要方式和途径。学生心理问题的产生和发展，家庭环境、家庭教育是不可忽视的因素，所以学校教育与家庭教育的积极相互配合，将会使大学德育工作事半功倍。因此，学校要引导和帮助家长树立正确的教育观，改善家庭环境，以良好的行为、正确的方式、和谐的气氛去影响和教育子女，这样有利于大学生良好道德素质的养成和心理素质的提高。

1. 家庭教育资料档案化

有些优秀的班主任、辅导员，对学生家庭的情况了解很多，一些棘手的思想问题，借助家庭的帮助迎刃而解。有必要将学生的家庭背景资料规范化，并把它作为学校思想政治工作基本资料建设内容之一，使它不只是存在于档案室里，而且要应用于实际工作中。

2. 家庭教育运作科学化

高校需要有计划地对家庭教育的性质和方向加以引导，力争使家庭教育与高校的培养目标取得更多的一致。这是高校发挥其特有的社会影响的重要而有效的途径。

3. 家庭教育赋予情感化

父母对子女而言，不仅负责物质上的供给，更重要的是精神上的引领，情感上的支持。与初、高中生不同的是，大学生处于成长发育心理上的"断乳期"。大学生在外求学，突然离开家庭娇宠的氛围，情感上与父母一时难以割舍。此时，对父母来说，要紧紧抓住这一有利契机，鼓励孩子把对父母的眷恋转化为成长的动力，转化为对同学、对新的集体的爱，在尽快适应大学生活的同时，将自己的情感加以升华，尽快成熟起来。

4. 创设情境、提高学生认识

高校应创设一定的教学情境，教育学生对家庭教育认识上应当明晰化，态度上应该明确化，既不要回避家庭教育的客观存在，又能理智地把握家庭教育的地位和作用。学校有必要有组织有意识地在思想道德修养等基础课中，介绍一些相关的家庭教育知识，也可以单独开设相关选修课，提高学生对家庭教育的正确认识。

5. 信息沟通多样化

学校及各个院系的网站，可以向家长开通，建立网上联系方式；主管学生工作的领导、教师，可以建立定期与学生家长沟通制度，尤其学期初或学期末，可以利用家长接送学生的机会，设立家长接待日或接待周；可以利用学报、院报等新闻工具，让学生家长了解学校的发展变化，参与学校的建设。

（三）加强社会环境的调控

大众化教育时期，社会环境对青少年思想道德的形成逐渐起着决定性作用。高校的"开放性"特点，使现代德育受社会环境的影响日益增大，这是不争的事实。社会主义经济发展的市场化、全球化的趋势，人们对经济利益的追求，不同的生活方式、行为方式、文化、思想意识等，必将对青少年产生深刻而广泛的影响。有关部门应加强社会调控，为青少年提供健康成长的良好社会环境。具体说，对社会环境进行调控，应从宏观、微观两大方面进行。

1. 宏观社会调控

宏观社会调控侧重于对大众传媒的操纵者、制作者、经营者的控制。第一，应建立健全相关法律，并严格执法，对在大众传媒方面毒害青少年的违法犯罪予以严厉打击。信息管理部门要加强对电子信息产品和计算机网络的监管，及时清除通过计算机网络传播反动、色情和不利于青少年学生健康成长的电子信息。对于那些不健康的网络内容加强法律、技术上的监控。第二，全民动员，优化社会政治、经济、文化环境。要继续深入持久地开展党风廉政建设和反腐败斗争，优化社会政治环境，以带动社会风气的根本好转；大力加强公民道德教育，努力提高全社会的道德素质，形成全社会重德、敬德、好德的道德文化氛围；充分发挥政府在宏观调控方面的优势，对社区、传媒等社会文化环境的品质实行监控，确保这些社会环境对高校德育支持。

2. 微观社会调控

微观社会调控指家庭和学校为避免大众传媒对青少年造成不良影响采取的对策。家庭和学校、家长和教师应对传媒影响的选择和接收环节进行调控，培养青少年学生的鉴赏、判断能力，使他们能够正确有效地利用现代信息资源。家庭和学校应有所分工，家庭应重点放在对子女的具体指导和监护管理上。在时间上管理，即高校要严格管理学生上学期间的课堂出席率，家长应严格掌握孩子双休日的时间，防止子女去游戏厅，有条件的家庭家长应同孩子一起到户外参加体育锻炼或参加有益身心健康的娱乐活动；在内容上把关，即高校和家长要对子女阅读的书籍、收藏的音像制品等内容以适当的方式做出必要的指导，教孩子学会选择、学会欣赏。

（四）构建以高校为主力的德育环境

面对大众化教育的时代特点，全社会都应充分认识到大学生思想道德建设这一战略任务的重要性和紧迫性。要以高校为龙头，以家庭为基础，以社会为平台，切实构建高校、家庭和社会"三位一体"的德育环境，整合各种德育资源，凝成德育合力，共同营造有利于未成年人健康成长的良好环境。

高校德育环境建设不是一个独立的过程，随着经济全球化、信息网络化的发展，它与社会、家庭的关系更为密切。高校应积极发挥主体意识加以调控优化。通过高校有目的地吸收、筛选、调节和整合，实现德育过程的互动，从而构建一个优化的高校德育环境。高校对社会、家庭环境的调控主要有三种方式：一是吸收。吸收社会和家庭当中的合理成分和有益养料，以此丰富学校德育的内容，增强学校德育的活力；二是筛选。社会和家庭影响的良莠相伴、优劣杂糅决定着德育实施中筛选的必要性，通过筛选，达到去伪存真，合理发挥其积极影响，尽量克服其消极影响；三是调节整合。高校应主动自觉地对各种不良影响进行调节，并且根据大学生道德发展的需要重新整合构建，以形成共同的作用力与正向合力。在教育形式上，高校要注意校内外协调一致，以高校为主力，建立高校、社会、家庭整合的道德教育系统。在对学生进行道德教育的过程中，三者应加强联系，相互适应，形成联动，从而沟通学校环境、家庭环境和社会环境之间的联系，达到过程的优化，形成环境影响的教育合力，充分发挥德育环境的整体教育作用。

总之，良好的高校德育环境就像一本潜在的教科书，其"硬环境"有利于大学生在从形象思维到理性思维的升华中受到潜移默化的教育："软环境"有利于大学生在从道德理性认识升华到道德实践的过程中养成优良的思想道德品质，促进自身的成长成才。中国特色的社会主义事业要靠青年一代去继承和创造，而青年一代的素质培养则需要我们共同去创造一个和谐的高校德育环境、一个和谐的社会环境。因此，必须深刻把握时代特点和大学生的思想实际，在社会主义和谐社会的理念下，加强高校德育环境建设，共享和谐良好的德育氛围。

第六章 传统文化与德育教育工作融合管理

第一节 中国传统文化与德育教育相融合的价值意义

一、中国传统文化与德育教育相融合的必要性

人类的任何活动都离不开其所处的文化环境，德育教育作为一种以"育人"为目标之一的教育实践活动，同样离不开其所处的整体文化环境。正因如此，文化性不言而喻，也成为德育教育的重要特征之一，从本质上说，德育教育的真谛就在于，为一个民族和国家构筑一个思想的支点和灵魂的休养生息之所。

（一）德育教育自身发展的内在要求

近代以来，中国人民经过长期的努力探索，也的确找到了正确的指导方向作为自己的指导思想，我国德育教育事业必须坚持正确的指导方向。然而，作为一种产生于中国本土之外的理论学说，虽然正确的指导方向已经超越了民族与地域的限制，但是，它不可能直接为中国的革命和建设事业提供具体的路线、方针和政策。我们知道，经过数千年的发展，中华民族有着辉煌的文化创造和深厚的历史积淀，并且形成历经数千年的绵延发展而从未中断过的中国传统文化，其影响力体现在广大中国民众日常的行为方式、思维模式、道德规范，以及价值取向等之中，因此，我国德育教育应该而且必须尊重中华民族历经数千年延传下来的文化传统、行为方式、思维习惯，以及价值取向等，批判地继承、吸收并融合具有鲜明民族特色的中国传统文化。只有这样，正确的指导方向才能真正中国化，我国的德育教育事业也才能在正确的指导方向基本原理和基本方法的指导下，得到进一步的创新发展。

在我国，德育教育作为一种教育实践活动，其根本目的是提高人的思

想道德素质，促进人的全面自由以及自主发展，人的全面自由发展，自然而然地包含了文化素质的要求，因此，德育教育离不开对文化的关注。然而，从我国德育教育的整体发展过程来看，我国当代的德育教育基本上忽视了其文化性，从而导致德育教育资源的单一化和教育形式的呆板化。德育教育本应具有的文化含量的丰富性与不断提升性，在有意无意中常常为我们忽略，其结果便是本可生动活泼的德育教育读物有时成为政策、文件、语录的简单汇编与转述，本可情趣盎然、文采飞扬的德育教育有时成为枯燥空洞的政治说教与道德说教，这种文化性的缺失，不仅使德育教育资源日趋有限，也削弱了德育教育的育人功能，进而阻碍了德育教育的进一步发展。中国传统文化作为一种崇德型文化，在长期的历史发展过程中汇总形成了"文化化人"和"文化育德"的优良传统，使其自然而然地成为德育教育重要资源的来源之一。因此，我国的德育教育要进一步发展创新，就必须重视其文化性，必须从中国传统文化中有选择地汲取更加丰富的教育资源，换言之，中国传统文化与德育教育相融合，是德育教育自身发展创新的内在要求。

（二）"文化自觉"与"文化自信"的要求

所谓"文化自觉"，是指生活在一定文化中的人对其文化有自知之明，明白它的来历、形成过程、所具有的特色和它发展的趋向，不带任何文化回归的意思，不是要复旧，同时，也不主张全盘西化或全盘他化，换言之，即是文化的自我觉醒、自我反省、自我创建；所谓"文化自信"，则是指一个国家、一个民族、一个政党对其自身文化传统和内在价值的充分肯定，对其自身文化生命力的坚定信念。

世界上任何民族的传统文化有其积极的方面，同样，也有其消极的方面，一个民族的文化能否实现自觉和自信，很大程度上取决于对传统文化扬弃的客观与科学态度。可以说，对传统文化的理性批判、合理继承、勇于创新，正是"文化自觉"的本质要求，也就是说，一个民族能否对其自身的传统文化进行客观的评价和认识，关系着一个民族"文化自觉"的实现与否。中国传统文化是勤劳善良的中国人民在长达五千年的中国社会发展中创造出来且从未间断过的，这在世界文化史上是独一无二的。它不仅标志着中华民族对人类文明和历史的卓越贡献，也是中华民族区别于世界上任何其他民族的鲜明文化身份和基本族群特征。只有认识、理解、接受并内化中国传统文化，我们才能理解自己民族身后的历史底蕴，也才能知晓我们是从哪里来，并对我们现在的生活和未来的美好图景进行规划。

反之，如果失去对中国传统文化的认同与理解，我们必定会失去对自己民族文化身份的认同和归属感，进而导致我们思想文化上的无家可归，因此，对数千年来世代延传下来的中国传统文化能否进行客观的评价、认识和科学合理的扬弃，关系着中华民族"文化自觉"的真正实现与否。那种轻率地对中国传统文化全盘否定或异化的态度与做法，无异于对我们自身文化血脉的莽撞割裂，很容易造成中华民族的文化断层或文化"无根"现象的产生。当前，我国德育教育的重要任务之一，就应该是在正确的指导方向指导下，按照"取其精华，去其糟粕"的原则，充分肯定中国文化传统的内在价值，坚定中国传统文化的自信心，努力挖掘中国传统文化的当代价值，不断包容借鉴其他外来文化中的精华，并将其吸收内化，使中国传统文化和现代德育教育优化整合，从而实现中国传统文化的现代转化和创新发展，进而真正实现"文化自觉"与"文化自信"。

（三）形成和发挥文化软实力的基本保证

文化软实力是指一个民族、国家或地区的文化影响力、凝聚力和感召力，是国家软实力的核心因素，这是因为，文化作为一个国家的灵魂或血脉，凝聚着这个民族对世界和生命的历史认知和现实感受，积淀着其最深层的精神追求和行为准则，并承载着整个民族自我认同的核心价值取向。就一个民族或国家自身的发展来说，文化软实力主要表现为一种精神上的整合力，它有利于国家凝聚力的形成和民族性格的养成，有利于促进民族团结、国家统一、政权巩固和文化自信，一个国家如果对本民族或本国的传统文化缺乏自信，忽视自身文化软实力的开发和建设，那么，就等于放弃了本民族或本国的文化主权，其结果自然会导致本民族或本国人民价值取向的混乱，以及精神家园的丧失，甚至民族的离散和国家的分裂，因此，作为一个由 56 个民族组成的统一的多民族国家，加强对五千年来绵延发展而从未中断过的中国传统文化软实力的开发和建设，充分发挥其对全国各族人民的思想教育和价值引导作用，就显得尤为重要。

我们知道，中国传统文化和世界上其他民族的传统文化一样，是"根植于民族的土壤中，从总体上反映和代表着一个民族或社会的思维方式、价值观念、伦理道德，体现在人们的生活方式、风俗习惯、心理特征上，内化、积淀、渗透于每一代社会成员的心灵深处，往往凝聚为民族特有的国民性格和社会心理"。作为一种注重道德教化的伦理型文化，中国传统文化自身就具有显而易见的能动的德育教育功能，而我国德育教育本身所具有的文化属性和民族属性，也使其无法离开五千年来中国传统文化留下来的精华。因此，中国传统文化软实力要最终实现其对外的亲和力、渗透力，以及对内的凝聚力和塑造力，则必须通过思想教育和引导的方式来进行和完成，中国传统文化和德育教育的有机融合正是中国传统文化软实力得以形成和充分发挥的基本保证。

（四）探索德育教育新路径的必然选择

德育教育具有文化属性，需要以文化为依托，中国传统文化与德育教育相融合，是应对目前德育教育存在的困境，探索德育教育新路径，提高德育教育实效性的必然选择，当前，在全球化时代背景下，多元文化并存态势越来越明显，大学生的价值观念、思维方式和行为方式都较以前发生了剧烈变化，这对高校德育教育提出了严峻挑战。

一方面，目前，我国大部分高校的德育教育主要还是通过课堂教学来进行，而且在德育教育课堂教学过程中，教学内容单薄枯燥，授课模式单一简单，往往采用社会学、心理学等学科方面的知识与技术，表面化和浅显化地临时解决问题，而对中国传统文化的挖掘和运用不够重视，即使运用中国传统文化为依托，也大多停留在"机械融合"或"单纯说教"式的灌输层面，没有深入考察中国传统文化的实质内涵、时代背景、阶级立场等因素。这些都使得中国传统文化在德育教育中的运用和渗透，非但没有达到预期效果，甚至在某种程度上，淡化了学生民族自信心与自豪感，削弱了中国传统文化在德育教育中的重要应用价值，德育教育的有效性也大打折扣。

另一方面，当前在全球化时代的背景下，多元文化交流频繁，并存态势日趋明显，各种价值观论调不可避免地对大学生的生活态度、思想观念产生严重影响。很多学生既没有真正了解外来文化、思想、观念之精髓，又没有深刻领会中国传统文化、思想、观念之精髓，因此，在多元文化的碰撞中，他们的价值观极容易走向偏激或急功近利；在学习上，他们只重视能够谋生的课程的学习，而忽视精神层面的储备，对德育教育课程亦不屑一顾；在生活上，他们更愿意追求金钱与物质的利益；在精神上，他们则只考虑自己，不考虑集体和他人，缺乏对共产主义的理想与信仰，缺乏对人生目标的冷静思考，缺乏对良好的道德品质和人格修养的追求等。我国以往惯常以说教和灌输为主的德育教育模式，无法及时对这些问题提出行之有效的解决方法，而中国传统文化中的精华，也因大学生对其的了解与掌握知之甚少，而无法发挥其在德育教育中应有的积极价值作用。

因此，要真正发挥中国传统文化在高校德育教育过程中的价值作用，摆脱高校德育教育所面临的困境，我们必须具有高度的文化自觉意识，探索建立中国传统文化与德育教育有机融合的最佳机制。

二、中国传统文化与德育教育相融合的可能性

中国传统文化与德育教育在教育目标方面设置都直接指向人，指向人的思想道德素质的提高；同时，它们在目标的最终指向属性上都回归到政治属性上。这体现了二者目标的一致性。除了在目标设置与指向属性有着一致性之外，中国传统文化与德育教育在内容方面也存在着许多相通相合之处，而二者在教育模式方面的不同，则使二者有了很强的互补性。这些都为中国传统文化与德育教育之间相融合创造了重要的可能性条件。

（一）价值观的契合之处

社会主义核心价值观是社会主义核心价值体系的内核，其基本内容包括：倡导富强、民主、文明、和谐；倡导自由、平等、公正、法治；倡导爱国、敬业、诚信、友善，积极培育社会主义核心价值观。其中，富强、民主、文明、和谐，是我国在社会主义初级阶段的奋斗目标，体现了社会主义核心价值观在发展目标上的规定，是立足国家层面提出的要求。自由、平等、公正、法治，体现了社会主义核心价值观在价值导向上的规定，是立足社会层面提出的要求，反映了社会主义社会的基本属性，始终是我们党和国家奉行的核心价值理念，爱国、敬业、诚信、友善，体现了社会主义核心价值观在道德准则上的规定，是立足公民个人层面提出的要求，体现了社会主义价值追求和公民道德行为的本质属性。

社会主义核心价值观三个层面的要求也为我国的德育教育指明了方向，它要求德育教育必须在理念上进行全面的更新，树立"以人为本"的教育理念，体现在德育教育实践中，就是要以个人的发展需求为本，教育内容要以

社会主义核心价值观为主导，教育方法要尊重个体差异，教育途径要吸纳隐性教育的优势等。

而中国传统文化作为中华民族历经五千余年的演化而汇集成的一种反映民族特质和风貌的民族文化，是中华文明的结晶，它源远流长，博大精深，形成了崇德善仁、贵和持中、进取包容、谦敬礼让、忠公重义、求真务实等内涵十分丰富的价值观念，这正是我国现阶段社会主义核心价值观的重要理论来源和发展动力之一。

可以说，中国传统文化所倡导的价值观念与我国当前的德育教育所倡导的社会主义核心价值观有着许多相契合之处，这也是二者之所以能够相融合的重要条件之一，当然，这并不是说，中国传统文化倡导的所有价值观念都是正确且适合我国现阶段的德育教育状况，因此，我们应该秉承批判与继承的态度来区别对待、使用它们。

（二）目标的一致之处

我国德育教育的根本目的是，提高人们的思想道德素质，促进人的自由全面发展，激励人们为建设中国特色社会主义、最终实现共产主义而奋斗。

这一根本目的包含以下两方面的内容，一是提高人们的思想道德素质，使人们具备良好的思想道德素质，如，崇高的理想、优良的品德、强烈的事业心、责任感、坚强的毅力、严格的纪律等，这是我国德育教育的内在目的。

二是促进人的自由全面发展，这是我国德育教育的终极目的。这两方面的内容构成了我国德育教育的根本目的，是德育教育的灵魂和旗帜，直接规定了德育教育的共产主义方向。

而中国传统文化作为崇德尚贤的伦理型文化，以德育人、注重伦理道德，则是其显著特征，"传统思想文化的重心，是伦理道德学说，传统思想文化的突出特点和优点之一，是道德精神，故我国素以'礼仪之邦'著称于世"。

首先，思想教育的目标就是发扬光明美好的道德，使人人都能主动去除污染而自新，最终达到并保持完美之善的境界。

其次，中国传统文化特别注重对圣贤人格的追求，按照儒家经典《论语》的划分原则，中国传统的人格理想可划分为以下三个层次，第一层次为圣人，这也是中国传统文化中理想人格的最高目标和境界，孔子认为，真正的圣人必然是实现道德圆满的统治者，是圣与王的统一，也即内圣而外王；第二层次为君子，即对美好道德的自觉追求者和体现者，这是中国传统文化中理想人格的核心要素；第三层次为士或成人，即能遵守礼仪规范者和注重人格尊严者，这是中国传统文化中理想人格的基本标准。中国传统文化中这种对理想人格的追求，也体现了中国传统文化对人们道德品质的理想追求和总体要求。

由此可见，我国德育教育与中国传统文化在目标设置上都指向人，指向人的思想道德素质，都将对人的思想道德素质的培养和提高放在首要核心位置上，注重对人的美好的道德品质的培养和提升，则体现了二者在育人目标上的一致性。

此外，我国德育教育以共产主义为方向，不论是提高人们的思想道德素质，还是促进人的自由全面发展，都是为了更好地激发人们建设中国特色的社会主义，为最终实现共产主义而努力，这也表明了，政治属性是我国德育教育的根本属性。而中国传统文化也特别注重培养个人与家族、国家、社会的良好组织关系，强调"修身齐家治国平天下"。可以看出，中国传统文化培养"格物致知之诚意正心"之人的最终目的毅然回归到"治国平天下"的政治属性上来。因此，可以说，我国德育教育与中国传统文化的教育目标最终都指向了政治属性，这也体现了二者在最终目标指向属性上的一致性。

（三）内容的相通之处

从中国传统文化和德育教育各自所包含的内容来看，也存在着许多相通相合之处，二者之所以能相融合，与两者之间存在着的这种相通相合之处有着密切关系。

首先，中国传统文化中的"大同思想"与德育教育中的理想教育之间存在着相通相合的关系，德育教育中的理想教育，是以共产主义理想为核心的理想教育。在正确指导方向所描绘的共产主义社会里，没有私有制、没有阶级，没有国家；财产社会公有，人人地位平等；大家各尽所能，各取所需；人性得以充分发展。

其次，中国传统文化中，朴素的唯物辩证法思想与德育教育中最根本性的教育内容也即科学的世界观教育之间亦有相通相合之处。德育教育中的世界观教育包括辩证唯物主义两个方面的内容。

辩证唯物主义以世界的物质同一性为基础，以辩证法为方法论，以对立统一、质量互变与否定之否定三大规律为主干，坚持人类社会由简单到复杂、由低级到高级的螺旋式上升和波浪式前进的历史辩证法。

历史唯物主义则揭示了人类社会发展变化的终极原因是经济因素，并由此强调了社会存在对社会意识的决定作用，物质生产对社会发展的基础作用，以及人的实践对社会发展的推动作用。

正是由于中国传统文化与思想道德教育内容之间的这种相通性，才使二者有了相融合的可能性，进而使德育教育得以在中国传统文化这一丰厚的历史土壤中不断地获得新的发展。

（四）教育模式的互补性

德育教育的方法多种多样，有理论灌输法、实践锻炼法、自我教育法、榜样示范法、比较鉴别法、咨询辅导法等，其中，理论灌输法是德育教育最主要、最基本的方法。作为一门意识形态色彩极为强烈的科学，德育教育自然需要通过理论灌输法，来对受教育者进行理论教育，不过，在我国以往的德育教育实践中，长期以来对其德育功能尤其意识形态功能的过分强调，而对其文化功能缺乏应有的关注，这就使得德育教育一直偏重于简单空洞的理论说教和意识形态的直接灌输。不仅如此，在德育教育过程中，德育教育工作者往往也不考虑受教育者的具体情况，不分层次，不问对象，经常采用"我讲你听""我说你做""我令你止"等居高临下、简单粗暴的教育方式，受教育者则只是消极被动地接受而非积极主动地去内化吸收这些科学理论，这就使德育教育工作显得呆板枯燥、索然无味，德育教育的实效性也大打折扣，德育教育也难以适应新形势的发展要求。

德育教育对意识形态的过分强调，使其自身的文化属性和人文精神受到遮蔽。中国传统文化的教育方式则正好弥补了现代德育教育模式的不足。

首先，中国传统文化注重渗透而非灌输，强调"以文化人"，受中国传统文化影响而形成个性品质、思想观念、行为模式等。一旦形成就会内化、积淀、渗透于社会成员的灵魂深处，很难改变。

其次，中国传统文化注重引导人内心深处的自觉意识，引导人们通过"自省""内省""慎独"等内在自省的方式，来反思自己的思想和行为中的不足与过错，进而使人们在认识上达到真正的"知"，不断提升自身的道德修养，使自己不断接近圣人的道德境界。不过，以自觉内省方式来提高自身道德修养，最终是为了付诸道德实践。

最后，中国传统文化注重"知行合一"的道德践履而非空洞说教，可以说，"知行合一"正是我国传统文化经过长期的实践探索和理论总结所形成的极具特色的思想道德教育的方法论系统。

中国传统文化所倡导的种种教育模式弥补了我国现代德育教育因过分重视和强调意识形态性而造成的德育教育单一、空洞，以及枯燥的理论说教和灌输模式。当然，作为一门意识形态色彩极为强烈的科学，德育教育离不开理论灌输这种教育模式，只是当我们忽视了文化对德育教育的内在渗透力，忽视了受教育者对德育教育内在自觉自省意识，忽视了德育教育者与受教育者，在德育教育过程中的道德实践，而过分强调这种理论灌输的教育模式时，灌输的力度再大，德育教育也难以取得理想效果，甚至会起反作用。

因此，我国现当代的德育教育应该借鉴和吸收中国传统文化所提倡和践行的这些潜移默化的渗透、自觉的内在自省，以及"知行合一"等教育模式，来改变我国现当代德育教育单一枯燥的教育模式，弥补我国当前德育教育模式的不足，引导全体社会成员积极主动、自觉地反思自身，不断提升自身的思想道德素质，培养自己良好的道德品质，提升我国当前德育教育的实效性。

三、中国传统文化与德育教育相融合的价值

德育教育是一项以"育人"为目的的教育实践活动。而对于"育人"而言，离不开其所处的整体文化环境，我国的德育教育也离不开经过漫长历史发展和积淀而形成的底蕴深厚的传统文化。与西方的"智性文化"不同，中国传统文化正是一种研究如何培养人、教育人的文化，更加注重道德教化，形成了一种崇德尚贤的伦理型"德行文化"，并在漫长的中国古代历史进程中，构建了成熟的道德价值体系，形成了丰富而系统的个人伦理、家庭伦理、国家伦理乃至宇宙伦理，并相应地确立了一整套完备的道德教育理论，它崇尚德行，注重德教，注重培养人仁爱、孝悌、谦和有礼、诚信笃实、忠贞爱国等道德品质，和"天下兴亡，匹夫有责"的社会责任感，中国传统文化所具有的这种浓厚的道德特征与道德色彩，对于调和人与人、人与社会，以及人与自然之间的矛盾和冲突，维护社会的稳定，推动历史发展具有重要价值，它对于德行与德教的重视与强调，不仅在我国古代的道德教育中产生了良好的影响，培育了一代又一代崇德尚贤、公而忘私的仁人志士，还为我国当代

德育教育事业的发展构建了良好的"以文化人"的文化语境，二者相互渗透、融合，必将促进我国德育教育事业的不断创新发展。

（一）有助于提高人们的思想道德素质和文化素养

首先，我们知道，崇尚道德是中国传统文化的核心价值取向，崇德、重德、德教是中国传统文化几千年来的优秀传统。中国古代教育教学科目繁多，早在先秦时代就包括礼、乐、射、御、书、数六艺，然而，这种纯知识或技能的教育，并不是中国古代教育的终极目的，它通过对受教育者各个方面的教育与培养，意在培养德才兼备，不断接近达到"圣人""君子""觉行圆满"等理想品格之人。这种传统在中国整个古代社会一直延续下来而并没有中断，可见，中国传统文化对道德的崇尚与对个人德行培养的重视。

然而，一方面，近代以来随着西方列强的入侵，人们对自身的传统文化产生了怀疑，并拉开了反传统思潮的序幕，在我国近现代三次反传统文化思潮的影响下，中国传统文化遭到了严重破坏，致使许多人对我们自身的民族传统文化态度淡漠、认识不足，最终导致民族文化的失落与人们精神家园的相对荒芜。

另一方面，自中华人民共和国成立以来，我国德育教育在其三十多年的发展历程中，虽然取得了不少成绩，但其偏重理论灌输的教育模式单一枯燥，使得人们对科学理论的认识与接受大打折扣，自然使得人们树立科学的人生观与价值观也显得极为困难。

其次，市场经济时代的经济形态，一方面，强化了人们的平等观念和经济意识，提高了人们的自主意识和竞争观念；另一方面，也导致了以金钱多寡作为价值判断标准的拜金主义的滋生，引发了极端的个人主义和无政府主义，加之在当今经济飞速发展与信息爆炸式传播的全球化时代，多元文化交流亦日趋频繁，在各种各样的价值观的影响下，人们尤其青少年学生不免会受到诸如狭隘的功利主义、享乐主义、拜金主义、个人主义等各种不良价值观潜移默化的影响。正是上述这种种因素的综合影响，造成了人们人生观与价值取向的盲目与混乱。

因此，将中国传统文化中优秀的德育思想不断融入德育教育，不仅有助于中国传统文化自身的发展，也有助于改变我国当前德育教育工作中过分偏重理论灌输的教育模式、受教育者消极被动等教育困境，有助于消除功利主义、享乐主义、拜金主义、个人主义等各种不良的价值观对人们的消极影响，有助于人们树立正确的人生观与价值观，提高人们的思想道德素质和人文文化素养。

（二）有助于增强民族凝聚力和培养爱国主义精神

文化具有民族性，是维系民族团结和共同价值观念及生活方式的纽带。中国传统文化是中华民族在世世代代的生活环境中所创造出来的精神文化，是包括海外华人在内的所有中华儿女的精神支柱，由于共同的文化心理，每位中华儿女，不论何时何地，都对中国传统文化有着自然而然的亲切感和认同感；同时，这种文化认同感在一定的历史条件下，还可以调和国家或民族内部不同阶级、阶层和群体之间的对抗性矛盾。

此外，当国家或民族由于种种原因尤其因为统治者腐败骄横而处于落后状态时，人们往往会对国家或民族团体产生失望心理和不满情绪，造成国家和民族的凝聚力下降。但是，由于共同的文化心理，绝大多数人，特别是有识之士，能很自然地将腐败者同民族、国家分离开来，从爱国的目的出发反腐败、除奸恶，而不会因社会的一时黑暗而抛弃自己的民族和祖国，上述这些，都是文化认同的民族凝聚力所在。

爱国主义一向是中华民族的优良传统，是中华民族生生不息、自立于世界民族之林的强大精神动力，继承和弘扬爱国主义优良传统，是对我们每一个公民的基本要求。

然而，自20世纪70年代末我国实行改革开放以来，西方的文明成果不断涌入中国，与此同时，由于反传统思潮，使我们对中国传统文化的继承和发展，基本处于停滞甚至倒退状态，民族文化的缺失，使我们对中国传统文化的精髓知之甚少，造成了我们对本民族文化失去自信，进而造成民族凝聚力的丧失，在部分人群尤其青少年群体中，以往被视为神圣的"民族""国家""理想"渐渐失去了昔日的光彩，失去了往日激动人心的力量，相应而生的则是个人主义、拜金主义、自由主义等各种不良价值观的泛滥，在这种状况下，本该胸怀天下，铭记历史，为中华之复兴而努力的有志青年，却往往没有理想与信仰，急功近利、崇洋媚外等不良行为，在人们身上屡见不鲜。

因此，在我国当前的德育教育中，加强中国传统文化教育，显得尤为重要，充分发掘其中的德育教育资源，有助于我们弘扬传统文化中所具有的民族精神，有助于我们增强民族文化认同感，进而有助于我们树立民族自尊心和自信心，增强民族凝聚力，有助于我们继承和弘扬爱国主义优良传统，培养爱国主义精神。

（三）有助于挖掘更加丰富的德育教育资源

崇尚道德，重视道德教化，以及其注重渗透、自觉自省与践履的道德教化方式，是中国传统文化一以贯之的重要特征。中国传统文化的这些特征，不仅使其具有了浓郁的"以文化人"的人文精神，而且也使其在数千年的历史积淀中，在诸多方面，都为我国当前的德育教育提供了丰富的教育资源。

首先，中国传统文化以对圣贤人格的追求作为道德教育的目标，着重培养人的道德品格和社会责任意识，引导人们向圣人、君子等理想人格看齐，从而不断地提升自己的道德水平和人生境界，进而不断接近甚至达到"止于至善"的道德理想。

其次，中国传统文化注重整体观念的培养，追求天人合一的自然观念，倡导自强宽厚、群体至上的民族精神和国家观念，秉持和而不同的社会及人际关系，践行开放融通的创新精神，强调诚信求真的道德品质，追求内圣外王的理想人格与人生取向等。

再次，中国传统文化注重言传身教，强调教育应该遵循身正为范、因材施教、循序渐进等基本原则。

最后，中国传统文化注重"知行合一"的道德教育方式，强调学思结合、向内自省、身体力行、追求"慎独"等基本的道德教育方法。

可以说，中国传统文化中内在蕴含着丰富的德育教育资源。然而，由于 20 世纪三次反传统思潮的影响，中国传统文化遭到十分惨重的破坏，进而使其各方面的功能亦受到严重蒙蔽，加之我国德育教育自身对传统文化的忽视，其内在蕴含着的丰富的思想道德教育资源，很少被德育教育拿来使用。

因此，重新审视中国传统文化的价值所在，努力挖掘其中与德育教育相通相合的教育资源，正是中国传统文化与德育教育相融合的必经之路，反过来，中国传统文化与德育教育的不断融合，也有助于我们以更积极的主动意识去发掘中国传统文化中丰富的德育教育资源。

（四）有助于拓宽德育教育的研究视野

德育教育学科自 20 世纪 80 年代初在我国建立起，就一直笼罩着浓重的政治色彩，成为我国特有的一门应用学科。不可否认，德育教育为我国的社会主义事业发挥了巨大的政治功效，然而，分析其概念的内涵，我们知道，德育教育并非我国所特有，它是阶级社会普遍存在的一种教育实践活动，只不过在其他国家，它是以公民教育、国民精神教育、道德教育、文化教育等名称存在。不过在我国，长期以来，由于德育教育被赋予过于浓厚的政治色彩，其被限定在一个固定的框架内，人们只能用一种严肃的单一枯燥的话语系统来对其解读，而不能自由地多视角地对其进行审视与研究，这就使得德育教育的研究视野也相当狭窄，德育教育学界也一度陷入沉寂僵化的状态。后来，伴随着中国社会的开放转型与快速发展，德育教育也需要不断拓宽研究视野，以顺应时代发展的要求。

将蕴含着丰富德育教育资源的中国传统文化融入德育教育，不断挖掘其中可利用的德育教育资源，有助于拓宽德育教育的研究视野，有助于人们从不同视角来对德育教育进行审视和研究，进而有助于改变其单一枯燥的话语系统和理论灌输说教模式，使其更好地适应时代和社会发展的要求。

（五）有助于拓展德育教育学科的创新途径

一门学科想要有所创新发展，就必须借鉴其他学科的理论成果，与不同学科之间交叉渗透，以获得新的理论生长点。可以说，不同学科的交叉融合，是学科发展成熟到一定程度后的必然要求和表现，只有以不同学科的视角来审视本学科的发展，本学科才能不断获得新的生长点，这是学科发展的客观规律，而且，学科的交叉融合、不同思想理论之间的相互借鉴与相互渗透，也是促进学科发展、推进理论创新的必由之路。

作为一门明确指向"人"的学科，德育教育本身就是哲学、教育学、心理学、伦理学、政治学、逻辑学、美学等多门学科交叉渗透的产物。德育教育要有所创新发展，就必须继续加强与其他学科的交叉渗透研究。作为一门综合性、实践性都很强的应用型学科，德育教育的根本任务是解决人的思想问题。

在我国，德育教育学科经过三十多年的建设发展，取得了巨大成就，为我国的社会主义建设事业做出了巨大贡献，然而，随着时代的发展，在当前经济全球化与信息爆炸化的背景之下，多元文化不断冲击着人们的头脑，人们的思想观念、认知水平，以及价值取向等都发生了重大变化，不再受制于传统被动的德育教育理论灌输与说教模式，更加注重个体的自由发展。这些变化都使德育教育工作增加了新的难度，对德育教育工作者和德育教育学科自身的发展提出了新的要求和新的挑战，中国传统文化正是由于其自身对道德教育的推崇与重视，及其教育内容的丰富性、教育方法的渗透性等原因，而重新回到德育教育工作者的研究视野。因此，中国传统文化与德育教育互相交叉渗透融合，拓展了德育教育研究的新视角，亦成为德育教育创新的途径之一。

第二节 中国传统人性论与现代德育指导思想的构建

一、中国传统人性论的基本内涵

随着人类的不断进化和社会的发展，由于要不断调整人与人、人与社会、人与自然的关系，人们开始对"人的本质是什么，人应该怎样认识自己，如何实现人的价值"等问题进行思考，这种关于人的共同本质的理论就是"人性论"。在中国古代哲学中，人性论主要有性善论、性恶论、性有善有恶论、性无善恶论等学说。

人性问题是人类关于自身认识上争议较大的问题之一，在不断流逝的历史长河中，在人类生活的千变万化后面，传统哲学家总是希望发现经久不变的人的本性，曾提出了各种各样而又相互歧义的定义。具体地说，在西方人性问题上，最大的争议是人性的理性与非理性的问题，在中国人性问题上，最大的争议是人性的善与恶的问题，而纵观中国历史上的人性论，林林总总，纷争不断，内容丰富，不止上述。

"性善论"以孔子"仁"为指导思想，继承和发展了孔子"人性说"思想，并经历代思想家不断演绎、丰富和发展，成为中国儒家"人性论"的传统观点。后来佛教、道教也吸收了性善论的思想，并在某种程度上，将其作为自身修养论的基础，最终成为中国传统文化的核心思想和理论支撑，得到了广大民众的认同。人性论不仅是作为一种思想，而居于中国哲学思想中的主干地位，并且也是中华民族精神形成的原理、动力。人性论尤其性善论的思维方式，就根深蒂固地成为中国文化哲学的、方法的、价值的核心，成为中国文化中最坚硬的内核。

二、现代德育指导思想的构建

中国古代以"仁"为指导思想，以"性善论"为理论基石，构建起结构完整、逻辑严密、操作性较强的德育工作体系，收到了巨大成效。尽管其中存在着诸如泛道德主义、道德政治化、道德缺乏人性等问题，但是，它给了我们重要启示，要推进现代德育构建，就必须把德育工作指导思想放在首位。

（一）中国传统德育指导思想的现代启示

洞察中国传统道德教育的历史，应该说，积累了许多宝贵的经验，这对我们确立现代德育指导思想具有重要的启示。

这些经验和启示包括：一是我们的教育对象都存在有先天道德禀赋，所以，教育的任务不是要重塑学生，而是传授必要的知识，并引导学生践行。二是对于个人的全面发展和社会的进步而言，德育不仅重要，而且具有可能性，我们必须增强工作的自觉和自信。三是必须高度重视教师自身素质的提高，学为人师，行为世范。四是阐述了德育目标非常重要，但必须考虑到它内部存在由低到高、纵贯一向的逻辑结构。五是必须构建国家引导、家庭教育、学校教育、社会氛围、乡规民约、文化规范等多位一体的德育体系。六是道德教育绝不能是空洞说教，必须教育和引导学生，将道德知识内化于心、外化于行，重视平时的修行，继而养成良好的道德习惯和达到健康的人格。七是德育必须要讲求科学的方法，循序渐进、因材施教、启发探讨。

同时，我们也应该看到，具有强烈的血缘宗法制度和封建专制主义色彩的中国传统德育理论和实践体系，说到底，都是为维护封建统治秩序服务的，它存在两个方面的弊端或糟粕：一是中国传统文化中，把道德放在至高无上的地位，并涵盖渗透到其他一切社会领域，道德为其他一切领域的最高原则，其他一切领域都沦为道德的奴婢，依附于道德，服务于道德，道德至上，天地万物，社会人生，行为，人性等，都要以此来衡量，导致的结果必然是道德为政治所利用，成为封建专制统治的工具和帮凶。中国封建社会之所以延续两千多年，其中一个重要原因就在于，这种泛道德主义所带来的"稳定"和"压抑"。我们讲道德是一种社会意识形态，是人们共同生活及其行为的准则与规范，的确很重要，但说到底，道德不能包办一切。维系社会的稳定和发展还需要其他制度或者法律。二是当道德教育由原先"本我"需要出发，变为"虚伪"和"奴化"，此时的"三纲五常"已经演变为充满血腥和暴力的封建礼教，存在着大量不合时宜的内容，如，它对"人"的本位需求的压抑，必然会带来等级特权、迷信盲从、法制欠缺、思想禁锢、人性扭曲等问题。

所以，构建现代德育指导思想，必须在批判继承中国传统德育的历史经验的基础上，紧紧把握形势需要，重新构建符合时代要求的德育指导思想。

（二）现代德育指导思想构建的重要性

我们都知道，所谓指导思想，就是站在宏观高度，确定完成一项事业或工作必须遵循的理论依据、总原则、总方向、总体方略。它是完成工作或事业的顶层设计和行动指南，具有极端重要的作用。同样，我们在构建现代德育体系工作中，必须首先考虑指导思想的构建，因为它掌握着我们工作的方向，决定着我们达到什么目标、采取什么途径和方法的问题。指导思想明确了，我们就会事半功倍；否则，就会事倍功半，甚至遭遇挫折。

改革开放以来，我们强调以经济建设为中心，大力推进社会主义现代化建设，的确取得了令世人瞩目的伟大成就。但是，由于社会风气的败坏和新的道德体系尚未构建，法制不健全，导致大量灰色利益存在；公德救赎困惑带来价值判断的迷惘，功利主义盛行和价值多元化带来冲击，现实道德教育偏重政治说教而缺乏相应实效等原因，导致社会的一些领域和一些地方道德失范，是非、善恶、美丑界限混淆，拜金主义、享乐主义、极端个人主义有所滋长，见利忘义、损公肥私行为时有发生，不讲信用、欺骗欺诈成为社会公害，以权谋私、腐化堕落现象严重存在。

总结当前我国社会存在种种道德滑坡及其产生的原因，说到底，还在于我们在国家战略高度，没有把德育放在应有的位置，相关政策也缺乏一定的系统性、科学性和有效性。

仅以学校德育为例，就存在诸多问题：一是严重的"倒挂"现象，小学生要求树立共产主义理想，中学生学习法律知识，大学生却学习和被要求不要随地吐痰；二是道德教育偏重政治说教，与社会现实脱节，缺乏吸引力；三是在高考指挥棒的影响下，大学普遍存在弱化德育现象；四是重知识传授，忽视道德实践和行为养成。

人无德不立，国无德不兴，我们必须要从实现国家富强、人民富裕、中华民族伟大复兴的高度，来科学规划和布局德育，形成中央直接领导，各级宣传、教育、文化、科技、组织人事、纪检监察等党政部门，工会、共青团、妇联等群众团体,以及社会各界,各尽其责,相互配合的工作体系,注重评价、激励和约束,真正把德育工作落到实处,构建既具有中国传统美德,又具有时代特征和民族精神的道德体系,用道德的力量支撑民族复兴的伟大事业。

(三)现代德育指导思想构建的基本原则

在新时期,构建德育指导思想,必须坚持以下基本原则。

1. 坚持以人为本、推动人的全面发展的原则

中国传统道德建设的经验告诉我们,人皆存有"善端",德育的作用在于使人"存心",继而促进人经过学习、修行、践行,由"四心"转变为"四端",最终达到"理想人格",这充分说明,德育的一大特点是,由"人"的自觉"需要"出发而展开,并非外界作用的结果,这给了我们重要启示,德育必须坚持以人为本、推动人的全面发展。

2. 坚持服从和服务于推进中国特色社会主义、实现中华民族伟大复兴的宏伟事业的原则

毋庸置疑,德育具有浓厚的阶级性、民族性和历史性,中国古代始终把道德价值的应用,注重与政治需要相结合,彼此互为补充、互相促进,同时,始终把维护宗法血缘关系和宗法制度作为道德价值的导向,这种重视德育过程中个人责任、整体利益、身份意识的传统,给了我们重要的启示——现阶段的德育必须要服从和服务于推进中国特色社会主义、实现中华民族伟大复兴的宏伟事业。

也就是要做到:一是必须坚持和弘扬正确指导方向的指导;二是筑牢中国特色社会主义共同理想;三是充分体现以爱国主义为核心的民族精神和以改革创新为核心的时代精神。

3. 坚持吸收古今中外传统道德教育经验的原则

毋庸置疑,中国传统道德建设积累了丰富的经验,更重要的是,这种经验符合中国人的思维、习惯,因而更能为大众所接受,所以,我们必须继承并弘扬中国传统道德建设的优良传统。这些优良传统包括:一是高度重视德育,并构建国家、家庭、学校、乡规民约相结合的德育体系;二是强化并建构明确的道德目标,而且,这种德育目标不随时代变化而变化;三是高度重视榜样的力量,要求各级官吏、士绅、教师都要率先垂范;四是把道德建设作为系统工程来抓,并通过各种制度建设,保证和推进道德教育的落实;

五是极端重视个人在德育中的主观能动性；六是规定学校教育必须把德育放在突出位置来抓。

4.坚持循序渐进和区别对待的原则

中国传统道德建设中，坚持循序渐进、区别对待的原则。

一是德育目标分为士、君子、圣人三个由低到高的层次，满足人的不同需求。二是各年龄阶段学习内容不一样：6—10岁，主要进行识字、基本礼仪、背诵先贤道德智慧；10—15岁，进一步加强礼仪教育，大量背诵经文，并进行粗浅解读；15—20岁，开始进行道德论述并践行；20岁以后，进行反复揣摩先贤道德智慧并修炼践行直到终身。这些传统给我们重要启示，德育不能千篇一律，必须循序渐进、区别对待。必须重新构建现代德育知识体系，明确幼儿园、小学生、中学生、大学生应该学什么，达到什么目的，如何践行。

（四）现代德育指导思想构建的基本内容

现代德育指导思想应该是：坚持以中国特色社会主义理论体系为指导，自觉落实科学发展观，坚持以社会主义核心价值体系为指导，坚持以人为本和实现人的全面发展，坚持从实际出发，积极构建中央直接领导，宣传、教育、文化、新闻、共青团等部门和行业齐抓共管的工作格局和体系，从国家整体战略高度规划学校德育体系，部署各教育阶段的具体内容、实施途径和方法，要从政策制定、法律建设等角度，积极构建德育评价、激励和约束机制，加大投入，确保德育工作落到实处，取得实效，并为中国特色社会主义事业，以及中华民族伟大复兴提供坚强的思想保证和道德支撑。

1.坚持中国特色社会主义理论体系为指导

实践证明，中国特色社会主义理论体系是一些重大战略思想在内的科学理论体系，是正确指导方向的最新成果，是我们党最可宝贵的政治和精神财富，是全国各族人民团结奋斗的共同思想基础，是必须长期坚持的指导思想，是我们做好一切工作的根本指针，作为德育工作，坚持中国特色社会主义理论体系为指导，是确保德育工作始终朝向正确方向迈进的唯一选择，同时，坚持用中国特色社会主义理论体系融入德育工作、对学生进行教育，也是当前德育工作义不容辞的责任。问题的关键在于落实，因为我们过去总是犯"年龄倒挂"或形式主义错误。因此，这需要我们创造性地开展工作。

2. 坚持社会主义核心价值体系为指导

建设社会主义核心价值体系，是我们党在思想文化建设上的重大理论创新，也是党的十七大提出的一项重要战略任务，它鲜明地回答了在新的历史条件下，我们党用什么样的精神旗帜团结带领全体人民开拓前进、中华民族以什么样的精神风貌屹立于世界民族之林的重大问题。社会主义核心价值体系集中体现了社会主义意识形态的本质要求，是现阶段我国广大人民群众所要树立的世界观、人生观、价值观和道德观的有机整体，它包括指导思想，中国特色社会主义共同理想，以爱国主义为核心的民族精神和以改革创新为核心的时代精神，社会主义荣辱观四个方面。这四个方面具有鲜明的政治性和导向性、民族感和时代感，反映了中国特色社会主义建设当前和今后一个很长时期全体社会成员必须遵循的思想追求、价值准则和行为规范。

3. 坚持以人为本和实现人的全面发展

德育工作能否有针对性、实效性和吸引力、感染力，关键在于我们是否坚持以人为本和实现人的全面发展。如果我们的德育缺乏人性关怀，没有从人的需要出发，解决他的全面发展问题，那么，这种德育充其量只是一种形式主义，没有任何意义。要做到以人为本，就必须要做到：一是正视"人"的主体地位；二是发挥"人"的作用；三是满足"人"的利益；四是实现"人"的权利；五是重视"人"的价值；六是维护"人"的尊严；七是珍惜"人"的性命；八是促进"人"的发展。只有这样，才能使我们的德育充满人性关怀，继而才能发挥"人"的积极参与，最终才具有实效性、吸引力和感染力。

4. 必须把德育放到国家的战略高度来审视和规划

改革开放以来，我们在经济建设上取得了令世人瞩目的伟大成就。但是，社会上却存在着不少道德滑坡的现象，这对我国社会主义现代化建设必然会产生负面作用，同时，也不利于我们推进中华民族伟大复兴。总结根本原因，还是在于国家没有把德育放在突出位置来抓，而是把德育放进文化建设或者教育工作中，力量分散。

国家领导人多次强调：坚持两手抓，两手都要硬。但是，在改革开放和经济建设的实践中，一手硬、一手软的问题，至今没有得到根本解决。因此，必须把德育放在国家战略高度来抓，首先，要积极构建中央直接领导，宣传、教育、文化、新闻、共青团等部门和行业齐抓共管的工作格局和体系，从国家整体战略高度规划学校德育体系，部署各教育阶段的具体内容、实施途径和方法；其次，从经费投入、政策制定、法律建设等角度，积极构建德育评价、激励和约束机制，确保德育工作落到实处，取得实效。

第三节　在传统文化基础上构建现代德育管理和评价体系

总结中华人民共和成立以来尤其是改革开放以来，我国德育工作实践经验，构建现代德育管理体系，应该包括以下内容。

一、结合实际制定科学的德育目标

（一）确定学校德育目标的指导思想

以中国特色社会主义理论为指导，全面贯彻党的教育方针，坚持以人为本，遵循学校德育工作规律和青少年学生成长成才规律，贴近实际、贴近生活、贴近学生，把构建"人与人、人与社会、人与自然和谐相处"的新型伦理关系和基本素质教育贯穿始终，注意大学德育目标的纵向衔接、横向贯通、螺旋上升，不断提高针对性、实效性和吸引力、感染力，更好地促进青少年学生健康成长。

（二）确定德育目标的基本原则

一是坚持把中国特色社会主义理论体系作为根本指针，始终坚持学校德育的正确方向。二是坚持把培养有理想、有道德、有文化、有纪律的"四有"公民作为根本目标，努力培育社会主义事业的合格建设者和可靠接班人。三是坚持把帮助青少年学生树立正确的生态观、世界观、人生观、价值观作为根本任务，不断促进他们形成正确的思想道德观念。四是坚持把学校办学宗旨、办学特色与确定各校特色德育目标相结合。

（三）分层次确定德育目标内容

确定德育目标，要根据各学校办学历史、办学特色、办学要求来确定。但有一些总的原则要求：

第一，小学阶段德育目标应该是：在生态德育方面，通过校园生态建设，以及组织学生踏青春游、植树养护、关爱宠物等活动，培养学生基本的尊重生命、爱护环境等生态道德意识。在公民德育方面通过教育引导，教育帮助小学生初步培养起爱祖国、爱人民、爱劳动、爱科学、爱社会主义的情感。

树立基本的是非观念、法律意识和集体意识。在私德教育方面，通过教育引导，帮助学生初步养成孝敬父母、团结同学、讲究卫生、勤俭节约、遵守纪律、文明礼貌的良好个人行为习惯，并逐步培养起良好的意志品格和乐观向上的性格。

第二，中学阶段德育目标是：在生态德育方面，通过校园生态建设，以及组织学生开展生态考察和初步生态知识教育，帮助学生树立崇尚自然、热爱生态的道德意识，唤起学生关爱生命、善待生命的道德良知，培养学生勤俭节约的传统美德。在公民德育方面，通过教育引导，帮助学生初步形成为建设中国特色社会主义而努力学习的理想，树立民族自尊心、自信心、自豪感，逐步形成公民意识、法律意识、科学意识。在私德教育方面，通过教育引导，培养学生诚实正直、积极进取、自立自强、坚毅勇敢等心理品质，养成良好的社会公德和遵纪守法的行为习惯。中等职业学校还要帮助学生树立爱岗敬业精神和正确的职业理想。

第三，大学阶段德育目标是：在生态德育方面，通过日常生活方式教育、生态道德体验教育、生态德育养成教育，逐步培养大学生良好的生态意识、增强学生的生命意识、健全生态人格、增强生态能力。在公民德育方面，教育引导大学生确立在中国共产党领导下走中国特色社会主义道路、实现中华民族伟大复兴的共同理想和坚定信念，牢固树立爱国主义思想和全心全意为人民服务的思想，自觉遵守法律法规和社会道德规范。在私德教育方面，教育引导学生加强自身道德修养，具备良好的心理素质和艰苦奋斗、开拓进取的精神，促进大学生身心健康素质全面协调地发展。

二、建章立制构建德育长效机制

搞好德育管理，除了确定德育目标外，必须制定相应的规章制度，确保德育按既定目标发展，同时也构建德育的长效机制。以高校德育管理制度建设为例，包括三个方面的内容：第一，必须认真贯彻执行国家统一规定的规章制度。例如，《高等学校德育大纲》《高等学校学生行为准则》《高等学校学生管理规定》《高等学校校园秩序管理若干规定》。第二，结合学校的实际，健全和完善一系列规章制度。包括有关学生工作管理的制度、有关学习管理的制度、有关生活管理的制度、有关奖励与处罚的制度。例如，学校各职能部门的德育职责范围和工作制度；德育岗位责任制；各类德育会议制度；学生日常行为规范；学生思想品德评定、评估方案；在思想品德方面的奖惩制度和条例；其他等。应有针对性地在升旗仪式、早操、班会、毕业典礼、学生文明礼仪要求、学生教室宿舍食堂管理、学生干部选举、表彰三好学生、优秀学生干部、劳动积极分子、参加社会实践等方面，形成严格的规章制度。第三，加强制度的宣传教育，严格按规章制度办事。其一是经常对相关工作人员进行规章制度教育，以警告或劝诫其不要违反规章制度，否则会受到惩罚。其二是对违反制度的行为，不管涉及谁，都要公平严肃处理。其三是只要违反规章制度，就要立即进行处理，决不能拖泥带水，决不能有时间差，这样才能达到即时改正错误行为的目的。

三、加强领导，构建高效管理体制

加强领导，构建高效管理体制，是推进并确保德育落到实处的重要保证。对于大学而言，其德育工作的领导和管理体制，应该包括三方面的内容：第一，学校党支部规划部署。所谓部署，即安排、布置。学校党支部要研究有关德育工作的指导思想、方针政策、文件法规，从总体上对学校的德育工作做出规划。这就意味着，学校党支部对德育的领导方式要从"直接实施德育"转向"宏观规划德育实施"。第二，校长统一领导与全面负责德育的实施工作。校长要对学生的德智体全面发展负责，实施德育是校长不容推卸的责任，不做或做得不好都是失职。权、责是统一的，既然明确了校长对德育工作的责任，就要赋予校长相应的权力。第三，以行政系统为主实施德育。即要把德育纳入学校的行政工作安排之中，列入行政系统的最高负责人——校长的工作日程上。学校中的各个行政机构，包括德育处（教导处）及其下属的各年级组、各班级，教务处及其下属的政治教研组和其他各科教研组、总务处及其下属的各服务部门等，都要在校长的统一领导下，结合本部门的工作安排，有目的、有计划、有系统地实施德育，从而实现"教书育人、管理育人、服务育人"。另外，共青团、少先队、学生会等非行政性组织，也是学校开展德育工作的一支重要力量，团队会工作也是大学德育工作的重要组成部分。以行政为主实施德育，并不是降低共青团、少先队及学生会的德育职责。从隶属关系上看，共青团是在学校党组织领导下开展工作，少先队则是在学校共青团的领导下开展活动。至于学生会（大学不设学生会，设班会），则是在学校党组织、行政和上级学联领导下，在共青团的帮助下，开展活动，主要是由学校党组织具体指导。但这并不表示共青团、少先队可以不受学校行政的领导。相反，团队工作如果要更好地发挥作用，也必须取得行政系统的支持与指导。

对于高校而言，其德育工作领导和管理体制应该包括以下三方面内容：第一，学校党委是德育工作的领导者和决策者。党委要定期不定期地研究德育工作，成立德育工作领导小组（或德育工作指导委员会），协调管理全校的德育工作。德育工作领导小组由党委书记、校长担任组长，党委主管学生工作的副书记任常务副组长，主管学生工作的行政副校长任副组长，成员由相关职能部门、教学部门和后勤服务部门负责人组成。其职能、职责是，根据党委工作部署，研究提出德育工作规划，相关制度建设，德育管理运行机制，各部门单位，以及全体教职员工德育职责等。并定期不定期地检查德育工作成效，提出改进对策，不断推进德育纵深发展取得实效。第二，学校党委、行政在制定年度工作任务时，将德育工作纳入工作计划中，并将责任分解到相关职能部门、教学部门和后勤服务部门，明确工作责任。学校各部门根据工作责任，建章立制，不断强化"教书育人、管理育人、服务育人"的具体落实，努力做到全员育人，并通过督促检查，提出整改意见，不断推进德育工作前进并取得实效。第三，在相关职能部门和教学部门的直接领导下，各教学部门辅导员、班主任、任课教师、分团委、学生会等负责落实德育具体工作。例如，辅导员、班主任，其主要职责是：制订本年级或本班级德育工作计划，及时掌握学生思想动态，组织开展专题教育或日常教育，并将工作情况及时报告学院或职能部门，以便学校采取相应措施，加强和改进德育工作，等等。

第七章 网络媒体与德育教育工作融合管理

第一节 网络媒体视域下大学生德育创新的重要性

新媒体的飞速发展，使其成为影响高校德育的重要方面，给大学生德育带来挑战与机遇。德育创新是其应对新媒体环境挑战与机遇的必然选择，是新媒体视域下实现德育意识形态功能的必然要求，也是新媒体视域下促进大学生全面发展和实现德育现代化发展的自身需求。

一、德育创新是其应对新媒体环境挑战与机遇的必然选择

德育的创新总是与社会发展紧密相连，新媒体作为一种传播媒介，其快速发展影响了社会发展，更使大学生德育的环境发生了较大的改变。新媒体创设的虚拟与现实交叉并存，传播信息良莠不齐，价值观多元化的环境对大学生德育带来了挑战与机遇，德育创新是其应对新媒体环境挑战与机遇的必然选择。

（一）新媒体视域下大学生德育的挑战

新媒体传播因其与传统媒体的不同，对大学生德育带来了挑战，主要表现在以下几方面。

第一，传统德育的理念受到新媒体传播的冲击和挑战。其一，传统德育"一元主导"的理念受到新媒体多元文化环境的冲击。我国传统德育坚持马克思主义"一元主导"的理念，这在物理空间环境中较易做到，而在新媒体环境中则没有那么容易。身处网络中的大学生必然面对东方文化与西方文化、民族文化与外来文化的矛盾与冲突，甚至要接受西方强势文化与文化霸权的挑战，这对传统德育"一元主导"的理念造成冲击和挑战。其二，传统德育"教师主体"的理念受到新媒体的挑战。传统德育普遍坚持"教师主体"

的观念，在网络时代到来之前，教师被公认是教育过程的主体，由于他们掌握的知识和技能比学生多，因而处于主体地位，而学生由于在知识与信息掌握上处于劣势，思想行为与社会要求存在一定差距，在教育活动中处于被动的地位。在信息时代，学生可以通过新媒体获得大量思想德育的信息，导致教师的信息优势被弱化，教师甚至有时处于信息劣势的境地。尤其新媒体的互动性，更使教师的主体地位受到冲击，使师生处于平等交流的状态。

第二，传统德育过程的单向性受到新媒体互动性的冲击。传统德育主要是一种单向的灌输式的教育，即由教育者对受教育者施教的单向过程，注重道德知识灌输与宣讲，较少关注学生的情感与心理，较少与学生进行平等的沟通。德育的重点放在防范、纠正和惩罚学生的错误行为上，由于学生的主体性被漠视，需要和情感被忽视，造成学生对德育的一种抵触心理。新媒体提供了交互性的平台，使传统德育过程的单向性逐步被互动交流的德育方式代替。

第三，现行的道德约束手段与新媒体的隐匿性之间存在落差。传统德育往往注重阶段任务的完成，忽视了学生自身成长过程中不同时期的不同需要，忽略了德育的个性化。这种完成任务式的德育不能解决价值观多元的大学生的思想道德问题，学生的道德素养也难以通过现行的道德约束手段如批评教育、舆论监督等得到提高。大学生在新媒体传播环境中的活动具有匿名性，他们出于好奇、好玩等心理或受利益驱使，可能做一些不负责任、违反道德的事，而现行的道德约束手段很难对此发挥有效的作用。

第四，学校德育在学生成长环境中的主导地位受到冲击。长期以来，学校德育借助可控媒介的单向传输，形成较大的舆论优势和时空优势，在学生成长环境中居于主导地位。随着信息时代的到来，高校德育工作者有目的、有组织经营的德育环境与新媒体广泛复杂的环境交织在一起，新媒体巨大的信息资源拓宽了大学生的认知渠道，学生不再轻易地接受教育者的单向灌输，并质疑教师的权威性。在这种情况下，学校德育在学生成长中的主导地位受到冲击。

第五，新媒体对大学生思想道德带来挑战。新媒体对大学生思想道德产生了较大的影响，新媒体视域下大学生的思想意识、价值观念、伦理道德个性化、多元化、复杂化的特征十分明显，给德育发展带来空前的挑战。大多数大学生运用网络、手机等新媒体，新媒体使大学生价值观念多元化。由于新媒体是一个没有边际的世界，各种不同的价值观念汇集交织，西方价值观念对大学生产生较大的影响，造成大学生在思想上困惑和迷茫，在价值取向和价值判断上出现偏差。32.3%的大学生认为因为上网而受西方价值观的影响。新媒体使大学生在伦理认知、伦理情感、道德意志、道德行为方面面临挑战。新媒体创设了一个困惑重重的伦理环境。伦理是一个社会的道德规范系统，赋予人们在动机或行为上的是非善恶判断之基准。伦理是一定社会经济基础和社会生活的反映，是在特定的人类交往活动中形成并随着生产、生活方式的变化而变化的。信息科技的发展使社会的发展与时空结构起了根本的变化，新媒体使全球化加剧，各种文化冲突日益表面化和尖锐化，伦理的冲突与矛盾日趋显现。

新媒体环境中伦理相对主义的强化、无政府主义的泛滥、伦理基本矛盾的冲突易导致大学生伦理认知的冲突。伦理相对主义即"你想怎样就怎样"或"怎样都行"，互联网无中心的设计思想为伦理相对主义提供了技术基础，数据化和符号化的人际交往推进了伦理相对主义的实现；由于新媒体传播中言论控制相对较难，新媒体环境中的无政府主义、滥用自由而不承担义务和责任，给主流道德建设带来麻烦；新媒体成为当今世界不同社会意识形态和思想文化进行交锋和竞争的重要场所和渠道，为不同社会意识形态和思想文化形式扩展自己的空间和影响提供了便利，也为不同社会意识形态和思想文化的斗争提供了便利。由于不同国家和民族之间的价值观念、伦理道德标准的不同，会产生一些冲突。

新媒体环境中人际情感的缺损、人际交往的间接化易导致大学生伦理情感的疏远与隔阂。人际情感是需要人与人的社会交往来维持的，而对于在新媒体上的交流来说，人的言谈举止被转换成二进制的语言，与现实生活中的人与人的直接交往相比，人与人之间的隔离增大了。新媒体空间的虚拟性、开放性、交互性，便于人们以平等的身份进行交往，使人与人之间的交往既直接又间接。直接指新媒体提供许多聊天或交谈渠道，人们可以借助网络进行同时性谈话。间接指大部分谈话是通过屏幕上的字母和语句来完成的，听不到对方声音和语气，看不到表情。因此，这易导致大学生伦理情感的疏远与隔阂，有时表现为人机关系和谐亲密，但人际关系淡漠。

新媒体使大学生的伦理决断力和道德意志面临挑战。由于新媒体信息过滤得不严格，有用的信息与无用的信息同时被生产，一人一机的信息接收方式使人可以建立自己的天地，使人在不自觉中患上"精神麻木症"，丧失有效的道德判断力。主流的伦理观念已淹没于散沙式的个人追求中，自觉的道德追求已隐匿于信息的随意接受之中。个体伦理无法使个人的行为保持全方位的确当性，公共伦理无法使社会维持相互协调的人心秩序。信息时代大学生的伦理决断力面临考验，新媒体环境中信息伦理是多元化的，使大学生的伦理决断力和道德意志面临挑战。

新媒体环境中大学生的道德行为存在一些问题。建立在现实社会中的道德规范由于不适应新媒体运行的新环境，形同虚设，而一时又没有形成新的道德规范，使得一些新媒体传播中的行为既不受旧规范的制约，又无新法可依。

第六，新媒体对德育队伍的现代化素质提出了更高需求。在信息社会里，教师不可能再像过去那样，被看作某种知识的唯一拥有者，他只需传授知识即可。从某种意义上说，他成了集体知识的合作伙伴，他应果断地站在变革的前列，对这种知识加以重组。然而面对新媒体的传播环境和变化着的教育对象，德育队伍表现出很多不适应，突出表现为知识储备的不足和知识结构的单一、新媒体知识和运用技能的缺乏、运用新媒体进行德育的主动意识不强等。因此，加强德育队伍建设，造就一支高素质的德育工作队伍，是信息时代德育发展面临的一项严峻的挑战。

第七，新媒体对我国传统伦理道德带来挑战。其一是新媒体对传统伦理所依存的生活世界带来改变。中国传统社会是以小农经济为基础、以宗法血缘关系为纽带、家国一体的社会，中国传统伦理是"亲人伦理""熟人伦理"。以 Web2.0 信息网络技术为基础的新媒体，冲破了地域阻隔，形成了跨越时空的网络交往。这种网络交往是一种陌生人群中的交往，社会交往模式由"人—人"为主变成了"人—媒介—人"为主。新媒体正在解构我们所熟知的传统的日常生活世界，对"私德主导、公德不彰"的传统伦理造成了严峻挑战。其二是新媒体对传统伦理价值的解构。新媒体所蕴含的信息网络技术的兴起，促使社会财富和权力、地位流向代表现代科技发展方向的群体和个人，打破了传统社会等级差序结构和封闭的组织方式以及相应的"门第观念"等制度与观念。其三是新媒体促进伦理相对主义和伦理多元化的强化，对中国传统伦理造成冲击。在中国道德文化历史发展中，儒家道德一直处于主导地位，中国传统伦理可以说是在长期封闭状态下的一元化的道德文化。在中华人民共和国成立后，我们以马克思主义为指导，在继承中国传统道德文化积极因素的基础上进行了公民道德建设，我国道德文化的基调仍是以儒家传统文化为主的。而新媒体由于其去中心化的传播特点，全球性的广泛参与，使伦理相对主义和伦理多元化强化，使中国传统道德面临与开放的多元道德文化并存的挑战。

第八，新媒体对我国现有的媒体管理带来挑战。新媒体是一个高度自治的空间，在新媒体环境中只有协议，如 HTTP 协议、TCP/IP 协议等，没有管理"中枢"机构，各种虚拟社群、虚拟社区都是基于参与者相同或相近的兴趣、爱好以及互补的利益需求而自发形成的。新媒体环境依靠协议管理和运作着各自的非正式组织。而且，新媒体一方面扩大了受众接受信息的主动权和受众的信息发布能力；另一方面，新媒体的开放性、隐蔽性、匿名性等特点，使得管理者对新媒体环境中的流动信息很难控制。现实生活中的社会舆论的他律作用在新媒体中不复存在或大大减弱，我国现有的网络管理文件、手机管理文件与新媒体技术的飞速发展相比明显落后。

（二）新媒体视域下大学生德育的机遇

新媒体在对大学生德育带来挑战的同时，也因其互动性、开放性等特点为大学生德育创新带来很好的机遇，主要体现为以下几点。

第一，新媒体为德育提供了新的载体。载体是德育系统不可缺少的重要组成部分。德育载体是指承载、传导德育因素，能为德育主体所运用且主客体可借此相互作用的一种德育活动形式。在新媒体中，德育信息承载具有如下优势：其一是新媒体技术使教育内容从平面化走向立体化，由静态变为动态，从现实时空趋向超时空；其二是新媒体的超大信息量丰富了教育内容，增强了教育内容的可选择性；其三是较高的文化与科技含量将教育信息的政治性本质隐含在历史文化知识和现代科技信息之中。通过新媒体这一载体进行德育，可以扩大教育的覆盖面和影响力，使大学生通过新媒体获得广泛社会信息的同时，接受德育信息，受到德育的影响，从而提高道德素质。而且这种教育形式对其他载体的德育影响构成一种补充和相互作用，形成全方位的德育态势，因而增强了德育的影响力和有效性。

第二，新媒体为德育知识和价值传播创造了有利条件。从传播学角度看，德育是阶级社会的一种特定的社会信息传播现象和活动，是以道德观念、道德规范为核心的德育信息的传播行为和过程。在此过程中，教育者向受教育者传递信息，是开展德育的起点。较之过去的德育信息传播，新媒体信息传播具有明显的优势，这对德育知识和价值传播非常有利。其表现为：吸引力更大，新媒体将文本、图画、声音等信息集为一体，能调动学生获取信息的主动性、参与性；感染力更强，新媒体的立体动画及仿真画面对人的影响力大大增强；更快捷方便，学生可在任何一个终端，随时高效获取知识和信息；更加开放，新媒体为大学生提供了更大范围的学习和社会实践环境，促使他们在社会化过程中趋于成熟。

第三，新媒体可以促进德育的互动及主体性的发挥。在德育中，教育者和受教育者的行为和活动需要互动，这种互动表现在信息传递、接受和反馈的过程中。以往的德育采用较多的是单向灌输的方法，忽视受教育者的需求和接受能力，抑制了受教育者的主动性和创造性，使受教育者处于从属地位。新媒体为人们提供了一个开放的平台，使大学生主体意识迅速觉醒并不断增强。在新媒体传播中，交往对象的社会角色通常是虚拟的。

交往对象没有心理负担，使交往者保持相对平等的心态，有利于宽松的人际关系的建立。角色还是可以互换的，在浏览网页选择和吸收德育信息时，参与者是以受教育者的身份出现的，而在参与信息的制作、发布等活动，将自己的思想传播出去时，参与者又成为教育者。在新媒体互动平台上，教育者与受教育者关系上更具有融洽性，双方都能较好地发挥其主体性。因此，从传播学角度看，新媒体德育信息传播的主体不仅是教育者，还是受教育者，教育者与受教育者的关系是两个主体相互依存、相互制约的互动过程。

第四，新媒体有利于增强德育效果。检验德育是否有效以及效果的大小，其主要依据是德育的目的和意图的实现程度。教育者把社会要求的道德观念和规范作用于受教者的知觉和记忆系统，引起其信息量的增加和信息内容构成的变化，即受教育者对德育的认知；作用于受教育者的观念和价值体系而引起情绪和情感的变化，即社会主导价值的内化与维护；这些变化通过受教育者的言行表现出来，即行为习惯的养成。这三个层面中，第一二层面叫"内化"，第三层面叫"外化"。三个层面体现了效果形成的不同阶段，从认知到态度再到行动是一个效果积累、深化和扩大的过程，要取得德育的最佳效果，内化是关键。从新媒体的传播特征来看，新媒体为促进大学生内化提供了新的契机。新媒体空间中丰富的共享信息，为开展德育提供了充足的资源；新媒体信息传输的快捷性和交往的隐匿性，有利于迅速了解学生的思想情绪及其所关心的问题，增强教育的针对性；新媒体主体的平等性和交往的互动性，有助于受教育者主动参与对话交流，有利于把教育转化为受教育者的自我教育，提高教育的时效性。

第五，新媒体有利于形成德育的合力。教育学领域中的教育合力，是指学校、家庭、社会三种教育力量相互联系、相互协调、相互沟通统一，形成以学校教育为主体，以家庭教育为基础，以社会教育为依托的共同育人的力量，使学校、家庭、社会教育一体化，以提高教育活动的实效。学校教育的合力，是指来自学校内部各方面的教育达到高度的一致，从而达到最佳教育效果。大学生德育合力就是指大学生德育系统内各构成要素及其与环境系统相互作用，在运行过程中所产生的综合力。新媒体的超时空性，通过德育网站、博客、QQ群等形式，可以使学校、家庭、社会都参与到学生的教育中，突破了过去教育中存在的时间和空间的障碍。在学校德育中，由于新媒体的广泛参与性，广大专职教师、管理干部都可以通过博客、QQ、网站留言等方式与学生互动交流，扩大了德育的参与面，同时由于新媒体参与者的匿名性和平等性、互动性，可以充分发挥学生自我教育的积极性和主动性。因此，在德育中运用新媒体，有利于形成学校、家庭、社会、学生四位一体的教育体系，易于形成教育合力。

第六，新媒体对大学生思想道德产生积极影响。新媒体有利于大学生新的价值理念的形成。共享、平等、效率、开放是新媒体所蕴含的价值理念。新媒体的虚实两重性、平等交互性、大众化等特点容易使新媒体上的交往打破社会等级的观念，有助于学生平等意识、共享意识的形成。新媒体运行的快捷性、简便性，有利于培养大学生的效率观念。新媒体的广容兼容性，有利于学生开阔思想，增强了学生的开放意识、全球化意识和多元化意识。

新媒体有助于培养大学生的创新性思维方式。传统教育受多种因素的影响，大学生个体创新性思维方式的发展受到限制，新媒体拓展了大学生广阔的思维空间，使学生可以接触到世界上先进的思想理论、科学技术，为培养他们的超前思维和创新思维提供了条件。

新媒体的自主参与性、高度自治性，使新媒体空间的道德主要依靠参与者的自律，有利于培养学生的道德自律；新媒体信息的繁杂、价值观的多元化，为学生创造了道德认知、道德判断的环境，有利于培养和提升学生的道德判断能力；新媒体空间秩序的维护主要依靠一些管理规定和自律协议，学生在新媒体空间的道德行为是一种基于个人道德认知、道德判断基础上的自主选择，因此，新媒体空间的优良道德行为有助于学生的现实道德行为和品质的养成。

第七，新媒体传播促进了我国公民社会的发育，为我国传统道德实现适应社会发展的现代转型创造了条件。中国传统伦理有着优良的传统，是中国传统文化的重要组成部分，尤其仁、义、礼、智、信的儒家伦理，为中国人的道德修养提供了价值标准，影响了中华民族几千年的发展。但是随着时代和社会的发展，中国传统伦理也存在适应社会发展的现代转型问题。新媒体传播促进了中国公民社会的形成，孕育了开放、民主等现代伦理精神。从伦理学的角度分析，公民社会是公民作为社会主体的社会，新媒体传播使广大民众积极参与到公共事务中，公民社会趋向与公民伦理诉求成了当代中国的基本社会存在境况。新媒体把中国公民社会的发育置于全球化的背景中，决定了中国传统伦理向现代公民伦理演进的方向。新媒体使受众具有全球化的特征，中国全球化的际遇为中国公民社会精神气质与民众的公民意识的生成提供了可资借鉴与汲取的精神文化资源。

二、德育创新是实现德育形态功能的必然需求

关于意识形态的内涵，马克思和恩格斯把它作为经济形态相对应的重要范畴，指反映特定经济形态从而也反映特定阶级或社会集团的利益和要求的观念体系。在现代西方，意识形态被定义为一种由特定社会集团使用来解释世界的概念框架，是一种"世俗的宗教"。总之，意识形态一词都有反映或体现特定社会集团利益的含义，是一种与"科学意识"不同的东西。马克思主义伦理学认为，道德的本质蕴藏于社会生活之中，道德是一种特殊的社会意识形态，受着社会关系特别是经济关系的制约。道德是在一定社会经济基础之上产生的一种社会意识形态，道德反映着社会和人类发展的要求，反

映着特定阶级的利益。道德作为社会意识，要发挥作用就必须有特定的实际附属物，道德必须借助于社会舆论、宣传教育以及相应的实施机构等，并将它们包容于自身之中，成为社会上层建筑的一部分。德育是道德发挥意识形态功能的重要形式，在阶级社会里，德育无法保持中立的立场，道德的价值与原则具有意识形态性，德育旨在把占主导地位的阶级所提倡的道德准则和要求内化为广大民众的自我道德要求，承载着传播主流意识形态的职能。因此，德育最根本的一项功能即是其意识形态功能，或者说，导向功能、保证功能、育人功能、开发功能都是其发挥意识形态功能的不同表现方式。

以马克思主义为指导的社会主义意识形态在我国占主导地位，社会认同度是影响意识形态地位的重要因素，占主导地位的意识形态必须是社会认同度和社会普适性高，在社会意识中起支配作用的意识形态。由于新媒体传播的全球性、开放性、交互性、个性化、反权威性以及多元化等特征，它颠覆了传统传播时代的信息流动方式，削弱了国家对信息生产和传播的控制能力。随着新媒体在我国生活的普及，主流意识形态受到了来自新媒体传播的强烈冲击。新媒体将全世界各个国家联系起来，不同的文化形态、思想观念在新媒体空间交融或冲突。由于新媒体发端并兴盛于美国，其技术构造方式乃至信息传播格式等带有美国社会的烙印并符合美国文化的特点。实际上它也要求任何一个新媒体使用者适应美国式的思维方式和熟悉美国的文化，而且西方社会通过新媒体在意识形态方面对我们进行渗透，这种渗透变得更加隐蔽、尖锐、现实和复杂。

因此，创新新媒体视域下的大学生德育，坚持德育主导性，运用红色网站、德育网站、德育博客等形式，加大新媒体环境中对以马克思主义为指导的社会主义意识形态的宣传和灌输，加大对社会主义核心价值体系的宣传和灌输，将社会主义意识形态所体现的内涵和价值诉求转化为大学生的自觉追求，才能使社会主义意识形态得以弘扬，从而巩固并提升社会主义意识形态的认同度。

三、德育创新是新媒体视域下促进大学生全面发展的必然选择

"每个人自由而全面的发展"是马克思所认为的未来社会的基本特征之一，也是我们奋斗的目标，新媒体为大学生全面自由发展创造了有利条件。

（一）人的全面发展理论

马克思、恩格斯对人的全面发展做了如下规定：全面发展是人的本质的对象化，全面发展的主体是社会的所有成员，全面发展最终将成为人的根本权利。由于人的本质具有多方面的规定性，人的全面发展在马克思那里也表现出多方面的规定性，即作为类存在物时，人的劳动活动的全面发展；作为社会存在物时，人的社会关系的全面发展；作为完整的个体的人时，人的个性和潜能的全面发展。这些规定的具体的含义如下：其一，人的劳动活动的全面发展表现为活动的内容和形式充分达到丰富性；其二，社会关系的丰富发展意味着个人与广义上的他人发生相互关系，表现为个人关系的普遍性的发展和个人关系的全面性的发展，个人与他人之间形成各方面、各领域、各层次的社会联系，人们的经济、政治、法律、伦理、文化等关系变得丰富、开放、全面，并且得以协调和谐发展；其三，人的个性的发展是指个人生命有机体的各构成要素的均衡协调发展，以及认知、情感、意志等心理因素的发展和完善。人的个性的发展首先是人的需要的全面发展，人的需要除了物质需要外，还包括社会关系、精神生活的需要，以及自我实现和发展、超越自由的需要等。人的个性的发展其实是人的能力的全面发展，即发展自己的体力和智力、自然能力和社会能力等，并在实践活动中发挥他的全部才能和能量。人的个性发展还包括主体性水平的全面提高以及个人独特性的增加和丰富，主体性主要表现为能动性、创造性与自主性，人的主体性的全面发展不但指其特殊属性的充分发挥，而且指人成为自然界、社会和自我发展的主体。以上三个方面的规定性是依次递进的关系，作为完整个体人的个性自由发展是人的全面发展的重要内容和根本标志。

（二）新媒体的发展为大学生全面发展带来了机遇与挑战

新媒体的发展为大学生全面发展既带来了机遇，也提出了挑战。

首先，新媒体为大学生全面发展创造了有利条件。其一，新媒体为大学生全面发展提供了一定的物质条件。人的全面发展以社会生产力的高度发展为前提，新媒体的诞生是社会生产力高度发展的成果。在新媒体环境中，大学生摆脱了过去由于生产力落后所带来的时间和空间的束缚，新媒体环境扩大了人的活动范围，催生了新的生产方式、生活方式，为人的全面发展奠定了基础。其二，新媒体为大学生全面发展提供了文化条件。新媒体促进了社会文化发展繁荣，新媒体环境具有的一系列特征催生了新的思想方式、行为方式，形成了充满时代特色的新媒体文化，必将推动我国先进文化的建设，包括道德水准的提高和科学教育的发展。全面发展的人首先应具有高尚的道德情操，能够正确地认识和处理个人与他人、个人与社会之间的关系，具有正确的世界观、人生观和价值观，新媒体环境有利于大学生解放思想，更新观念，提高素质。其三，新媒体为大学生社会关系的丰富发展创造了条件。新媒体的发展使个人可以与世界上任何地方的任何人发生虚拟或真实的关系，使个人从狭小的空间走向世界的舞台，新媒体促进了人的个性自由发展。新媒体的虚拟性、自主性、开放性、互动性、自治性，使大学生可以在新媒体中展示更加真实的自我，一定程度上满足了学生的社会关系、精神生活的需要，以及自我实现和发展、超越自由的需要，为学生能力的发展、主体性水平的提高创造了条件。

其次，新媒体对大学生全面发展带来了挑战。新媒体的虚拟性、超时空性，有时使大学生与他人的关系陷入虚拟的误区，造成人机关系、人与人之间虚拟关系的广泛而现实空间的封闭，从而影响学生的全面发展。新媒体的发展使大学生人与人交往的模式很多时候变成了"人—机—人"的交往模式，人与人的交往通过数字化的符号，减少了人与人交往的感情色彩，有时不利于人们之间全方位关系的形成；新媒体空间内信息的繁杂性，对大学生的思想观念、价值观的形成带来挑战。新媒体传播的开放性、全球性，造成信息监管难度大，使得新媒体空间内的信息较为繁杂，中西方文化相互碰撞，价值观多元化，主流价值观受到冲击，这对于大学生思想观念、价值观的形成带来冲击。

（三）新媒体视域下的德育创新是大学生全面发展的需要

人的全面发展是新媒体视域下大学生德育的现实出发点和最终归宿。运用新媒体进行大学生德育的核心是做人的工作，通过调动和发掘学生的主动性、积极性和创造性来实现学生自身和社会的全面发展。它通过开阔学生的眼界、活跃学生的思想、增强学生的交流来充分调动和发挥学生的积极性、主动性和创造性，为学生和社会的发展创造物质和精神条件。促进学生的全面发展，是新媒体视域下大学生德育的出发点和终极归宿。

基于人的全面发展决定了新媒体视域下德育的着眼点和侧重点。只有从人的全面发展出发，新媒体视域下的大学生德育应从满足学生的需要着手。因为需要是学生从事各种行动的动机的基础，德育工作者应研究学生的需要类型，并在新媒体视域下创设各种条件去满足学生正常的需要，如安全需要、人际交往需要和尊重的需要等。由于新媒体环境的开放性、平等性、互动性、虚拟性等特点，新媒体环境中人与人之间的关系被极大地丰富和发展了，这种交往关系的全面和普遍是新媒体的最大特色，也是应着重注意的方面，大学生在新媒体中的广泛交流可能会造成学生自我的迷失。新媒体视域下大学生德育应侧重学生健康人际关系的建立，从而促进学生的健康发展。

基于人的全面发展决定了新媒体德育必然要与现实德育相结合。人的全面发展是指人性中的各种属性都得到全面发展，不是其中一种属性得到发展。人性中不仅有现实性，也具有虚拟性。我们在实践中的误区是往往将新媒体德育与现实德育分离，忽视了二者的融合与配合。只有从人的全面发展出发，在虚拟和现实之间保持合理的平衡，做好新媒体德育与现实德育的结合，才能促进学生的全面发展。

第二节 网络媒体视域下大学生德育模式的创新

德育模式对于德育而言具有根本的、全局性的作用，德育模式必须与德育环境以及德育主体、客体、介体的情况相融合。新媒体的发展给传统的大学生德育模式带来了挑战，新媒体使得德育的环境、主体、客体、介体都发生了变化。因此，应根据这些变化，坚持整体育人理念，建立新媒体虚拟空间德育与现实德育相结合，新媒体视域下学校、社会、家庭、学生相结合的立体德育模式。

一、建立新媒体虚拟空间与现实空间结合的德育模式

新媒体为德育创设了虚拟与现实共存的环境，德育应在整体育人理念的指导下，建立新媒体虚拟空间与现实空间结合的德育模式，以适应新媒体环境的需要，提升德育效果。

（一）明确虚拟性与现实性的关系

新媒体的发展使人们越来越多地在虚拟空间中生活，虚拟空间已成为现代人的又一个生存场所。虚拟空间的本质就是其虚拟性，是指人的活动从

以往以物质实体和能量载体为基础的活动平台，转移到以信息网络为基础的活动平台后所实现的一种生存性状。与虚拟相对应的是现实性，是指人的活动在以物质实体和能量载体为基础的物理时空（现实世界、现实社会、现实空间）中所表现的生存性状。虚拟空间的出现使人们在更大范围内演绎着现实中的社会关系，虚拟性与现实性之间的关系存在既有区别又有统一的两个方面。

首先，认识虚拟生存的特点。虚拟生存具有间接性、流动性、隐匿性、平等性、开放性和共享性等特点。在虚拟空间中，人们交往形式以间接为主，交往手段符号化、数字化，交往内容以信息为主，摆脱了现实社会中交往的直接性和时空局限性；虚拟生存具有流动性、隐匿性，虚拟交往无须见面，上网人可以隐匿自己身份、年龄、性别、行为目的，可以从事着与其扮演角色相应的各种活动。现实社会中的人有时为了某种利益，戴着面具做人，使人的心理产生压抑。在虚拟社会中，人都是匿名、隐形的，有利于更真实地表现自我；虚拟生存具有平等性，新媒体提供了人和社会沟通的平台，让每个人都能地位平等地参与公共生活，彼此之间是一种平等的伙伴关系。这种交往是一种较单纯的精神交流，对交流双方不会产生心理上的负担；虚拟生存具有开放性和共享性，过去由于各种限制，大众传播媒介只能提供给人们相对有限的自由表达空间。新媒体的开放性使得言论自由更加具有普及性。新媒体传播的全球化开启了跨文化交流的新时代，新媒体为不同国度、不同地域的任何一种文化提供了生存土壤，也为人们的知识共享提供了平台。

其次，虚拟性与现实性的区别。虚拟性与现实性的区别体现在人们生存的时空特性、社会存在方式、社会存在和发展的深度和广度等方面。其一是人们生存的时空特性发生变化。虚拟空间是时间、空间极度压缩的状况，在时间上实现了信息的即时传递，在空间上，广阔的世界被压缩在一个小屏幕上，这与现实的时空特征存在根本区别。现实主体的存在及其活动都以时间和空间为定位标志，人们可以感知其存在，社会也据此直接或间接地对主体及其活动进行控制。在新媒体虚拟空间中，主体可以异地、异时开展活动，消解了主体的具体时空特性，也消解了现实社会中时空对主体和事件的定位功能。其二是人类社会存在方式不同。虚拟生存以虚拟的方式存在，现实生存则以物质实体的方式存在。其三是社会存在和发展的深度和广度发生变化。现实社会中，人们的活动主要局限于民族、国家的范围，在社会发展中虽然存在多种可能性，但这些可能性由于受到现实的限制，不都能转化为现实性。虚拟空间以虚拟的方式运行和发展，人们可以通过虚拟方式把社会发展的种种可能性展示出来，转变为虚拟现实，使社会发展可以在多种可能性中进行多种虚拟的选择。其四是现实生存的国家独立与虚拟生存的无国界的区别。现实社会中，每个国家都有自己的领土、历史文化、社会制度和法律形式，而虚拟社会是一个没有地域区分的场所，信息跨地域、无疆界、全球性自由流通。发达国家比发展中国家具有信息优势，西方发达国家将本国的社会价值观和社会意识形态通过新媒体传送给其他国家，对一些国家的传统文化带来较大冲击，会导致文化霸权主义的产生。其五是现实生存高度社会化与虚拟生存充分个体性的区别。在现实社会中，科技的发展使社会各部门、各行业连成一个整体，个体利益的满足与实现依附于一定的集体或集团群体性的利益角逐。在虚拟社会中，每个人基于资源共享、互惠合作等一定的利益和需求自觉自愿地互相联系起来，每个人既是参与者，又是组织者，每个人凭自己的意志决定自己的生命形式。其六是现实生存中人际交往、情感的需要与虚拟生存中人机交流导致人际关系淡漠的区别。社会性是人的本质属性，它依赖于人与人之间的直接交往，从而交流感情和结成群体。新媒体改变了人际交往的模式，人与人的交往变成了人机交往，人们之间的直接社会交往减弱，有可能导致人际关系的疏远，导致个人产生紧张、孤僻、冷漠等问题。

再次，虚拟性与现实性的统一。随着新媒体技术的发展，最恰当的选择是对虚拟世界和现实世界并驾参与，不能因为新媒体的便捷而放弃现实生活。虚拟性和现实性两者是统一的。

其一是虚拟性要还原到现实性。虚拟性离不开现实性，虚拟性要还原到现实性，现实社会决定虚拟社会，现实社会是虚拟社会存在和发展的基础。虚拟社会的基础是现实社会。数字化虚拟不过是借助于现代技术使新媒体中的交往具有多向性和直接的互动性，新媒体空间中主体关系的特点是现实社会部分特征扩大化的表现形式，人们在新媒体空间中的关系在整体上没有也不可能超出现实社会所规定的范围。虽然新媒体空间中人与人之间的关系有其自己的特点和规则，但这些特点和规则不可能构成与现实社会相并列的社会。虚拟社会的主体仍然是现实社会中的人，新媒体主体关系中的自我是真实自我、想象自我和多元自我的综合体，表现了主体的人格的多样性。在现实生活中，人格的一些特性因受制约没有或较少表现出来，而人格在新媒体中表现得比较充分，但新媒体主体关系的主体仍然是现实社会关系中的人。从本源看，没有现实社会关系的主体，就没有新媒体中关系的主体。无论新媒体如何虚拟化，置身于虚拟空间的人和创设虚拟空间的人都是现实存在的人。新媒体是虚拟的，人在其中投入的感情和产生的生存体验又是真实的。现实社会关系在本原上决定虚拟关系，现实社会关系决定新媒体中的主体关系，限制、克服或消除新媒体关系中的各种弊病，使其健康发展，归根结底取决于现实社会关系的发展。本质上看，新媒体关系是现实社会关系的复杂性在虚拟社会的折射、投影、延伸。从法的角度看，关于新媒体关系的立法是以虚拟主体是否侵害了现实社会主体的利益为尺度的，最终受惩罚的是某些虚拟主体承担者的现实社会的主体。从道德的角度看，新媒体中出现的道德问题并没有超越现实社会中出现的道德问题，新媒体关系的调整和新媒体关系主体的改造最终取决于现实社会关系的调整和现实社会主体的改造。但是，新媒体对现实社会的法和道德规范确实提出了挑战，如，新媒体虚拟主体的身份、行为方式、行为目标的隐匿性和不确定性，使有些不道德行为难以追查和定罪。虚拟社会要接受现实的最终检验，虚拟社会的最终目的是指导现实、检验现实、接受现实的最终检验，这样才能保持虚拟现实的科学性、规范性。

其二是现实性要反映到虚拟性。虚拟社会相对独立于现实社会，人们在新媒体中的实践活动及观念意识都是对现实社会生存的自我突破和发展。虚拟生存对现实生存有影响，是现实生存的必要补充，并与现实生存相互转化。虚拟社会的发展反作用于现实社会，虚拟社会的发展必然作用于现实社会，形成现实社会新的特点。虚拟社会以人与人的关系为主导的社会关系改变了现实社会人与自然关系为主导的社会关系体系，导致了现实社会主导关系的转变。虚拟社区的许多思想可以修正现实社会管理和制度中的某些缺陷，虚拟社区产生的思想某种程度上能净化和提升现实社会中的精神、文化品位。从道德角度分析，网络伦理对现实伦理将产生新的推动。虚拟社区的虚拟性和前瞻性为僵化的现实社区展示了一种发展模式。虚拟社会是对现实社会的丰富，虚拟世界可以把在现实世界中尚未实现的变成虚拟的现实，原先在物质世界中物质质料与功能统一的局面被打破了。功能从质料中被抽离出来，行使了单独的职能。虚拟社会中，人与人之间的交往带有"去现实化"、弱社会性的特点。虚拟生存可以美化、幻化现实生存，把现实生存理想化。新媒体给丰富的人性提供了充分释放空间，使人际交往变得更加自由和轻松。

最后，应坚持虚拟性与现实性的辩证统一。虚拟生存和现实生存共同构成人类基本的生存环境。人的生存应以现实生存为基础，以虚拟生存为媒介，二者共同作用。其一，只有虚拟性，没有现实性，不能体现人的社会本质。如果人们不能在现实与虚拟之间实现角色的转换，保持现实生存与虚拟生存之间的张力，就会造成心理错位和行动失调。虚拟生存只是现实生存的一部分，但不能完全取代现实生存，不能完全独立于现实生存。如果离开现实性谈虚拟性，就会把人看成是纯粹脱离现实的抽象物。其二，只有现实性，没有虚拟性，不能体现人的历史特点。在新媒体快速发展的信息时代，人们被抛入一个"数字化生存"的处境之中。我们也要历史地看待人的发展，站在信息时代看人的社会本质。在这样一个虚拟性盛行的社会中，谁也不能摆脱虚拟性而真实地存在。人不应该完全地依赖于虚拟世界，不能把虚拟生存方式当成生存的唯一。人的生存应以现实生存为依托，以虚拟生存作延展，二者交织互动，共同构成人类基本的生存方式。

因此，应关注虚拟社会与现实社会、虚拟生存与现实生存即"虚实"的关系，实现其虚实共生、和谐互动的良性循环。随着新媒体虚拟空间的发展，人们对虚拟世界的依赖性增大，必须适应虚拟社会的特点，形成新的虚拟社会的管理体制。

（二）把握好新媒体德育与现实德育的关系

新媒体德育有两种内涵：其一是新媒体视域下的德育；其二是基于新媒体的德育。前者是对新媒体德育的广义理解，指的是在新媒体的社会环境下，传统的德育从理念到内容、手段、机制与组织方式如何发展和创新，是一种德育全面体系的构建问题；而后者是对新媒体德育的狭义理解，指的是把新媒体作为德育的新阵地、新工具、新方法，用以加强和改进德育，是德育局部体系的构建问题。如果我们把新媒体德育看成一种虚拟德育，一种利用新媒体所进行的网上德育，我们可以把面向现实生活所进行的传统德育和网下德育看成一种现实德育。就新媒体德育与现实德育的关系而言，它们是辩证的统一，既相互区别，又相互联系、相互补充。

首先，新媒体德育与现实德育的区别。新媒体德育与现实德育的性质和目的是相同的，都是以马克思主义意识形态为主导的、促使人们形成符合社会发展需要的思想品德的实践活动。新媒体德育与现实德育相比较，教育主体、客体、介体、环境发生了许多变化。

其一是德育主体的身份角色不同。新媒体德育与现实社会传统德育在主体身份认同上存在差异，现实社会德育主体身份的确认总是与一定的社会地位、性格特征等因素直接相连，相对简单和直观。对于新媒体德育来说，交往主体是未知的。交往者的国籍、社会地位、性别模糊不清，给新媒体交往带来了新的不确定性。新媒体空间中的角色与现实生活中角色的关系也是一个新问题，新媒体空间中的角色可以自由地想象和设定自己，可以自由地抒发内心的感受或想象的感受，但无论新媒体空间中的角色多么理想化，虚拟毕竟无法取代现实。这种反差导致了对既有文化和制度的不满，可能造成主体身份认同或辨认方面的错置。

其二是德育的主客体关系发生了变化。在现实德育中，主体与客体有时也相互转化，但总的来说，主体往往处于主导、权威者的位置，其主体性地位往往强于客体的主体性，客体的主体性较难发挥。新媒体德育在主客体关系上则更多地强调主体客体化、客体主体化，强调主客体之间的互动和平等交流。在现实德育中，主体着重指以培训教育对象的思想品德为活动指向的人，包括各级党的组织、政府机构、群团组织，以及各级各类企事业单位的专、兼职人员。主体对客体的教育是有目的的、自觉的。但在新媒体德育中，教育主体不具有特定的身份，目的性、自觉性并不明显。现实德育的客体具有一定的确定性，主体对客体的情况大体掌握，而新媒体德育的客体具有不确定性，客体之间存在较大的差异。新媒体德育的受教育者在教育活动中，主动性大于被动性，整体上呈现个体性、虚拟性、自主性和参与性的特点。

其三是德育的相关道德要素不同。从道德的角度看，除了道德主体不同外，相关道德要素也存在着差异。新媒体社会中的道德意识比传统道德意识淡化，人性趋于自然，交往较少受社会因素的影响，新媒体社会中的主体道德关系具有不确定性且更简单化。新媒体给人们提供了一些新的道德活动方式，如聊天、电子邮件等。这些活动具有独特性、随机性，使人们的交往不必考虑空间距离和文化差异等因素的影响。

其四是德育的介体不同。教育介体主要包括教育内容、方法和手段等。在新媒体德育中，多媒体技术使教育内容形态变为立体化的、动态的、超时空的，教育内容变得丰富而全面，更具客观性和可选择性，但是存在一些负面信息。与现实德育相比，新媒体德育具有更快的传递速度和更广阔的时空，原来相对狭小的教育空间变成了全社会的开放性的教育空间。

其五是德育的环境不同。德育环境包括德育对象所处的环境和德育活动的外部条件两个方面，指的是影响人的思想品德形成和发展、影响德育活动运行的一切外部因素的总和，主要包括自然环境、社会环境和精神环境，起决定作用的是社会环境。新媒体迅速改变着教育环境，使社会环境发生了深刻变化。传统社会由于人际交往面窄，在一定意义上是"熟人社会"，依靠熟人监督、道德他律手段，传统道德得到相对较好地维护。在新媒体空间里，道德主体消除了现实生活中外在的他律性规范的制约，进入了一个完全由陌生人组成的世界，成为一种虚拟存在。传统"熟人社会"中道德他律的外力在新媒体空间失去了作用，道德主体是否遵从道德规范，不易被察觉和监督，不像现实社会中的道德要靠社会舆论、传统习惯、内心信念三者同时来维持。新媒体技术与德育的结合使新媒体环境获得了许多优势，教育信息共享有利于收集和传播教育信息，教育信息交流平等、自由、全面、及时，有利于学生进行自我教育，各领域、各层次德育联系与沟通，有利于形成教育合力。

其六是德育的物质基础不同。现实德育的基础是物理空间，它的运行主要依靠人们的是非观和社会评价。而新媒体德育的基础是电子空间，与传统的德育相比，建立在网络信息社会基础之上的新媒体德育，必将呈现出自主、开放、多元等一系列新的特点和优势，更加合乎人性，更能促进人和社会的自由全面发展。当前看，新媒体德育的特点和优势还需人们去创造和发扬。

其七是德育的侧重点不同。现实德育中，传统的德育注重培养和造就比较定型的、有着确定模式的理想人格。理想人格是通过个人与他人、与社会发生直接的联系表现出来而被人们认识的。新媒体德育不仅要求学生接受道德规范，形成新媒体空间的理想人格，而且注重为受教育者提供帮助和指导，培养学生的道德主体性。这种道德主体性表现在自主选择判断、自主自律、自我约束、自身责任意识等方面。

其次，新媒体德育与现实德育的内在联系。现实德育是新媒体德育的基础。离开现实德育，新媒体德育会成为无根基的德育，会走向现实德育的反面，更无助于人类道德水平的提高。其一，只有以现实德育为基础，新媒体德育才不至于成为无根基的德育。传统德育往往反映的是社会存在和发展的客观规律的要求，新媒体德育以传统德育为基础，可以在新媒体空间中体现客观规律的要求，否则，新媒体德育就可能变成空想和虚妄。其二，只有以现实德育为基础，新媒体德育才不至于走向现实德育的对立面。在新媒体中体验虚拟生活的人，在一定程度上摆脱了现实生活中传统德育的束缚。如果新媒体德育中有与传统德育相悖逆的成分，就会强化他们对传统德育的否定，可能践踏传统德育准则，使得新媒体道德关系出现混乱，甚至导致现实社会的失范加剧。其三，只有以现实德育为基础，新媒体德育才能最终促进人类伦理道德水平的提高。新媒体是以服务现实社会为目的的，建构新媒体德育的目的之一就在于它能够巩固和促进传统德育。新媒体德育只有以传统德育为基础，才能与传统德育保持一致。其四，新媒体中主体关系的基础是现实社会。新媒体中的主体仍然是现实社会中的人，现实社会关系在本源上决定新媒体中的主体关系，限制、克服或消除新媒体关系中的各种弊病，促进其健康发展，决定于现实社会关系的发展。新媒体德育是现实德育在新媒体上的延伸和发展，现实德育居于支配地位，起着决定作用，新媒体社会在虚拟的实践条件和环境中形成的判断和观念，必须回到现实社会实践中去考察和检验。

新媒体德育是现实德育的拓展、创新和延伸，促进了德育的现代化。

其一，新媒体德育对德育的拓展。新媒体的开放性拓宽了德育的空间，新媒体的互动性增强了德育的针对性，新媒体的便捷性增强了德育的时效性，新媒体的多样性增强了德育的吸引力，新媒体带来的积极因素，促进了教育手段的现代化，更促进了教育观念的现代化。其二，新媒体德育是现实德育的创新发展。新媒体的虚拟不仅是对现实的虚拟，而且是对可能和不可能的虚拟，新媒体不仅帮助别人理解既存的世界，更构造出一个可能的世界。新媒体以再现现实、再造情境对现实德育进行创新。新媒体突破了德育的时空界限，扩大了大学生的自我教育空间，有利于现实德育的发展。其三，新媒体空间的道德关系是现实关系的反映和表现。道德关系作为精神关系，根植于现实社会人的社会关系，主要是物质关系、利益关系之中，新媒体空间的道德关系也是现实社会关系间接的、模拟的、曲折的反映和表现。新媒体空间的人人虚拟道德关系不是对人及其道德关系的机械的原本模拟反映，而是对其进行再创造，将旧人性赋予新人性，并渴望人性的矛盾和冲突得到解决、调节、缓和。新媒体空间的人人虚拟道德关系是现代科学技术发展的产物，其中的人是具有主体性的能动创造者。新媒体空间的人人虚拟道德关系既是社会历史条件发展的必然过程，又是道德关系的革命、解放和进步。但是如果新媒体的人人关系处理不好，会容易使人养成依赖性，依附于自己的虚拟人格、网络科技而丧失独立性、主体性和创造性，造成新的奴役和封闭，使人成为工具人、经济人而非文化人、社会人。因此，应妥善处理虚拟道德关系与现实道德关系，做到两者的协调一致，做到新媒体德育和现实德育相互补充。

（三）建立新媒体德育与现实德育相结合的有效模式

在新媒体视域下创新大学生德育，应以现实德育为基础，以新媒体德育为拓展，实现两者在教育目的上的统一、教育内容上的融合、教育手段上的互补。

首先，在新媒体飞速发展的时代背景下，强调德育以现实教育为基础，使新媒体德育成为现实德育的有益补充。在加强新媒体德育的同时，现实德育只能加强，决不能削弱。由于新媒体对高校和社会的影响和渗透，其潜在的建设和破坏能量伴随着不断创新的技术逐渐释放和显现，与大学生的价值观形成越来越显著的互动和冲突。因此，在加强新媒体德育的同时，现实德育只能加强，并且要注重新媒体德育与现实德育的统一、融合与互补。新媒体极大影响了大学生的学习和生活方式，但是新媒体取代不了学校、家庭、社会的教育功能，特别是大学德育的教育方式离不开言传身教、耳濡目染、激励、群体活动等，新媒体德育可以成为现实德育的有效补充。德育工作者在鼓励大学生通过新媒体获取信息的同时，要引导大学生立足现实世界，正确理解新媒体世界，使新媒体空间丰富的信息成为培养大学生全面素质和良好道德品质的有效补充。就思想理论课的教学而言，要努力实现高校思想理论课教学的现代化、多媒体化。同时，高校德育应从"灌输信息"为主转变为"引导选择"和"灌输信息"并重，把新媒体法制教育和新媒体德育、媒介素养教育作为德育的新内容，引导学生分析信息的价值，有效地利用信息，在道德判断的基础上进行道德选择，提高道德素质。

其次，实现新媒体德育与现实德育教育目标的统一、教育内容的融合、教育方法的互补。其一，在教育目标上，新媒体德育与现实德育是一致的。其最终目标都是培养社会主义合格建设者和接班人，其基本目标都是将社会主义核心价值观内化为学生的道德观念，外化为自觉自愿的道德行为。但二者的侧重点、教育方法和手段有所不同。现实德育侧重于培养学生的理想人格，新媒体德育不仅仅要求学生接受道德规范，形成新媒体空间的理想人格，而且注重为受教育者提供帮助和指导，培养学生的道德主体性。新媒体德育目标内容建设应包括运用新媒体技术实现现实德育目标，适应和驾驭新媒体社会的价值目标的构建。这一目标的建设重点之一是把媒介素养教育融进德育系统之中，其中，媒介道德、媒介法规意识和媒介能力教育是媒介素养教育的重点。其二，在教育内容上，新媒体德育与现实德育应实现融合。现实德育与新媒体德育都应以社会主义核心价值体系教育为主导和主要内容，同时应加强伦理意识和道德责任感教育、网络道德规范教育、网络法制教育、网络安全教育、网络生态文明教育、媒介素养教育。新媒体视域下高校德育的着力点应定位于通过加强教育提高大学生新媒体道德意识，使大学生认识新媒体道德及其特点，自觉遵守新媒体道德；教会学生选择，提高大学生的道德判断力；倡导"慎独"，增强道德自律能力；培养网德，形成大学生良好的网上行为习惯；培育大学生健全的网络人格，提高大学生的媒介素养。根据教育内容的不同，确定在新媒体德育和现实德育中不同的教育方式，对于适宜讨论、互动的话题，可以放在新媒体德育中进行，发挥新媒体及时、互动的优势。其三，在教育方法上，新媒体德育和现实德育可以互补。现实德育多运用传统的教育方法，如，灌输法、情理交融法、说服教育法、互动讨论法等，实践证明这些都是非常有效的方法。新媒体德育方法是教育者根据国家的德育目标，结合新媒体传播特点和规律，有目的、有计划地对受教育者施加思想道德方面影响的过程，是实现新媒体德育目的的必要条件，是传统德育方法的一种全新拓展和延伸。而一些基本的方法，如，理论教育法、自我教育法、社会实践法等，是现实德育与新媒体德育共用的方法。而且许多教育方法在新媒体视域下得到了创新，如，传统的说服教育法向新媒体的情景陶冶法递进。新媒体德育除了具备传统德育方法的特点之外，还具备新媒体自身的特点，注重针对性，突出隐蔽性。而理论教育法、情理渗透法、典型教育法、隐性教育法、自我教育法在新媒体的环境下都得到了很好的继承和发展。总之，根据不同的教育内容选择相应的教育手段和方法，通过现实德育方法与新媒体德育方法的有机结合，可以更好地提高德育效果。

再次，实现新媒体德育对现实德育资源的整合。虽然新媒体德育具有一些新特点，但它所遇到的问题往往是德育学的老问题，有很多在现实中早已存在，只是网络的虚拟性和非实体性加大了其后果的影响力。新媒体德育可以借助传统德育的理论和原则，对我国来说，在坚持社会主义核心价值观的前提下，中国传统道德规范、西方道德的有益因素等应当成为新媒体道德整合的资源。中国传统道德文化的主流思想——儒家伦理是中华民族的精神传统最深层的东西，新媒体不能脱离本民族深厚的文化背景，应以科学务实的态度对传统伦理道德思想进行价值选择，根据时代的发展，按照"取其精华，去其糟粕"的原则，将其中积极的成分进行新的转化，使之适合新媒体视域下的社会发展现实，并对社会发展起到一定的推动作用。

最后，重新审视虚拟与现实的关系，建立虚拟世界的实践干预策略。在德育环境的建设中，要把虚拟社区的管理与现实社区的管理结合起来，把新媒体内部德育资源的开发与新媒体外部社会实践的支持系统建设结合起来，使社会实践活动成为新媒体德育的重要途径。参与新媒体之外的社会实践活动，可以培养学生接触社会、了解社会的兴趣，可以使学生获得最直接的社会实践经验，有助于学生形成正确的道德判断力，并且通过新媒体体验与现实生活的对照，可以使学生更清醒、更理智地看待虚拟世界里的活动。

二、建立新媒体视域下各方面相结合的立体德育模式

创新德育模式使学校、社会、家庭参与到大学生德育中，发挥教育的合力作用，已经是学者和教育工作者普遍认可的问题，而在新媒体视域下如何发挥教育的合力作用，却是一个摆在学者和德育工作者面前的难题。新媒体传播创造了虚拟与现实共存的德育环境，拓展了德育的主体、客体、介体，为发挥教育的合力作用创造了条件。因此，应根据新媒体的特点，建立新媒体视域下学校、社会、家庭、学生相结合的立体教育模式，充分发挥德育的合力作用，提升德育的效果。

（一）教育合力与综合教育论

所谓教育合力，就是在一定的时间内和一定的条件下，实施综合教育所产生的综合作用。这种综合作用，并不是综合教育中各个单项教育作用的加和，而是比单项教育作用大得多的新的教育力量。

"综合教育论"是对如何发挥教育合力的进一步阐释，更具有参考和借鉴价值。德育的综合结构是指德育是由特定的体系和要素所组成的，具有特定结构和运行机制，并能发挥最大教育功能的综合教育体系。它不是指各种教育体和要素的随意加和，更不是指各种教育活动的外在的机械拼凑和叠加，它是一种具有内在特定结构和运行机制的有机系统，具有独特性。德育的综合结构表现出两大特性：其一，空间结构的协调性，即德育的体和要素结构合理、运行协调，能够围绕实现教育目标和谐运转，发挥出最大的功效；其二，时间结构的有序性，即各项教育活动按照一定的方向和计划，分阶段地、连续地指向教育目标。

（二）德育主体的内涵

德育主体是指在德育过程中的主动行为者，是具有主动教育功能的组织或个人。在德育过程中，教育者和受教育者都是主动行为者，都具有主动教育功能，因而都是德育过程的主体。受教育者在接受教育过程中，也具有主动教育功能，因而既是教育的客体，又是教育的主体。从狭义的角度说，德育的主体——教育者包含两个方面：一是进行德育的机构；二是从事德育的人员。从广义的角度说，在德育过程中，教育者（主体）既可以是单个的人，也可以是由多个个人组成的全体（多个教育者、教育者的组合或单位）。因此，从广义的角度说，学校、社会、家庭、学生都是教育主体。

德育主体——教育者（主要指社会和学校中的德育机构和从事德育的人员）在整个德育过程中，负责搜集信息、决策、实施、反馈和调节等各个环节，引导和控制全过程，教育者在德育结构中居主导地位，起决定作用。教育者具有教育功能、管理功能、协调功能、研究功能。

家庭作为教育主体主要通过潜移默化的影响来教育和引导学生，学生自身通过发挥自我教育的主体能动性来发挥作用。

（三）学校、社会、家庭共同创设了教育环境

环境是人格形成的必要条件，人的思想意识是人对环境的反映，人的品德和心理是环境熏陶的结果。德育环境是指德育所面临的环绕在教育对象周围并对其产生影响的客观现实，社会环境、单位环境（学校环境或工作环境）、家庭环境和社交环境相互联结、相互制约，共同组成了德育的环境系统。德育环境系统具有广泛性、直观性、动态性、渗透性、特定性、部分可创性等特征。环境对人施以各种环绕力。这种力的作用能使人习染成一种符合环境的特性，并被环境同化，形成人格。环境的环绕力具体表现为三种力量：推动力、感染力和约束力。

社会环境主要包括社会、社会文化、社会风气等。社会由经济基础和上层建筑构成，具有整合功能、传讯功能、继往开来的功能和导向的功能。社会文化是人类在社会发展过程中所创造的物质财富和精神财富的总和。社会风气就是社会风尚和习气，以强大的社会舆论和社会习惯势力的形式制约着人们的言论和行动，对人的思想和行为具有潜移默化的影响；学校在引导学生尊重既有的社会秩序，传播统治阶级的价值观念，培养情感和传授知识技能方面，具有特殊的重要作用。学校环境主要包含校风、学风和师德等几个方面；家庭环境主要包括家风、家庭关系、家庭的文化素质；社交环境仅指由情况相近的经常交往的朋友组成的社交环境，即同辈群体的"朋友圈"。同辈群体的"朋友圈"对人的思想品德和心理形成影响巨大，在"朋友圈"中，人们的社会地位、兴趣爱好、文化水准相仿，易于产生"平行影响"。

（四）新媒体视域下德育环境、主体、客体和介体的变化

新媒体传播因其与传统媒体不同的特点，对德育环境、主体、客体和介体都产生了较大的影响，其中有些影响具有划时代的意义。

第一，新媒体在很大程度上影响了德育环境。20世纪90年代以来，新媒体以多媒体的特征、交互性的功能，融合各种媒介于一身，成为人们了解外部世界的新媒介工具，也成为德育所处媒介环境的一部分。以作用的空间大小为标准，可以把学校德育的外部环境分为四个部分：宏观系统——社会经济、政治、文化和社会心理；中观系统——社区；微观系统——家庭；中介系统——大众传媒。当前，新媒体已深入到社会生活的每一个角落，新媒体对德育环境的影响是客观存在的不容置疑的事实。从宏观讲，新媒体影响

了社会经济、政治、文化和社会心理，使开放、自由、平等、独立成为新媒体时代社会环境的主要特征；从中观讲，新媒体创造了比现实社区更加广泛的虚拟社区，使虚拟社区与现实社区共同成为人们的生活和精神家园；从微观系统讲，新媒体影响了家庭，使得人们的家庭观念、家庭意识以及家庭成员的交流方式发生了变化；从中介系统讲，新媒体对传统媒体产生了具有实质意义的划时代的影响，使得大众传媒成为广大民众可以自由参与的公共的平台，也使得舆论环境更为复杂。同时新媒体传播使得传受双方在一定程度上成为一体，也改变了传统德育的教育者与受教育者的关系，为德育创新创造了条件；随着新媒体的发展，新媒体环境不仅成为影响大学生思想观念、价值取向、思维方式、行为模式、个性心理的重要因素，而且成为影响高校德育发展的重要方面。新媒体创设了多元的文化环境、潜隐的政治环境、非控的舆论环境、缺乏理性的环境、困惑重重的伦理环境。新媒体环境对目前学校德育理念和德育模式的冲击，校园网建设在学校德育应对新媒体环境冲击中的作用，新媒体视域下的教师教育能力等都是值得关注的问题。

第二，新媒体对大学生产生了较大影响。新媒体的技术特点，使其从一开始就具有自由、共享、民主、开放、平民化、世界性和多样性的"互联网精神"。新媒体环境除了带来一系列社会问题，凸显了目前德育的弊病之外，这种网络精神对传统德育带来更深层次的挑战，这种精神塑造了新型的新媒体主体。新媒体创造了网络文化，对大学生产生了深刻影响。新媒体将培养大学生在讨论中的平等价值观，由此培养出"平等文化"，网络文化是注重创造的"创新文化"，是一种"权力分散文化"。新媒体扩大了青少年的交往范围，打破了空间距离造成的地域集群观念，注重网络社区，创造出超地域的"虚拟社区文化"，具有交互性和协同性。新媒体视域下的青少年是更加自主、自由的一代，是首次掌握教育主动权的一代，是新媒体道德和网络文化的重要建设者。新媒体在给人们带来便利的同时，也带来了不可避免的负面影响。新媒体对大学生人生观、世界观和价值观的潜在威胁，对大学生道德意识的弱化，对大学生社会化进程的阻碍，导致交往的符号化以及由此引起的社会适应不良等，给德育提出了新的课题。

第三，新媒体正在改变教师与学生的关系。作为文化现象，新媒体具有虚拟性和真实性并存的特征，新媒体的这些特征吸引了越来越多的大学生，形成"新媒体—学生"这种新的信息机制，同时弱化了传统的"教师—学生"信息机制。在新媒体发展的初期阶段，形成的"新媒体—学生"是一种缺乏教师参与的信息机制，大学生信息摄取较个体化、隐蔽化，接受信息的自主性越来越强，在信息的理解上变得多角度化，不再按照教育者制定的目标去理解信息，而是将信息进行分析归纳，得出自己的认识，化为自己的思想进而指导自己的行动。这种机制显然具有促进学生自我教育的优点，同时又有很大的随意性与盲目性，并不是完全意义上的德育信息机制，因为它缺少教育的主体。随着新媒体的迅速发展，必然要建立一种教师参与下的"教师—新媒体—学生"信息机制，与传统的"教师—学生"机制实现互通、结合使用的交互模式。

第四，新媒体对家庭教育提出了新的要求。家庭教育一直是人们非常重视的课题，面对新媒体时代的新的社会环境，作为社会细胞的家庭也面临新的挑战和机遇。新媒体上大量不健康内容的存在冲淡了部分大学生的民族观念和爱国情感，西化倾向日趋显现，道德多元化日益明显，这些对家庭教育提出了新的挑战。家庭对大学生运用新媒体的影响，最直接地表现在大学生除了在学校外能否在家里获得网络资源。这将影响到学生上网地点的选择以及上网时间的长短，家庭因素又会影响到大学生接受网络的深浅和在网上的活动，进而对其接受网络道德影响的程度和方式产生影响。目前我国东部地区、中部地区以及西部地区学生家里的联网率差异巨大，这将对学生接触和运用新媒体带来一定影响，会造成不同地区的学生在接受新媒体价值影响的程度、途径、类型等方面的差异。父母的文化程度越高、能运用新媒体与学生交流，则会对学生给予积极的指导，对学生的思想品德形成产生积极的影响。

第五，新媒体使社会德育愈加重要。新媒体视域下，社会德育成为人们关注的焦点，被寄予了来自社会各个方面的厚望。新媒体视域下社会道德问题的出现本质上是虚拟世界道德问题的现实转化，新媒体视域下的社会道德问题根源和具体表现相对复杂，既有学校德育的社会延伸部分，也包括具体新媒体社会环境和社会因素直接促成的问题。主要表现有以下几点：其一是社会范围内的道德水平下降和道德信仰的危机。其二是新媒体空间不良信息泛滥，污染了社会风气，毒害了大学生的心灵。其三是新媒体活动导致了学生道德人格的异化。四是新媒体管理和监督的乏力，导致了严重的网络犯罪和网络过错行为。新媒体视域下社会道德问题的激增，给当今社会德育提出了严峻挑战。一贯以传统理念和既定模式运作的社会德育，面对突然变化了的德育环境时常处于两难的境地，表现为：新媒体视域下社会道德规范与传统道德规范之间的矛盾，政府对新媒体的法律监控与新媒体开放、自由特性之间的矛盾，新媒体的价值多元化与中国传统道德文化之间的矛盾，个体道德自主选择意识与选择能力之间的矛盾。新媒体视域下，社会德育存在如下问题：教育观念陈旧，教育方法和教育内容的呈现形式落后；新媒体社会管理的方法滞后，政府管理乏力，缺少权威性和威慑力；社会各个层面的教育力量整合不够，未能建立一个家庭、学校、社区等多种教育力量协同作用的立体化社会教育体系；德育的实施者"新媒体素质"低下，影响了社会德育的具体实施；社区的新媒体德育几乎是空白，缺少新媒体德育的社会支持系统。

第六，新媒体拓展了教育介体。体现在以下几方面：新媒体极大地丰富了德育资源和内容，教育者可以借助新媒体及时获取丰富的德育资源。新媒体促进了德育手段和模式的现代化，拓展了德育信息的获取渠道，优化了德育信息的传播方式，提高了德育信息的传播效率。

（五）创建新媒体视域下学校、社会、家庭、学生相结合的立体德育模式

新媒体环境带给德育的挑战之一就是教育影响的多极化和由此产生的教育环境的泛化。新媒体的自由与开放性打破了以往家庭、学校、社会教育之间的界限，使各种教育形式在功能、性质和影响效果与影响机制上变得更加模糊。新媒体视域下，迫切需要整合社会各方面的教育力量，构建一个立体化协同作用的教育体系，形成新媒体视域下的德育合力。

第一，充分发挥学校德育的主渠道作用，主动适应新媒体环境的挑战。其一，新媒体视域下大学生德育的重新定位。我国德育实效较低，主要原因有以下几个方面：重教轻育，重认知轻践行；德育目标的顺序倒错，造成道德主体对高层次的道德未必接受，低层次的社会公德和文明行为也没有养成；重视集体活动，轻视个人修养，个体缺乏内在的道德自律和自觉，其根本原因在于忽略了学生的道德主体性。而在新媒体空间中，学生基本上

处于道德任意状态，他们的自主判断、选择、自主行为表现充分，更显示出其道德主体地位。学校德育应顺应新媒体的传播特点，遵循尊重、信任的原则探索德育的新方法，以社会主义核心价值体系为指导，注重培养学生正确的价值观、道德判断力以及道德自制力，培养具有自主、理性、自律的道德判断和道德实践的个体，促进学生形成完善的、健康强大的人格。其二，学校德育内容的优化。新媒体既是德育的手段，又是德育的内容。学校德育应从德育目标出发继续优化德育内容。在原有内容的基础上突出价值观教育，使学生树立社会主义核心价值观，使学生能够"辨别真伪、追求真理、慎于判断"。增强道德意志力的锻炼和道德选择教育，使学生的道德认知与道德实践相统一。增强关于新媒体的信息素养教育，尤其新媒体德育，让学生掌握新媒体道德行为规范，强化其新媒体道德意识和责任感。其三，运用新媒体优化教育方式。新媒体是大学生较乐于接受的沟通和交流工具。学校德育工作者可以运用博客、微博、论坛、在线交流、QQ聊天等方式与学生交流，可以通过建立德育网站、德育博客等方式对学生进行潜移默化的教育。其四，运用新媒体开发新的学校德育资源和渠道。新媒体拓宽了学校德育的渠道，提供了丰富的德育信息资源。运用新媒体进行德育，可以达到德育内容表现形式的优化和德育时空的拓展，可以充分运用多媒体、超媒体技术，使德育内容动态化、形象化；通过新媒体的信息传递方式，可以将德育延伸至学生的日常生活，突破时间的限制；运用新媒体，可以把学校的德育空间与新媒体博客空间、虚拟社区等开放式的德育空间整合，使德育冲破空间的限制，还可以实现学校、社会、家庭、学生之间的良性互动。

第二，充分发挥新媒体视域下社会德育的作用。新媒体环境的特殊性增加了新形势下社会德育实践探索的难度，新形势下的社会德育必须在实践层面进行革命性转变，以应对新媒体的挑战。

其一，完善新媒体的立法机制，强化政府的管理职能。在新媒体的社会管理中，立法机制和政府部门管理是其中最重要的方面。在新媒体环境的建设中，除了加快新媒体立法进程，完善各种政府管理职能外，还必须结合新媒体环境变化的新特点，着重解决法律具体执行过程中的可操作性和政府监督管理的针对性，突出体制与具体化方面的创新。本书认为政府应加大以下几方面的工作力度。

加强对虚拟社区的管理，尤其 BBS 和网上论坛的管理，加强各论坛和主题聊天室的管理；加大对大的门户网站的监督和管理力度；注重管理中技术手段的使用。在新媒体环境中，以往行政命令的管理较难奏效，必须以高科技手段应对各种运用新媒体技术进行的违规经营，如程序监管技术、设置新媒体审计标准、预设防范"滤网"、埋设跟踪程序等，通过技术控制使新媒体控制具有实用性和可操作性。

其二，建立新媒体德育的社会支持与辅助系统。新媒体视域下的德育除了正规的社会教育机构参与之外，还必须有社区和公共服务机构的协作与支持。作为一个社会分支单位，社区特指一定地域范围内的具有归属感的人群及社会性活动和现象的总称。随着城市化进程的加快，社区的影响在逐步加大，社区正成为大学生接触社会、参加社会实践的重要途径，大学校园也逐步成为相对独立的社区。大学生参加社区的义务服务和公益劳动，有助于大学生养成服务社会、关爱他人的优秀品质，抵消因虚拟交往而带来的道德人格和社会情感方面的消极影响。社会支持和辅助系统的另一方面就是面向社会的信息咨询机构和心理危机的求助体系。社区应加大对学生因迷恋网络等新媒体而带来的角色混乱、人际疏离、道德情感冷漠、网络依赖等心理问题的救助力度。

其三，注重社会人文精神的重建，加大人文教育的力度。新媒体视域下，社会道德规范体系的脆弱表现反映出的是一定程度上文化的缺失。长期以来，工具主义和科学至上主义的大行其道，严重削弱了人文科学在构建整个社会价值体系中的作用。人文精神和人文科学的缺失必然导致社会道德价值取向的失落和人生境界的低俗与信仰的功利。因此，新媒体视域下的德育观念必须重新唤起社会范围内对人文科学的关注，加大人文科学在德育内容中的比例，提高大学生的人文科学水平。

第三，充分发挥新媒体视域下家庭教育的作用。新媒体的发展为发挥家庭在德育中的作用创造了条件，但家庭却往往是新媒体运用管理比较薄弱的地方。一些父母由于这方面知识的欠缺，无法对学生进行必要的指导，也不能与学生通过新媒体进行交流，使得学生与家长在新媒体交流方面存在障碍。要提高家庭运用新媒体对学生进行教育的实效，协调家庭、学校和社会的教育力量，必须加强家长新媒体知识的普及。因此，可以酌情对家长进行一些新媒体知识方面的指导，提高家长的知识和意识，运用新媒体平台建立家长与学校定期沟通交流的机制。比如，建立家长电子信箱或留言板，使学校教育与家庭教育有机结合起来。

第四，充分发挥新媒体视域下学生自我教育的主体作用。德育实效性较低的根本原因在于忽略了学生的道德主体性。而在新媒体环境中，在没有道德人格的新媒体面前，学生基本上处于道德任意状态，更加显示出学生的道德主体地位。因此，在新媒体视域下，应结合新媒体开放、互动、虚拟隐蔽的特点，注重发挥学生在德育中的主体作用。在新媒体环境中，学生的主体性特征表现为选择自主性、参与主动性、自发创造性、目标自控性。在新媒体德育中，学生无论作为新媒体的主体，还是作为德育过程中"主体化"的客体，都表现出鲜明的主体性。发挥好、引导好学生的主体性是新媒体德育取得成效的关键。本书认为应从以下几方面着手：

其一，转变观念，尊重学生的主体地位。德国教育之父洪堡认为，教育必须培养人的自我决定能力，去唤醒学生的力量，以便能使他们在目前无法预料的种种未来局势中自我做出有意义的选择。学生作为新媒体主体，其自我特征就是通过独立性、主动性、自尊性表现出来的，这就要求教育者摒弃传统的以教育者为主，受教育者被动、服从的教育观，形成教育者与受教育者相互平等、自由的关系，建立互动、平等的师生关系。以往师生关系有两个基本特点，一是教师—学生，的单向关系；二是师生关系的居高临下特性。在这样的师生关系中，教育带有一定的强迫性。我们应充分运用新媒体交互性、主体平等性的特征，加强师生的互动交流，建立双向和多向的师生交流关系，把以往被动的道德灌输变为学生主动的道德学习，提高德育的实效性。

其二，增强学生的主体意识。自我意识是对自我存在的认识，是对自我的认识活动和实践活动的认识和评估。强化学生的自我意识是运用新媒体育人的前提，学生自我意识的强弱一定程度上决定了在新媒体中自知、自控、自主的程度，决定着其主体性的发展水平。新媒体德育应定位于唤起和提高学生自我意识的教育，即增强学生自我教育的意识。我们在新媒体德育中要使学生认识到他们有权利、有义务进行自我教育，引导他们勇于承担责任，正确认识个人与社会、个体与群体、自身与他人之间的对待关系和结构关系，使他们肯定他人的主体性，使自身主体性的发挥始终有利于增强集体的主体性，始终有利于推动社会的发展。

其三，塑造学生的主体人格。主体人格是人作为主体所具有的思想品德、心理素质和行为特征的综合。新媒体活动中，人格的稳定需要主体内在的自觉、自控，由此决定了德育必须重视培养以自律力为核心的新媒体道德，引导学生遵守新媒体行为准则，引导学生遵守新媒体道德规范，引导学生在新媒体与现实的结合中提高自律性。

其四是在德育过程中充分发挥学生的主动性和创造性，增进平等互动教育。师生关系的革新、教育过程的生动使学生能够轻松地学习，有利于激发学生的主动性和创造性。在新媒体环境中，学生可以随意发表自己的意见，甚至可以以自己为中心选择与人交流，无形中得到了极大地尊重与重视。因此，应充分运用新媒体的特点，在教育过程中充分尊重学生的主体性，使学生成为道德学习和道德选择的主人。

第五，加强新媒体资源建设，为形成学校、社会、家庭、学生四位一体的立体德育体系搭建平台。虽然建立学校、家庭、社会德育相结合的大德育体系概念早已为人熟知，但实践中学校仍然是德育的主要承担者，而新媒体为构建学校、社会、家庭、学生共同参与的立体德育体系创造了条件，学校应顺应形势，运用新媒体的特点，主动建设新媒体德育平台，构建学校、社会、家庭、学生四位一体的立体德育体系。我们可以借鉴一下（中国）香港教育统筹局建设的"学童及青少年的网上操守"网站。此网站是一个跨部门、跨社区的合作计划，由香港教育统筹局、警务署、影视及娱乐事务管理处及其他社会人士一同参与制作而成。其宗旨是"提供有关网上操守在社会、道德及法律层面的资讯，为父母提供指引，为教师及同学建议有关的学习活动"，网站设立了"活动""教师中心""学生承诺""家长指引""资源中心"几个栏目。此网站有效地把学生、家长、学校、社会联系起来，能够进行及时有效的互动沟通，可以给教师、学生、家长有效的建议和必要的指导。学校应担负起德育主要力量的重任，在新媒体德育资源建设中发挥主导作用，学校可以和有关教育部门联系起来，建设类似的德育资源网站，以学校为中心向周围辐射，形成学校德育、社会德育、家庭德育、学生自我教育相结合的大德育体系。

第三节 网络媒体视域下大学生德育方法、形式的创新

方法是主体为了达到预期目的，在认识世界和改造世界中所采用的方式和手段。新媒体的发展使德育方法从静态走向动态，从平面化变为立体化。应运用网络媒体、手机媒体等新媒体平台创新德育方法，改进德育形式，创新运用自主性德育、参与性德育、主体间性德育等形式，突出德育的针对性和实效性。

一、运用新媒体创新德育方法

（一）运用网络媒体创新德育

互联网已成为最主要的新媒体。网络媒体包括网站，博客、播客、维客，网络电视，网络广播，网络报刊等。在重大事件的新闻传播中，网络媒体正在实现由"草根"走向"主流"的角色转变。大学生在思想、道德、价值观方面受网络媒体的影响较大，运用网络媒体对大学生进行德育成为必然选择。

首先，加强社会网站建设，使之成为对大学生进行教育的重要阵地。社会网站具有专业技术力量强、信息量大、形式新颖等优势，对大学生具有较强的吸引力。社会网站包括新闻网站、网络论坛社区、社交网站等。

新闻网站是中国互联网世界的主流媒体，包括综合类新闻网站、门户网站的新闻频道和传统媒体的网络版。新闻网站的发展呈现出问政、参政能量巨大，动员社会积极、有效，关注弱势群体，音、视频传播飞跃发展，技术跟进快速、主动等特点。社交网站日益成为融合性社交平台和媒介平台，社交网站的发展不仅意味着可能改变人们的社交方式，而且还会对新闻信息的生产与传播方式产生影响。社交网站发展迅猛，也引发了许多问题，包括挑战国家安全，成为美国等西方国家进行政治颠覆的工具；威胁个人信息安全，制约社交网站的良性发展；非法信息传播和虚拟问题现实化，网络的虚拟性、匿名性、隐秘性为学生提供了道德自我弱化的场所，体现了对学生社会化的阻碍、潜在道德滑坡等社会隐忧。加强社会网站建设应从以下几个方面做起。

其一是强化社会网站的社会责任意识，弘扬社会主旋律和主流文化。

由于除了国家和地方政府主办的官方网站外，大多数专业网站是自负盈亏的企业，它们把追求经济效益放在较为突出的地位，这就易导致网站内充斥虚假广告、过度的娱乐性甚至色情等不健康的内容。因此，必须强化和重申社会网站的社会责任意识，要求弘扬社会主旋律和主流文化。因为网站作为媒体具有传播文化和价值观的作用，只有弘扬社会主旋律和主流文化，以社会主义核心价值体系为指导，才能使社会网站的内容更健康积极。

其二是国家主流媒体与网络媒体适当合作，将国家大力提倡的内容以适当的方式在社会网站、论坛上展现。这里有两个层面的内容。第一层面是官方网站应做好表率，发挥对其他社会网站的示范、带动作用。第二层面是国家主流媒体与网络媒体适当合作。目前，我国媒体机构开始进驻社交网站。

其三是加强对社会网站、论坛的舆论引导，培养思想先进、理论水平较高的意见领袖，发挥其在网络舆论中的引导作用。网络论坛成为草根舆论表达的新平台，并成为舆论格局中与传统舆论相对峙的新领域。一方面，网络论坛高度的自主性给了网民广泛的话语权，在维护公民表达自由权利、完善舆论监督方面具有一定的积极作用；但另一方面，网络论坛匿名、随意、无序的过度表达又引发了许多问题，一些不负责任的发帖、跟帖等违法、违反道德的言论产生了不良的社会影响。所以，应加强对社会网站、论坛的舆论引导，通过培训网站管理人员，提升其政治理论和文化素质，培养政治素质过硬、理论水平高的舆论意见领袖，通过邀请专家到论坛做客等方式，对舆论加以正确的引导。

其四是加强监管，通过完善法律、法规和监管技术手段，规范社会网站的行为。目前，我国除了将现有的法律适用于新媒体空间外，也出台了一批有关新媒体的法律、法规，包括由全国人大常委会制定的法律或做出的决定、行政法规、司法解释、部门规章等，并形成了初步的法律体系。目前来看，我国的网络立法与现在飞速发展的网络技术和实践还不能契合。网络空间和现实空间的利益冲突、网络技术进步等因素对网络主体的权利、义务带来重大影响。在我国，网络立法的当务之急不是大规模地制定新法，而是尽可能扩大现有法律、法规的适用范围，对网络空间的特殊问题进行补充、修改，保持现有法律体系的稳定。长远来看，制定一部专门的网络基本法非常必要。

其次，加强高校校园网络建设，发挥其德育功能。提高高校网络道德建设的水平和效果，坚持重在建设的原则，完善校园网络系统。校园网络建设应体现五个"统一"，即互联性与特色性的统一、知识性与思想性的统一、丰富性与主流性的统一、疏导性与互动性的统一、教育性与服务性的统一。

建设高校专题德育网站、德育论坛，搭建网络德育平台。可以将德育网站挂在学校学工部或团委的网站上，也可以单独设立专题网站。还可以根据工作需要设立专题网站，如科学发展观网站、创先争优网站。目前学校德育网站存在的问题是内容相对单一、形式较单调、对学生的吸引力不大。应在坚持社会主义核心价值体系为指导的前提下，将教育内容丰富化、形象化、数字化，增强网站的吸引力和凝聚力，发挥德育网站对学生的教育作用。可以设立校园论坛，如水木社区、北邮人论坛、南大小百合、日月光华、沁水青山、观海听涛等。可以让学生针对社会问题自由发表言论，教师给予适当引导，效果较好；绝大多数学校设立了百度校园贴吧，成为大学生发表言论、老师了解学生思想的平台；而人人网等校园社交网站，成为教师和学生都比较喜欢参与的交流平台，达到相互了解、互通信息、交流感情和心得的目的。

加强校园网络管理，尽量减少师生同消极信息的接触。健全校园网络管理制度建设，确保校园网络管理有章可循，明确责任，并实行经常性的检查监督和必要的奖惩措施，把好各种信息的进出和传播关，为健康信息创造更加便捷的通道，尽可能减少消极信息在校园网络上传播。

最后，建设德育博客、微博，发挥其教育作用。博客、微博作为新兴媒介在大学生中产生了广泛影响。博客、微博已经成为大学生发表言论、相互了解、交友的平台。

博客、微博对传统传播理论的突破。其一是传统"把关人"在博客、微博中的缺失。由于博客的匿名性、交互性、平等性，人们可以随心所欲在网上发布信息，人们既是信息的接受者又是信息的发布者，这使得过去大众传媒组织所特有的把关特权开始为广大的公众享有，在传统传播环境下由少数传播组织控制把关权的状况被庞大的博客"把关人"所颠覆。其二是博客、微博凸显了议程设置功能的非权力化。大众传媒的议程设置受到政治、经济和意识形态关系的影响，带上了权力色彩。议程设置功能在博客中存在的方式、所起的效用不同于传统媒体，最大限度地淡化了议程设置的权力色彩，凸显出非权力化的议程设置特点。由门户网站和传统媒介主导，博客网站在自身信息筛选的过程中靠近传统大众媒介的口味，呈现一种潜在的议程设置，符合上一级选择条件的博客能参与到整个传播链条中去，不符合选择标准的博客个人站点将逐渐退出博客传播的过程。其三是博客、微博挣脱"沉默的螺旋"的轨迹。博客的出现打破了传统媒体的垄断，公众掌握了更大的话语权，"沉默的螺旋"理论正在被打破。博客的匿名性降低了从众现象的发生，博客的个人性和平等性避免了行为的趋同化，博客的进步性体现了公开表达个人意见的愿望，在舆论的产生过程中，被传统媒体忽视的议题在博客里都可以得到有效传播。博客在一定程度上挣脱了"沉默的螺旋"的轨迹。

运用博客、微博进行德育。博客、微博成为大学生比较喜爱的交流工具。一些德育博客应时而生，德育博客目前在不少高校已发展成为德育工作的重要补充和桥梁。本书认为，进一步开发德育博客，发挥其对学生的教育作用，应从以下几个方面着手。

1. 处理好四对关系

一是德育博客与高校德育工作的关系，德育博客要根据德育工作的特点，做好针对性、导向性、实效性与开放性、自由性的融合。二是德育博客与其他网络平台工具的关系，使德育博客既有随机性、隐蔽性和容易接受性，又具有导读性和启发性。三是德育博客引导与思想教育网下处理的关系，做到新媒体德育与现实德育的有机结合。四是德育博客建设主体与访问主体的关系，做到主体间的平等、友好交流。

2. 掌握好三个比例

一是内容建设中原创文章与转载文章的比例。应以原创文章为主，适当转载有价值的精品文章。二是宣传推广中走出去与引进来的比例。德育博客建设主体可经常到彼此空间访问，学会走出去和引进来。三是互动交流中答疑与设问的比例。既要注意答疑解惑，也可根据需要适当提出问题，引导学生参与讨论。

3. 把握德育博客的发展方向

一是推进大学生思政博客的建设力度，将思政博客的建设与繁荣大学文化相结合。既要把先进的大学文化通过新媒体传播给大学生，又要通过建设新媒体文化繁荣大学文化。二是拓展建设主体，努力使之成为全校工作的关注点。引导高校党政干部、辅导员、学生参与到德育博客建设中来。三是打造精品思政博客，增强大学生思政博客的教育实效性。可以多请一些德育专家、理论专家，推出"名师博客""学者博客"等一系列精品思政博客，不断加强大学生德育博客的深度和吸引力。

（二）运用手机媒体创新德育

手机媒体的基本特征是数字化，最大的优势是携带和使用方便。手机媒体作为网络媒体的延伸，具有交互性强、信息获取快、传播快、更新快等特征。这些特征使得手机媒体渗透到生活的各个层面，深刻影响着人类的传播活动。

手机媒体的优势与不足。手机媒体的优势表现为以下几点：一是高度的移动性与便携性，真正做到分众传播。二是信息传播的即时性、互动性。手机媒体是一种开放的互动式传播，集人际传播、群体传播、组织传播、大众传播于一体，具有人性化的特点。三是受众资源极其丰富。四是多媒体传播，可以更真实地反映所报道的对象。五是私密性。对手机媒体用户来说，自由选择和发布信息的权限扩大，私密性得到保证。六是整合性。手机媒体能整合多样的传媒形态，承载报纸、广播、电视等传统媒体的内容；能整合多元的传播主体，将生产信息的传者与接收信息的受众合二为一；能整合多样的传播方式，既可实现点对面、面对点的传播，还可实现点对点、一点对多点、多点对多点等丰富的传播方式。手机传播的不足表现为：虚假与不良信息传播，侵犯个人隐私，信息垃圾，对信息安全的冲击等。

手机媒体对生活方式及文化的影响。首先，手机媒介技术建构了新的社会生活方式，体现在新媒体对时间观、空间观、社会交往、公权力与私权力的影响等方面。其一是手机媒介传播时代的时间观表现为手机媒介造成时间的碎片化，加剧对时间的焦虑感。其二是手机媒介建构的空间观，表现为公共空间与私人空间在手机中的无缝对接。工作空间是公共空间的一种，手机的使用促成工作场所这种公共空间与私人空间的交错重叠。其三是手机营造的虚拟空间——手机社区，在虚拟空间活动的主体可隐去真实身份，比实在生活更能敞开自我，实现与他人的纯粹精神交往。其四是手机媒介传播时代的社会交往表现为手机媒介拓展了社会交往的广度，促成了社会交往形式的多元化，消解了社会交往的深度，呈现出一种平面化、仪式化、快餐化的特点。手机媒介在中国社会公权领域的应用体现在：开放话语平台，沟通民意；树立及传播形象；构建公共信息的快速传播通道，助力公共事务管理。其五是手机媒介在中国社会私权领域的应用体现在：信息获取权、民主参与权、隐私权。其次，手机作为传媒，其传播的大众文化主要以媒介文化这一大众文化的亚文化形式为主要内容，并且在自身的传播过程中又形成了一种媒介文化现象。手机文化产品遵循了多样、实时、互动的开发原则，手机媒介文化的特质有五个方面：情感体验娱乐化、民众参与普适化、自我表达个性化、文化风格时尚化、精神消费快餐化。

运用手机媒体对学生进行德育。手机媒体给大学生思想道德带来了较大影响。据笔者对某高校 1500 名大学生的调查发现，手机已成为大学生生活中必不可少的物品。由于手机媒体本身以及手机文化的自身特点，其对大学生思想道德产生了较大影响。根据手机媒体的特点，创新德育的方式主要有以下几种。

第一，运用手机短信等平台，对学生进行互动、平等的参与式德育。传统德育效果低下的原因之一是教育以教师说教为主，教师对学生处于居高临下的姿态，学生参与程度较低。运用手机短信平台，教师与学生可以进行双向或多向的互动交流，而且可以根据学生的具体情况进行定向的交流，有利于学生在教育过程中的参与，利于形成平等的教育关系，可以提高教育的针对性和实际效果。

第二，开发德育手机报平台，对学生进行社会主义核心价值体系的教育。如何使社会主义核心价值体系的内容入耳、入脑、入心，是对学生进行教育的重点和难点。运用手机报的定向发送、无条件接收的特点，可以开发专题的德育手机报平台，也可以结合普通的手机报，在内容上增加德育方面的内容，同时注意把社会主义核心价值体系的内容形象化、具体化、数字化，从而使社会主义核心价值体系的内容以润物细无声的方式进入学生的视野和大脑。

第三，运用手机短信群发等功能，对学生进行学业、就业指导等服务。手机短信的群发功能是对学生进行服务的很好的平台，运用手机短信群发功能，可以把学生选课情况、就业招聘单位、招聘会等信息以短信的形式通知给学生，使学生在第一时间获取信息并为下一步的学习和就业做好准备。

第四，通过红色短信大赛等形式，发挥学生自我教育的作用。学生既是接受教育的主体，也是自我教育的主体，如何发挥学生在教育中的主体作用是教育取得成效的关键。在手机媒体运用普及的今天，收发短信成为大学生之间交流的重要方式。通过开展红色短信大赛等形式，引导学生开发内容健康积极的短信，远离垃圾和不健康的短信，增强学生对道德信息的选择和判断能力。

第五，加强手机媒体的管理，营造积极健康的手机文化。我国对手机媒体的管理正处在摸索阶段，目前我国手机媒体管理中存在的主要问题表现在：管理责任不明，存在监管空白；管理依据不足，缺乏法规政策；管理力量薄弱，不良信息泛滥；利益驱动明显，消费陷阱较多；产权保护不力，侵权盗版严重；业务模式雷同，产业生态恶化。目前对于手机媒体，应从以下几方面加强管理：其一是明确责任主体，理顺管理体制。手机媒体管理涉及不同行业和产业部门，要明确相关管理部门的职责，加强协调配合，建立和完善管理体制机制。其二是健全法规制度，严格依法管理。要尽快对从事新闻信息服务的手机网站、手机报纸等的资质审批、内容监管做出具体规定，引导手机媒体健康有序发展。其三是完善技术手段，强化技术管理。要不断完善技术手段，提高管理的技术含量。要建立对不良信息、不良 WAP 网站的监控系统，及时发现这些信息并予以处理。电信运营商要继续加大技术投入力度，建立相应的工作流程，积极配合相关管理部门的工作，加大对 SP 的管理。四是推动行业自律，强化自我约束。要制定自律规范，强化自我约束。电信运营商要主动承担相应的职责和任务，协助健全信息服务类业务的管理和控制机制，促进无线互联网行业的协调健康发展。五是规范免费 WAP 网站管理，实施登记备案制度。

（三）运用电视新媒体创新德育

电视新媒体包括数字电视、IPTV、移动电视与户外新媒体等。

运用户外、车载、电梯间的电视媒体等，传播优秀道德和价值观。根据户外、车载、电梯间的电视媒体强迫收视的特点，将社会主义核心价值观的内容数字化、形象化地展现在人们面前，使人们在潜移默化中受到教育和熏陶。同时，通过这些媒体对优秀道德的传播，营造良好道德建设环境与氛围。

运用校园电视平台，对学生进行德育。校园电视是学生在学校中收看电视节目的主要工具，一般放置在宿舍和教室里。校园电视除了播放国家和省市电视台的节目外，还可以播放学校电视台自制的节目。学校可以结合学校和学生自身的特点，制作与学生生活紧密相关、内容健康向上的电视节目，对学生起到引导和教育的作用；可以增加学生与校园电视互动的机会，让学生参与节目制作，以及在节目播出过程中通过短信参与、有奖竞答等形式，把学生吸引到积极健康优秀的校园电视节目中来，让学生在参与中接受教育。

二、运用新媒体改进德育的形式

（一）自主性德育

自主性德育是一种肯定德育主体具有相对独立地位和权利的德育，是一种充分肯定德育主体内在道德需要的德育，是一种内化了社会需要并对社会完全负责的德育，是一种充分地体现人的生存价值和生命意义的德育。

自主性德育作为一种以教育者与受教育者的自主性为特征的学校教育，必然遵循自由性、理性、价值性的原则。自由性原则，即理性的、有限制的、完全的"平等自由"的自由原则；理性原则，自主性德育具有客观性、合理性、合法性，还包含情感上的稳定性和意志上的坚定性；价值性原则，自主性德育追求的是人的个性的解放和体现，是人的权利的落实，以及人的人格和尊严维护的原则。自主性德育就是坚持对教育者和受教育者的双重人格尊重。这是自主性德育与传统德育的最大区别。

新媒体视域下自主性德育的现实诉求。首先，新媒体环境产生了实行自主性德育的迫切需求。当代社会在现代科技的冲击下发生了重要的变化，特别是建立在新媒体等现代科技基础之上的信息化趋势，使国际化社会的概念日益普及和日常化，国与国之间的信息传递日益简单和快捷，多样化社会对人的个性素质要求越来越直接和深刻。因此，一方面，现代社会造就了人的个性发展的环境和空间；另一方面，现代社会对人的个性化要求越来越高。作为人的个性化特征的人的自主性，也必然成为社会和个人发展追求的目标。由于新媒体的全球性的、去中心化的交互性使人们的交流跨越了时空和国界，这需要培养学生走向他人、学会交往、学会合作的社会历史人格，使人从孤独的个人走向富而有礼的整体，从孤立的自我走向高尚、友谊、互助的群体。所有这一切可以说都需要以人的自主性为前提。

社会的这种需要要求教育应该做出与此相适应的变革和应答，也就产生了社会对自主性德育的诉求。其次，新媒体环境为自主性德育创造了机遇与条件。新媒体的开放性、互动性、虚拟性、参与性为自主性德育创造了机遇与条件。新媒体的开放性使其空间中容纳了世界各国家、各民族的文化和价值观，包含了海量信息，为学校和师生自主选择信息提供了平台，也使学生在自由选择中促进了其个性的发展；新媒体的互动性使师生可以在线即时交流，有利于师生的对话和相互理解；新媒体的虚拟性使师生可以隐去现实中的真实身份，以平等的姿态、敞开心扉进行平等交流，有利于建立师生平等的关系，提高教育效果；新媒体的广泛参与性可以使师生随时、随地参与到讨论和交流中去，使学生的需求得到理解和尊重，有利于自主性德育开展。

新媒体视域下自主性德育的价值观。自主性德育是促使教育者和受教育者充分地发挥个体教、学自主性的德育。新媒体视域下，培养和生成受教育者自主性的道德意识、道德能力、道德习惯，是自主性德育追求的价值目标。自主性德育所依据和主张的以个人自主为主，是意在推动传统德育中的以他律为主的德育方式向以自律为主的德育方式方向转化。这种德育思想要求学校德育一方面要考虑社会的道德需要；另一方面则应该考虑受教育者及教育者个人的道德需要，并考虑德育的自愿性、自觉性、意义性等特点，着重通过促进道德主体的自我道德意识的增强和道德自觉性的增加来增强德育的效果。由于新媒体环境是一个以法律规范为主导、主要依靠个体道德自律来维持秩序的空间，这种德育方式有利于提高学生的道德水平。在德育的管理方面，应该结合新媒体的特点，运用新媒体为介体和手段，促进传统的封闭式、单一式、半强制式的德育管理体制向开放式、多样化、民主性的德育活动组织体制转化，使德育活动更符合德育规律，使德育活动成为教育者和受教育者都自觉、自愿、自主、自由、愉快参与的活动，使德育真正发挥提升人的精神和人格的作用。自主性德育的价值观念，应该能够积极有效地促使教育者和受教育者两方面都能充分地表现人的超越性、高尚性、自主性，真正地促进学校德育质量的提高。

新媒体视域下自主性德育的目的观。自主性德育的目的无疑是培养具有自主性道德的人，而一个具有自主性道德的人，其人格结构则可能逻辑地表现为自主性道德意识、道德能力、道德习惯、道德精神等，其关键之处在于受教育者的自主性德性素质的培养方面。而最注重道德自主性的新媒体环境，为坚持和发展自主性德育的目的提供了条件。倡导和宣扬受教育者个体的自主性意识，倡导公民个体权利意识、责任意识、民主意识，是对我们以往的"自律"道德意识的发展，促使道德主体不仅要主动地约束自己，使自己的行为符合社会道德的要求，还明确地要求道德主体能够和坚持自己为自己做主，学会自己决定自己的事情。这要求德育不仅要向学生合理地传授道德知识和道德意识，而且要促进受教育者既将这些道德知识内化为自己的思想和信念，又将这些道德知识转化为受教育者的道德行为和道德习惯，可能时还应该化为他们的道德精神。自主性德育所追求的目的是培养受教育者的自主性德性素质，由于作为德育主体的受教育者要经历由道德意识向道德行为、道德习惯、道德精神的一系列转化，从而使德育主体的德性素质成长成为一个逻辑、生成、持续的发展过程，也使受教育者的德性素质养成将具备生成性、稳定性、开放性、正义性等特征，从而为自主性德育目的的内涵，赋予了时代和革命意义。

新媒体视域下自主性德育的活动机制。自主性德育的活动机制，是指由决定自主性德育活动的各种条件、要素、力量所形成的决定自主性德育是这样活动而不是那样活动的控制系统，这个系统决定着自主性德育的方向、方式、趋势，是自主性德育活动内在的决定因素。首先，新媒体视域下的自主性德育活动机制具有自身的特点。成人是自主性德育活动机制的逻辑起点。一是由自然人向社会人再向道德自律的人的转化。新媒体环境对于促进学生向道德自律的人的转化具有更重要的作用，基于新媒体而开展的德育活动从其活动的起点处就坚持尊重教育者和受教育者的人格和权利，承认并坚持教育者和受教育者的自由和自主权利。二是由"单子式"的个人向世界历史性的个人方向发展。新媒体广泛互动交往的特点、新媒体文化中的社群文化对于促进学生由"单子式"的个人向世界历史性的个人方向发展很有益处。"单子式"个人主要是指每个个人都是以一种彼此分离、孤立、封闭的"单子"方式生存着，人与人之间缺乏一种开放性的精神交往和合作，人在本质上是一种"孤独的个人"。新媒体视域下通过社群交往、互动交流的自主性德育，以受教育者自由、自主为特征的德育模式，是以人作为一个权利和责任的统一体为前提的。在这种教育模式中，无论是教育者还是受教育者，每个人都是一个独立、自由的个体，都有与他人（任何人）平等的法定权利和自由，也有与他人（任何人）相同的责任和义务。新媒体视域下的自主性德育有助于学生确立主体意识和主体地位，并帮助学生摆脱"单子式"的状态。其次，新媒体视域下自主性德育活动机制的主要原则。新媒体视域下，自主性德育在其活动机制的建构中，将结合新媒体的特点，发挥其优势，努力坚持多样性、开放性、有效性的原则。多样性是指在学校德育的活动形式上，既要坚持传统德育活动中有效的课堂教学和课外活动的形式，又要努力开拓一些新的德育形式，诸如，网上与网下结合的参与性教学、活动性教学等。自主性德育的开放性，表明其活动机制不会将自己局限于一时一地，而是将自己置于社会发展的大环境之中。在国际化、民族化的德育学习和借鉴以外，自主性德育的开放性还包括在具体的德育活动中，以灵活多样的形式完成德育的使命。自主性德育的有效性是指根据新媒体的特点，使教育活动的形式和内容符合学生的特点和成长、成才的需要，注重德育的有效性。

新媒体视域下自主性德育活动中的师生关系表现出三个特点：其一，新媒体视域下自主性德育活动中的师生关系是一种师生相互交往性的平等关系。新媒体视域下自主性德育，就是建立在自主性德育思想基础上的、能促进教育者和受教育者双方进行平等对话的交往性教育活动。在这种教育活动中，一方面，受教育者和教育者双方都是带着自己的需要来从事这项活动的，其中，受教育者期望和需要在学习中受到教育者的指导，教育者则需要通过受教育者的学习和成长活动而完成自己的职责和实现自己的信念和理想，双方共同的需要使这种交往形式成立。另一方面，教育者和受教育者地位平等的交往性学习有利于受教育者道德素质的生成。其二，新媒体视域下自主性德育活动中的师生关系是一种帮助指导的关系。在这种相互的、合作的道德学习过程中，学习者应该是独立的、自由的。因为道德发展是个体选择的一部分，真正道德的生长发生在个体内部。自主性德育正是借鉴了"教育即生长"的原则，主张保证受教育者独立自由的学习权利，让学生拥有广泛的学习选择权，让学生做自己学习的主人，自主地选择学习的内容、形式和方法。其三，新媒体视域下自主性德育的师生关系是一种引导、启蒙、提高的关系。教育中的师生关系就由学生的自主学习、自主选择、自主评价、自主需要与教师的积极指导、热情帮助两方面合力形成。这种由师生双方面需要有机形成的师生关系，是一种在尊重学生自主权利和尊严前提下的指导、启蒙、促进关系。

（二）参与式德育

参与式德育的实质是生活德育、活动德育、体验性德育、社会化德育，是学生在真实的生活（包括学校、家庭、社会）中通过参与活动和亲身实践来体验的德育。与我们倡导创设德育情境不同，参与式德育更强调真实、自然、无痕的社会生活场景。

首先，参与式德育的特点分析。参与式德育的特点概括起来主要表现为实践性、开放性和生成性三个方面。参与式德育的本质是实践的，实践的观点是参与式德育首要的观点。只有在实践中学生的主观认识见之于客观行为，潜在品质才变为显性品质。学生只有在德育实践过程中将内化的德育知识、信念外化到行为上，才能形成相对固化的品德。参与式德育具有显著的开放性。参与式德育，其实质是让学生参与到真实的生活中来，满足其不断发展变化的需要。这需要教师通过创设一定的情境来提升学生的需要和兴趣，让学生接受无痕的教育。参与式德育是一个不断生成的过程。杜威认为道德真理是相对的，任何道德都必须服从于不断变化的社会需要。时代在变，新环境下的新问题、新情况层出不穷，学生的需要、兴趣和观念在不断变化。因此德育活动在理念、内容、方式上也要变化，是一个不断变化、生成的过程。参与式德育就是根据时代发展的要求，加强德育的主体性、针对性，使学生真正成为个性化与社会化有机统一的"道德人"。

其次，新媒体环境与参与式德育的契合。一方面，新媒体环境对参与式德育提出了迫切要求。新媒体传播的特点决定了其为德育提供了一个与以往不同的教育环境。新媒体环境对传统以灌输为主的教育模式提出了挑战，迫切需要构建与新媒体相适应的、现代开放的参与式德育。新媒体的开放性、信息的海量性产生了实行参与式德育的诉求。新媒体改变了以往众多媒体地域性传播的特点，新媒体空间上的开放性导致了新媒体传播地域上的全球覆盖，时间与空间上的开放性导致了信息的海量存储，而由于"把关人"的监管不到位，这使得信息良莠不齐，对学生的价值观和思想冲击较大，仅靠传统的灌输式教育较难奏效，迫切需要以学生参与为主的、充分发挥学生主动性的参与式德育。另一方面，新媒体环境为参与式德育的实施提供了机遇与条件。新媒体环境在对参与式德育提出迫切要求的同时，也创造了参与式德育构建的有利条件。新媒体的交互性与即时性为学生创造了参与德育活动、确立主体地位的有利条件。新媒体的互动性是新媒体信息发布的低门槛和信息传播方式的灵活性所带来的直接结果。互动性不仅体现在传受双方交流的增强，还体现在整个信息形成过程的改变。信息不再依赖于某一方发出，而是在双方的交流过程中形成的。新媒体最大的吸引力就是用户的主导性、自主性得到了空前的增强。同时，新媒体是即时传播，用户可以随时随地"面对面"地交流。这些传播特点比较有利于学生参与到教育活动中，不必受时间和空间的限制，而且增加了教育者与受教育者的即时沟通交流，使得彼此相互了解和理解，有益于提高教育效果。新媒体的个性化与社群化为学生创造了较广泛的交往环境，新媒体真正实现了个性化服务。用户可以自由地选择信息接收的时间、地点以及媒介的形式，传者可以用"信息推送技术"，根据用户的需求为他推送信息的专门化服务。新媒体传播不仅具有综合性、主动性、参与性、渗透性和操作性的特点，而且具有灵活性、开放性和交互性的特点。新媒体个性化的特点为学生自主选择学习的内容、培养和发展学生的个性创造了条件。新媒体的社区、BBS和自由论坛等充斥在虚拟空间中，这些社群往往形成一些很牢固的人际互动网络。学生通过参加社群内的活动，可以就某些话题交换意见，这对于培养学生的群体意识与合作性具有较大作用。新媒体的匿名性、虚拟性为学生创造了较真实的生活和社会环境。由于新媒体的匿名性、虚拟性，教师和学生都可以隐去身份，较真实地表达自己的内心想法，有利于创设较真实的生活和社会环境，让学生没有心理负担地进行道德选择和道德判断。因此，新媒体环境为参与式德育的实施提供了很好的机遇与条件。

最后，新媒体视域下参与性德育的实施。新媒体视域下参与性德育的实施可以分为以下几个方面。

其一是运用新媒体，构建学校、社会和家庭参与的大德育格局，形成德育合力。现代社会的教育已不是单纯的学校教育或家庭教育，参与式德育需要社会、学校、家长、学生的共同参与。因此应顺应教育的综合化发展趋势，形成学校、社会和家庭齐抓共管、多管齐下的合力，促进学生的全面发展。新媒体的开放性为建立学校、家庭、社会之间的立体联系，构建大德育格局创造了条件。通过建立辅导员博客、德育网站、校长信箱、家长反馈平台、班级博客、校友之窗网站等平台，让家长了解学校的教育情况并可即时反馈意见，让学生了解学校和辅导员的情况并即时互动，让社会参与到学校教育中来。通过网上联系与网下联系相结合，建立学校、学生和教师与家庭、社会之间走出去和请进来的互动。面向社会开展德育，学生价值观的变化和道德行为、观念就能在较大程度上与社会发展相契合。学生直面社会培养出的道德能力，使其进入社会后能从容面对和处理复杂的社会道德现象和道德交往实践。

其二是运用新媒体增强学生的参与性，发挥学生在教育中的主体性作用。在学校德育中，教师应意识到不同学生的特殊性和差异性，以学生为本。学生是主体，是关键，是目的，充分发挥学生的自主性和能动性。新媒体是全面参与的、充分展现个性的媒体，学生可以自由地在新媒体空间中浏览信息、发表言论、上传视频和图片，而博客、微博等相对固定的新媒体为培养自主的、理性的个体提供了平台。德育工作者可以通过议程设置功能对网站、论坛的内容、问题进行有效设置，引导学生参与到讨论中，并通过讨论自主做出道德判断和道德选择。

其三是运用新媒体让学生参与人际交往中的道德实践。新媒体的最显著特点是广泛的交互性，人们可以通过新媒体与世界各地的人们进行广泛交流，这样就拓展了学生的交往空间。同时，新媒体的去中心化和虚拟性，使得新媒体中没有领导与被领导，只有身份平等的新媒体用户，新媒体为大学生创设了广泛的、平等的交往空间。学生通过在新媒体中的交往，去深化或改变生活中已有的道德观念，因此学生在新媒体中的自我教育因素比较多。教育者可以通过与学生在线交流、加入社群，并通过较强的影响力获得社群的倡导者身份，从而对学生进行有效的教育。

（三）主体间性德育

主体间性（Inter-subjectivity）一词可翻译为交互主体性、主体之间性、主体际性等。现象学大师胡塞尔认为，自我与他我通过拥有共同世界而形成一个共同体，单一的主体性也因之而过渡到主体间性，这种主体间性是通过"共现""统觉""移情"而实现的。海德格尔认为，主体间性是主体与主体之间的共在，是"我"与他人对同一客观对象的认同。哈贝马斯认为，主体间性是人与人在交往中形成的精神沟通、主体的相互理解与共识。

马克思关于社会形态和人的发展的三个阶段的论断，实质上是对主体性向主体间性转向历程的科学概括和总结。在"人的依赖关系"阶段，个人的主体性被群体性所掩盖。在"以物的依赖性为基础"阶段，人的主体性从属于物的主体性。在"个人全面发展和自由个性"阶段，以个体的全面自由发展为基础，寻求个体与个体、个体与群体、人与自然的自觉融合和统一，主体间性的本质体现了类主体性。总之，主体间性是主体间关系的规定性，是主体与主体之间的相关性、统一性、调节性。主体间性的含义可从以下三个方面来理解：其一，主体间性的根据在于生存本身。因为主体与主体相互联系、相互依存、共同发展是现实世界的客观现象。其二，主体间性是一种关系。主体间性不是把自我看成"单子式"的个体，而是看成与其他主体的共在。其三，主体间性是一种方法论。这种方法是处理人与人之间关系的方法，即对待他人要尊重、同情，而不是排斥。

首先，主体间性德育的内涵分析。当前对德育过程中的主客体关系有三种不同的观点。第一种观点认为，教育者是主体，受教育者是客体。第二种观点是主导主体论，认为教育对象是教育过程的主体，教育者发挥主导作用。第三种观点认为，教育者与受教育者之间互为主客体，提出了双主体说。第一种观点影响最深，它的"主体—客体"模式、理论上的主客二分，只体现了德育的一个过程、一个方面；第二种观点中，受教育者的主体是被教育者所规定了的主体，仍然是德育的配角；第三种观点把德育中本应是统一的"施教"和"受教"割裂开来，仍只强调单极的主体性，仍然是"主体—客体"模式。

主体间性德育以马克思主义主体间交往思想为指导，同时借鉴西方哲学关于主体间性研究的成果以及当代我国哲学界的相关成果。马克思主义的"人的社会"和"社会的人"是一种最深刻意义上的主体间本位。他提出的"人与人的关系"是主体性的"交往关系""社会关系"，从一般意义上规定了主体间的关系。"交往""交往实践""交往形式""精神交往""交换""物质交换"等概念，着重规定了人们之间即主体间的物质关系、精神关系和实践关系。学者任平以马克思主义理论为基础，对交往实践作了深入研究，他认为交往实践是主体间的物质交往活动，体现主体间性，他提出了"主体—客体—主体"相关性模式，这一模式具体表现为"主体—客体"和"主体—主体"双重关系的统一结构，任平的观点对构建主体间性德育具有借鉴作用。

主体间性德育是指两种关系的统一：一种关系是教育者与受教育者都作为德育的主体，二者构成了"主体—主体"的关系；另一种关系是教育者与受教育者都是德育的主体，是复数的主体，他们把教育资料作为共同客体，与教育资料构成"主体—客体"的关系。这即是主体间性德育。

其次，主体间性德育的特征分析。主体间性德育的第一个特征是指教育者与受教育者是共同的主体间的存在方式。在主体间性德育中，受教育者不再被视为客体，而是与"我"一样的另一个主体。这种教育方式体现了以人为本、对他人的尊重。主体间性德育的第二个特征是指教育者与受教育者之间的活动是主体间的交往活动，而不是教育者的单项活动。

主体间性德育强调教育者和受教育者都是德育的主体，教育者是与他人共在的自我。主体间性德育的第三个特征是指教育者与受教育者之间是相互理解的，他们通过换位思考的方法来实现人的思想品德的提高，而不是通过"单子式"的硬性填鸭教育来实现。主体间性理论为德育提供了新的哲学范式和方法论，继承并吸收了主体性德育的优秀成果，克服了以自我为中心、视受教育者为纯粹客体所带来的局限。

再次，主体间性德育是新媒体发展的必然要求。随着新媒体的快速发展，人类逐渐进入新媒体时代。在新媒体空间中，人与人的交往呈现两大特点：其一是"去中心化"。新媒体的隐匿性、虚拟性使人们具有安全感，使人与人之间的交往更加自主开放。在这里没有领导者和被领导者，只有倾诉者和倾听者，各种道德标准在新媒体交往中只会越来越趋向统一，因为符合社会要求的各种道德标准是这种交往的基础。其二是信息共享。新媒体的开放性使其成为信息的海洋，供人们分享，人们在分享的同时，又为这个海洋提供新的资源。信息共享还体现为一种人与人之间的平等的双向的交往，捧出自己的思想，接纳别人的思想。但同时新媒体空间中海量的信息是良莠不齐的，有些是有害的。要以社会主义核心价值体系来引导新媒体的发展，充分考虑受教者的兴趣爱好，遵循新媒体传播的特点和规律，对学生进行教育。"单子式"的主体性德育常常是教育者为唯一的主体，只注重教育者单向的信息输出，受教育者成了信息的唯一分享者，他们很少有输出信息的权利、机会。这样的德育在新媒体视域下是行不通的。因此，德育的主体间性转向是新媒体发展的迫切要求，体现了德育与时俱进的时代特征。

最后，新媒体视域下主体间性德育的实现路径。主体间性德育理论认为，在德育实践中，教育者和受教育者双方的地位是平等的，彼此之间要互相尊重、信任和理解。我们要以主体间性德育理论为指导，根据新媒体的特点，在新媒体德育过程中突出主体间性的实现。

教育者运用新媒体，采取各种途径把德育信息传播给受教育者。一是教育者把受教育者放在与自己交流互动的同一平台上，根据受教育者的兴趣、需要和现实个性有针对性地进行教育，促进其全面和谐发展。二是教育者可以通过电子邮件、心理网站、德育网站，采用自由讨论、平等对话等形式，运用启发式、互动式、交流式的教育方式解决受教育者的思想问题。三是教育者要把教育内容数字化，利用多媒体形式占领新媒体阵地。

受教育者充分发挥自己的主体性。一方面，受教育者面对新媒体空间良莠不齐的信息，主动地选择接收信息，这同时是一个受教育者提高辨别能力的过程。另一方面，主体间性理论以交互性作为其存在的基础，受教育者借助新媒体平台，充分发挥自己的能动性，通过与教育者相互沟通和理解的一种良性互动，受教育者把社会主导的价值观纳入自己的认知范畴加以消化和吸收，并自觉地外化为良好的行为习惯。

主体间交往过程是一个双向互动的过程。在新媒体德育中，教育者和受教育者互相信任、共同对话，是一种平等的参与合作的关系。受教育者不仅可以迅速地反馈信息，而且也可以积极地影响他人，转化成教育者。教育者和受教育者在共享中相互促进、共同发展，建构了一种双向互动、开放性、探索式的德育模式。

（四）嵌入式德育

目前教育界的嵌入式教育一般指两种情况。一种是嵌入式技术教育，主要是将计算机技术、电子技术和其他学科与技术相结合进行综合教育的方式。在这一教育方式下，培养的是有深厚理论基础和实践经验的 IT 行业的高端人才。另一种是 2011 年在美国高等教育界出现的"课程嵌入式评价法"。这一评价方法以通识课程教学为基础，教师以一种不受外界干扰的、系统化的方式，对学生作业按课程目标各个方面来评出等级，以此来衡量学生的学习效果。教师对学生的评级数据为院系评价报告提供了很多用问卷调查法和目标测试法所不能提供的信息。目前我国一些图书馆在原来传统信息素养教育的基础上，进行嵌入式信息素养教育，基本是基于第一种和第二种情况的融合而进行的。"图书馆嵌入式信息素养教育就是指在借鉴传统信息素养教育的基础上，借助一定的终端，通过先进的技术嵌入用户计算机、移动通信工具，或者通过'馆员—教师'协作模式融入专业课堂教学来开展信息素养教育"。嵌入式信息素养教育是一种新颖的、高效的信息素养教育方式，其教学效果较之传统信息素养教育明显，是未来信息素养教育的发展方向。

目前，嵌入式德育的提法较少。有些人提到，应不仅把德育作为一门与科学课程并列的课程去讲述，也应该将德育嵌入教学，让学生在问题发生时进行探讨，或进行自我反省，或进行表扬，让学生切身感受到德育问题，并亲身分析此事，这样他才是真正意义上的感同身受，从内心接受或摒弃一些习惯或做法。这里所讲的德育嵌入式与我们前面提到的创设教育情景、参与式德育比较类似。本书认为，嵌入式德育是一个综合的、广义的概念，既包括在借鉴传统德育的基础上，教育者借助一定的终端，通过先进的技术嵌入用户计算机、移动通信工具，对学生进行德育，也包括通过网上与网下结合，教育者以协作者的身份参与到学生德育活动中对学生进行德育。

新媒体视域下嵌入式德育的优势。一方面，嵌入式德育可迎合大学生的信息行为模式。因为，现在绝大多数的大学生都喜欢使用数字资源，都熟悉 Web2.0 技术，可以说，网络等新媒体已经成为他们生活中非常重要的一部分。另一方面，嵌入式德育可不受时空限制地对学生进行教育。嵌入式德育的地点可以不受物理空间和时间的限制，它可以无处不在，只要有教师和学生、有新媒体用户终端，就可以进行。而且教育的形式比较自然，基本上是一种无痕的教育。

新媒体视域下嵌入式德育的实现模式包括如下几种。

首先，通过嵌入用户计算机网络空间来实现。德育嵌入计算机网络空间是指把德育信息内容经过数字化处理以后嵌入用户的计算机桌面、浏览器、常用学习软件、常去的网站、热门搜索引擎等用户虚拟环境中，还可以嵌入到院系网站、学生活动主页、社交网站、BBS、即时通信工具等网络环境中，以营造德育信息在虚拟空间无处不在、用户可信手拈来的局面。

其次，通过嵌入学生手机等移动设备来实现。利用手机这个便捷的通信工具开展嵌入式德育，其前景将是非常乐观的。可以借助手机报的特定用户、强制播出的特点，将德育内容融入其中。借助手机短信互动交流、私密性容易被接受的特点，将德育内容融入其中。还可以利用 4G 的可视化技术为教育者和学生提供一个实时的、虚拟的"面对面"的环境，让教师和学生间的沟通更具亲和力，从而提高教育效果。

最后，在新媒体空间中针对热点问题和情境进行嵌入式教育。通过在网络社区、BBS 等设置热点问题讨论，并由理论知识功底深厚、经验丰富的教育者来主导和引导学生的讨论，教育者扮演与学生平等的角色，让学生在问题和情境中进行道德判断，做出道德选择，有利于提升学生整体道德水平。

第四节　网络媒体时代下德育教育中的微德育管理

新媒体时代，是一个信息涌动的时代，也是一个信息传播形式多样化的时代，一切可以利用的碎片时间被不断开发并影响受众。伴随着新媒体技术在各行各业的广泛应用，各种"微"产品大行其道，以微博、微信为核心，衍生出的微小说、微电影、微访谈、微生活、微课程等次"微"事物层出不穷"微德育"也应运而生。作为一种应时应景的新事物"微德育"其实就是德育教育中的微产品，这不是凭空制造的一个新名词，而是长尾理论在学校德育教育中的价值延伸。如何应用新媒体时代兴起的长尾理论，开发和利用好"微德育"，探讨更具有个性化的德育教育新路径，是我们做好新媒体时代德育教育工作的迫切需求。

一、微德育应用长尾理论的需求性

在新媒体应用过程中产生的"长尾理论"，成为信息化条件下商业运作模式的成功法则，正在不断地社会和人的观点产生着影响和作用，对我国德育教育也有着启示和拓展的作用。

（一）微德育的含义

我们可以把长尾理论所描述的关键点概括为以下五个方面：一是关注长期以来被忽视的分散但多数的非目标消费者；二是关注过期的热门和一直未曾升温的冷门商品；三是关注非主要的需求，即多数不同消费者的个性化需求；四是高度的定制化和低廉的获取成本将使长尾成为可能的利基市场；五是长尾市场带来的利润要与头部市场相当。

在新媒体时代，长尾理论对德育教育具有应用需求性。众所周知，德育教育工作，涵盖的主体是比较宽泛的。反思当前学校的德育教育工作，无论是在基础教育还是在高等教育阶段，德育教育工作者们不辞辛劳、千辛万苦地进行多方研究或者实践，花费了大量的人力和物力。比如长时间来，围绕着谁是德育教育主体的争论不断，有"教育者主体论""受教育者主体论""双主体论"等；再比如若干教育教学改革、精品课程的建设和各项研究课题的推动此起彼伏。但受教育者们似乎并不买账，"两张皮"现象依然不减。实际上德育教育工作依然只能是靠控制、灌输和生拉硬推，无法真正走进学生的心里，道德滑坡和沦丧的现象屡屡发生。

传统德育教育在新媒体时代遭遇强烈挑战，在学生越来越占教育主体的语境之下，德育教育工作者企图通过强大的权威控制和灌输的时代已黯然失色。所面临着新的境遇，除了强势地以必修课程出现的课堂教育和以各种各样载体形式出现的德育教育形式之外，现在学生们还可以通过新媒体或自身的社会体验等来理解我们所给予的信息。对于大学生来说，他们最关注的不是"德育"理论的高深和该学科的系统性和严谨性，海量的具有草根化和个性化的信息以及交互的平台，刺激着他们的神经，并影响着

他们的价值观。因此，正是从这个意义上来说，大量的主流价值观及其传统教育方式是长尾理论模型中的"主体"（"头部"），而纷繁复杂的各种信息传播或者活动则是"长尾"，这个"长尾"可以用"微德育"来进行描述。由此基于长尾理论的"微德育"得以提出。

所谓微德育，并非一般意义上的"课"，而是从微观视角出发所实施的一种即时渗透的德育教育。它很小、很细、很具体；看似随机随性，实为精心设计；涉及道德、思想、政治、心理、人生观、法制观等教育的方方面面、点点滴滴。相对于传统德育教育工作而言的，其价值和文化影响力是能吸引受教育者，并能激发学习兴趣，给受教育者以一个不断发展的有自我实现幸福感的道德体验，从而实现德育教育最本初的功能：即有目的、有计划地对受教育者施加影响的活动，使人回归为一个真正的人。笔者曾经提出微德育概念并有所研究，比较"微德育"与"微德育"，两者的共同点就在于：它们都不注重理念有多深奥，而是更加关注细微处，倍加体现情感关怀，将一切以学生体验为出发点和落脚点作为教育的核心内容；以学生体验为出发

点和落脚点，而并不仅仅是由工作者提供产品、学生使用产品；注重与学生一起体验、一起改进教育产品，使学生也成为教育产品的生产者和工作者。

（二）微德育应用长尾理论的现实意义

当前，把长尾理论引进和应用于德育之中，对做好新媒体时代德育教育工作具有极为重要的现实意义。

1. 有利于实现微德育产品生产的长尾化

与传统媒体信息量小、信息面向窄、信息途径相对单一相比，新媒体以数字信息技术为核心，依托网络技术和移动通信技术而形成的覆盖面广泛，涉及领域全面的网状体系，承载、传播了巨大信息量，且信息更新的速度远远超过传统媒体。长尾理论的模型是用纵、横轴构成的，如果将横坐标为德育种类，纵坐标为德育效果（包括人数），两者交会所形成的曲线就是长尾理论中的需求曲线，面对庞大的学生群体，无论设计什么教育内容，其需求量不可能为零，于是便出现了需求曲线中那条长长的尾巴—长尾。由此可见，只要微德育工作者掌握相应的互联网、手机短信等新媒

体终端的应用知识，就可以自由的获取大量的信息资源，生产出所需要的微德育产品，在与学生信息化交互的渠道和平台上，有针对性地为学生提供各种小范围的个性化服务，由此所产生的教育效果甚至会比系统教育更有影响。同时，由于新媒体时代信息量空前丰富，加之微德育产品生产时间短、传播快，而且不需要受到制度、体制和其他烦琐程序的制约，德育教育工作者可以借助新媒体技术丰富多彩的信息表现形式，以声音、文字、图像等生动地表达微德育内容，从而增强了微德育的辐射力，使新媒体的信息容量和时空边界由有限趋于无限，有效地实现了微德育产品生产的长尾化。

2. 有利于实现微德育传播平台的长尾化

与传统的德育教育传播平台相比，新媒体技术塑造了全新的德育教育平台，为德育教育工作者提供了通路上的便利。由于新媒体技术能够集主体的开放性、工具的先进性、信息的共享性于一身，实现了传播平台的革命性变化：首先是传播通道由单向度、单维度向多角度、多维度转变；其次是传播内容由静态、单一的形式向动态、多样的形式转变；再次是信息的发布和接受由地域封闭向快捷、"无屏障"转变，从而使人类"地球村"的梦想成为现实。可以说，新媒体为微德育创造了最佳的技术环境，不仅带来了教育

手段、教育方式以及信息获取与传播的突破性改善，而且使传统的德育教育平台由单一性变为多样化和立体化，更加富有生动性、艺术性、灵活性、互动性和亲和力，从根本上实现了微德育传播平台的长尾化；同时，也极大地提高了微德育内容的传播速度，使学生看到的、听到的内容更加丰富，更加形象和生动，增强了德育教育工作的生动性与感染力。

3. 有利于实现微德育需求的长尾化

新媒体时代信息传播海量化，一方面它拓展了学生获得信息的渠道和容量，尤其是新媒体的信息共享对于拓展学生的知识广度有很大的作用；另一方面，泥沙俱下，眼花缭乱，往往使淹没在信息海洋中的学生一时很难找到自己想要的信息，或者是很难分辨出有益于自己的信息。这时就需要借助长尾理论中的"过滤器"的帮助，使人们在无尽的选择中找到自己的需求，也就是在此时，我们说"长尾"的威力得以释放了。所谓"过滤器"是"长尾理论"中的一个重要概念，它是指消费者在众多的产品中为找出自己需要的产品而使用的一系列工具和技术的总称，如搜索引擎、关联推荐和产品排名等。这些"过滤器"可以把需求推到长尾的后端，使非热门产品有可能变成热门产品，冷门产品能被需要的客户发现。在新媒体时代，德育教育工作者应十分注重"过滤器"的开发利用，为使微德育需求趋向长尾化，要充分利用好长尾中的各种微德育资源，善于在大众文化与小众文化混合、主流与非主流混合、专业与非专业混合的信息环境中，使那种被传统媒体视为并非主流的信息价值得以凸显，让用户便利地找到满意的网站和服务，从而使个性化信息需求得以实现。

（三）微德育的"长尾效应"

应用长尾理论的微德育，以开放、间接、内隐及个性化的方式，不仅深刻地改变着的德育教育环境，而且对大学生产生潜移默化的影响和行为的渗透，呈现出空前的"长尾效应"。

1. 微德育空间的拓展

新媒体时代，由于受众不再忠实于一种媒体，使得大众传播模式和格局呈现"碎片化"的发展趋势。伴随着受众的"碎片化"和族群化，大众传播点对面的传播格局开始被打破，形成多对多的传播新格局。在这种新格局下产生的微德育，如果能够应用长尾理论，就将改变原本空间相对比较狭小的局面，它将使原本就客观存在的个体差异化需求得到充分释放，产生无限的生产、无限的渠道、无限的需求，"长尾"由此形成。另一方面，这种新格局将使受教育者能够根据自己的媒体使用习惯选择自己的信息平台，并通过自己的平台形成自己的交际圈。同时，不同的传播通道也深刻地影响着信息传播内容，使得传播渠道之间互为"长尾"。伴随着新媒体的发展趋势，各种传播平台如虎添翼，将使微德育的空间更为广阔。

2. 个性化需求的满足

新媒体为微德育传播的"微内容"提供了新平台，应用长尾理论，那些处于尾部的"微内容"叠加起来就会形成"巨内容"，这些少量的需求将会在需求曲线上面形成一条长长的"尾巴"，实现"微内容"的极大数量。在长长的"尾巴"上，曾被施教过程中挤压和忽略的"个性化"将被凸现出来。面临着新媒体时代受众的个性化，微德育内容切忌"打包服务"，它要求德育教育工作者必须集合各种教育资源最大化地满足最多的受众，让他们可以随时用自己感兴趣的关键词搜索，看自己想看的信息，甚至可以实时获得某些重要信息，而这些信息就可能来自于处于长尾的"微内容"。当"长尾"足够长的时候，"微内容"的能量将会被无限放大，由此微德育就可能满足每一个人对信息的个性化需求。

3. 微德育形式的更新

按照长尾理论，在互联网平台上，"小众商品"的需求会在需求曲线上面形成一条长长的"尾巴"，实现小众的极大数量。同样，这些"小众商品"的销售会在销售曲线或利润曲线上面形成一条长长的"尾巴小众商品"的点滴销售累加起来，也可以使我们获得丰厚的回报，有时甚至可以超过"大众商品"带来的利润。在互联网平台上"长尾效应"为新媒体发展提供了新的经济增长方式。

新媒体时代，微德育要获得更大的生存发展空间，就需要不断开拓长尾市场，因为如果把足够多那些看似非热门"微产品"组合到一起，那就会形成一个堪与热门"主体教育市场"相匹敌的"大市场"。更深入来看，由于新媒体时代信息市场的"碎片化"，使受众形成了更高层次的细分，他们分散到成千上万的文化部落中，部落之间的主要纽带已经不再是地理位置的邻近和工作场所的闲谈，而是共同的兴趣爱好。此时，微德育实际上成了一种"定制化"的精确传播，细分的"尾巴"加起来是一个前景无限广阔的"大市场"，分得越细，"市场"越大，由此将提供了一种崭新的微德育形式。

4.实现微德育效果的最大化

纵观当前的德育教育工作，无论多方如何重视，研究成果如何之多，方法手段如何穷尽，但仍然会不被学生所欢迎，工作无法真正走进学生的心灵，道德滑坡和沦丧的现象屡屡发生。按照长尾理论来分析产生这种现象的原因，主要是没有正确处理好成本和效率的关系：过去人们只关注重要的人或事，用正态分布曲线来描绘，人们只能关注曲线的"头部"—"主体"，而将处于曲线"尾部"、需要更多的精力和成本才能关注到的大多数人或事忽略。

二、微德育的定位与价值延伸

（一）微德育的定位

在新媒体时代，微德育是一种新的育人领域，以学生为参与主体，展现他们自身或群体丰富多彩的精神和生活世界，同时重视向学生推送应知的道德素养等，促使他们产生无意注意（一种自然而然发生的、不需要作任何意志上的努力的注意），并进而走进社会接触他人，既能丰富知识、增长阅历，又能愉悦身心、熏陶人格；既能通过微现象反思精神领域，又能发表阐述并参与讨论，自觉产生道德意识、培育自我教育力、发展道德能力。这里，微德育的定位取决于以下三个层次。

1.立足小微，源自生活

德育教育工作是一项系统的工程，需要进行长期规划、课程实施和进行长效管理，但是根据长尾理论，更要深入细枝末节。因为"长尾"的奥秘在于"如果把足够多的非热门产品组合到一起，实际上就是可以形成一个堪与热门市场相匹敌的大市场"。一般来说，人一次接受的信息量是有限的，几个小时的学习和长篇讲座，往往能被记住的信息就那么几条或者几点，加之伴随着自己成长的德育类课程的强势灌输，或多或少地让学生有些许的排斥，能主动接受的信息更少了。微德育内容需要立足小微，表达简洁，直接指向具体的问题，关注"小人物、小现象、小事件、小故事"，主题突出，层层剖析，能启发、有思考，带动学生主动关注和反思生命成长过程中的道德境界，彰显主体道德实践的魅力、人性的光辉和人生价值的肯定，从而培养学生健康积极的生命气质和良好的道德品质。这种小微人物或者事件必定是来源于生活世界的，因为德育的源泉和基础是生活世界。生活的过程与道德学习和生成是同一过程，道德信仰的养成，主要是基于具体的生活、行为、经验和阅历，而很少出于抽象的理智的推论。因此说，"立足小微、源于生活、贴近生活、高于生活"是微德育的外显特征。

2. 形式多样，易于选择

品种多样化会带给用户更多选择，更能满足用户的个性化需求。长尾理论阐释的实际上是丰饶经济学，丰饶经济学显示了同质化大批量物质产品在满足了人们基本的生存和发展的需求之后，人的自我实现要求多样化中自由选择。传统意义上的德育教育多局限于课堂或学校，缺少与社会生活的普遍联系，难以被广大学生接受和认同，更无法激发他们强烈的道德需要和道德情感，甚而走向逆反。实际上，微德育所讲究的是在不经意间，渗透一种心灵的沟通，一丝人文的关怀，一个积极的提醒，一种行为的示范。特别是微德育通过网络平台或即时通信工具，通过微阅读，或微语录，或通过朋友圈，或通过微公益活动，或通过所汇聚的社会焦点事情，以多样的微表达，总能刺激学生的选择欲望，激发学生的关注与反思，从而感受到社会需要与道德修养及自身价值的实现之间的关系。这种微型德育教育，投入成本低，收到的效果却非常好。

3. 关注体验，着眼内化

信仰不是一种单靠理智即可获得的知识，甚至是根本不能靠理智获得的知识，它是凭借着身体和热血、骨骼和内脏，凭借着信赖和愤慨以及迷茫、热爱和恐惧，凭借他对那永远不能通过理智去认识的存在的热情信仰，而取得这种知识的。这实际上就是体验。我们几乎每天都会有来自身边的"道德冲突"或"两难问题"，促成德育教育的内部延伸和转化，这是微德育的"内涵式"管理的升华。苏霍姆林斯基关于道德有一句名言道德准则："只有当它被学生自己去追求，获得亲身体验的时候，才能真正成为学生的精神财富。"体验是来自生活、情感的感性而真实的内心感受，这种感受架起了生活与心灵之间的桥梁，能内化学生的道德认识，并激发学生的道德情感，培养道德意志，转化为道德行为。相比宏大叙事般的道德灌输，小微的道德体验更能达到润物细无声的效果。当前，在"灌输"和"体悟"二者之间，道德更青睐于后者，小微的并非"灌"出来的，而是通过体验"悟"出来的。很多学校目前已经关注到这一点，鼓励老师和学生捕捉微型真实的道德现象，并反思、解答这些道德现象，让学生的心智活动和内在情感、信念通过身边的小事来内化自己、锻炼自己、展示自己、提升自己，这或许是对"微言大义""微行真情"内化的最好阐述。比如，各式各样的微型德育课的开发，把自己或者身边的故事经过学生内心的体验、感悟，通过心灵的碰撞来激发学生的生命体验和生命感动，从而能把融于心智的道德信念和道德行为升华为道德的选择。

（二）价值延伸

在新媒体时代，将长尾理论应用于微德育之中，使其价值得到有效延伸。概括微德育中的长尾理论的价值延伸，主要反映在以下五个方面。

1.微德育中的长尾理论价值延伸之一：资源集聚

按照"帕累托法则"（也称"二八定律"），传统经济注重的是20%的热门产品，对于80%的冷门产品，基本上是处于搁置或遗忘状态的。随着新媒体技术的发展，80%的冷门产品在网络空间的整合下，空前活跃、聚集起来，日渐形成一条长长的尾巴，以至于所积聚的能量足以与20%的热门产品相抗衡。克里斯·安德森认为"长尾"有如此的魅力，来源于三种力量：第一种力量是生产工具的普及，使生产者的队伍急剧壮大；第二种力量就是通过普及传播工具降低消费的成本，创造了新的市场和新的交流中心；第三种力量就是联结供给与需求，利用群体智慧联络供给与需求的能力，带来了崭新的推荐和营销方式。这三种力量中的每一种都代表着新兴"长尾"市场中的一系列新的机会。长尾理论的资源集聚价值为微德育工作提供了理论依据。在信息海量的今天，长尾理论启示我们在微德育中，要高度重视身边的每一条信息、每一种信息，善于从中选择有价值的信息，在点滴的累积中获取宏大的能量；同时，一定要主动出击，采取各种手段挖掘潜在的信息资源，进行分类集聚且形成规模。在资源集聚基础上，微德育工作者要根据自己的信息资源建立信息库、数据链，以提供足够的信息量去满足学生的选择要求，而这一过程也正是"长尾"蓄积力量的过程。

2.微德育中的长尾理论价值延伸之二：关注个性

长尾理论认为，传统经济是供给方的规模经济，单一品种大规模生产之下，关注的是用户（消费者）稀缺；而长尾理论下的经济模式是需求方规模经济，在众多品种小规模的生产条件下，用户选择更关注个性需求，有丰饶的权利。新媒体时代，这种"长尾"积极性空前彰显，多样化的产品和信息满足了选择的个性化需求。新媒体时代，微德育把关注个性需求放在重要地位，既是实施微德育自身的需要，也是"长尾理论"在微德育中的应用体现。

首先是新媒体传播内容的丰富多彩，使得越来越多的青年学生开始转向能够满足他们某方面兴趣的信息或数据，虽然对他们来说主流文化还是需要的，但已经不再是青年学生文化需求得以满足的唯一渠道。大众主流文化正与无数的小众细分文化展开竞争，而青年学生越来越青睐选择空间最大的那一个，小众文化也就成了一种不可小觑的力量。这给微德育以深刻启示：随着青年学生价值取向的改变，微德育既不要放弃"头部"的主流文化需求，同时也要重视曲线"尾部"的大量小众文化需求，充分认识面向特定小群体需求的小众文化，其实与主流大众文化具有同样的吸引力。其次，新媒体时代，处于开放式格局中的网络媒体，青年学生的选择有着极大的自由度，满足包括广大青年学生在内的人们需求和体验的多样性，其程度远远超过人们的想象，这完全是一个自发的过程。面对这样的新局面，如果我们只重视长尾理论所说的"头部"服务、而忽略"尾部"服务，其结果一旦不合青年学生的口味，他们就会立即转向，不接受我们的引导和服务。此时，即便我们的微德育设计得再好，那也不可能收到事半功倍的效果。因此，我们必须转换思路，正确处理好"头部"与"尾部"之间的关系，充分关注青年学生的个性化需求，只有这样才能充分发挥微德育的最大效能。

再其次，由于长尾曲线的尾部首先是非常庞大的产品种类，只有尽可能多的产品种类，才能满足受众个性化的需求。基于此，微德育应当改变内容单一的状态，制作不同种类的德育教育资源，尽可能满足大多数学生的兴趣和习惯；同时也要尽可能多地创造多样化的信息选择，满足少部分学生未被满足的多样化需求，并逐步实现信息个性化定制。按照长尾理论，只有满足了那些实际人数并不少的无数小众，才能更好地形成繁荣的长尾市场。

3.微德育中的长尾理论价值延伸之三：小中见大

长尾理念的特征是注重"小利润大市场"。该理论所说的"头"是指正态曲线中间突起的部分，而两边相对平缓的部分叫"尾"。从人们需求的角度来看，大多数需求集中在头部，这部分可称作流行；分布在尾部的需求是个性化的、零散、小量的；这部分差异化的少量的需求，会形成一条长长的"尾巴"。其基本原理是：只要存储和流通的渠道足够大，需求不旺或销量不佳的产品所共同占据的市场份额可以和那些少数热销产品所占据的市场份额相匹敌甚至更大，即众多小市场汇聚成可与主流大市场相匹敌的市场能量。长尾理论的"小利润大市场"理念，对微德育不无启迪。多年来，传统的德育教育走的是一条有组织、规模大的路径，其实实际效果并不佳。微德育化整为零，走的是一条小型化、动态化的路径。所谓小型化，就是化小组织，可以以班级小组或者各种小型社团为单位，开展各种形式的德育教育活动。所谓动态化，就是将学校的大型活动化整为零，并且根据新情况新问题，适时充实活动内容，使每个组织自主开发的活动始终保持常态性。这种小型化、动态化的德育理念，为新媒体环境中的微德育赢得了更大的生存空间，有了生存空间就可以不断开拓微德育市场、生产微德育产品，按照长尾理论提出的如果把足够多的非热门产品组合到一起，便可形成一个堪与热门市场相匹敌的"大市场"的观点，微德育"小中见大"的优势就能够得以充分彰显。正是从这个意义上来说，应用长尾理论的微德育是一种新理念，也是一种新智慧。

4.微德育中的长尾理论价值延伸之四：冷静包容

在"和"与"或"之中，安德森的长尾理论充分展现了"和"的特质，体现了包容性。安德森认为，长尾理论并没有排斥传统规模经济，而是把大规模主体产品和小规模多样化的产品结合一个象限里，取长补短，这是对"帕累托法则""二八定律"的补充。该理论提醒我们在关注头部20%的热门市场的同时，不要忽视尾部80%的利基市场。不可否认，即便在新媒体时代，大部分用户在浏览过程中，最先注意到的依然会是20%的热门产品或者主流信息，非热门产品或者非主流信息并不是人们开始就会关注的对象。所以，长尾理论是建立在热门的产品上或者是众所周知的网络平台上，在用户熟悉的领域中通过各种信任推荐和引导其了解不熟悉的领域，让用户不断挖掘自身的潜在需求，从而实现"长尾"的价值由此可见，长尾理论与"二八定律"并不对立，两者之间具有一定的互补性，不仅如此，从实际上来说更注重考虑了"二八定律"中被忽视的80%，体现了其冷静的包容性特征。

在新媒体时代,微德育的内涵是很丰富的。"微",从哲学意义上来说"微"即"温暖"或"生命本微"。为体现微德育的"温暖",首先微德育工作者要努力改变传统的习惯思维、定势思维和已有知识的局限,不仅要了解学生的所思所想,更重要的是能够理解学生的所思所想,以更大的耐心和毅力,真正体现"以人为本",把微德育的"温暖"传递给每一位受众。其次要改变德育教育工作者的领导角色意识,微德育工作者的角色应当是设计师、服务者和教练员。所谓设计师,就是要全程设计好微德育内容、实施流程、基本策略和预期效果。所谓服务者,就是要坚持"以人为本",扩大视野,在充分发挥"头部"(主流价值产品)聚合作用的同时,高度重视细化"尾部"需求,为受教育者提供更多的个性化服务。所谓教练员,就是要在开发微德育产品的过程中,既要教练学生学会如何使用德育产品,同时也与学生一起改进德育产品,让学生在使用德育产品中获得快乐的体验。

5. 微德育中的长尾理论价值延伸之五:"引领"受众

长尾理论认为,顾客价值需求要"引领",而不是"迎合"。这是因为顾客的价值需求具有随众性和模糊性:当他们不知道需要什么样的产品或服务时,往往容易随大流;当他们一旦意识到所需要的产品或服务时,其隐性需求立马就会变为显性需求。基于此,如果仅仅依靠市场调查和价值臆断就能发现顾客的价值需求,是不切实际的,企业必须站在顾客的立场上,仔细观察和分析顾客究竟需求什么,研究和思考哪些比你的顾客更多的"非顾客"为什么不买你的产品。在确实厘清这些问题的基础上,企业才能更好地做到把"迎合"顾客需求,变为以创造顾客真正需要的价值去"引领"顾客需求。

新媒体时代,伴随着信息全球化过程所带来的开放化和多样化,各种文化的交流与发展具有了前所未有的活力,新媒体环境中出现了多元化的价值观。一些青年学生面对眼花缭乱、纷繁复杂的信息,不明就里,不辨是非,不知所措,他们的价值标准与价值选择面临着相当严峻的考验,呈现出双重或多元价值标准并存的状况,造成价值选择迷惘和价值取向紊乱,也促进了大学生价值取向的多元化和价值取向自我化。面对如此紊乱的价值取向,对微德育工作者来说,首先要坚持"引导"青年学生需求,而不是一味地"迎合"青年学生的个性需求。在深度研究不同学生的个性需求的基础上,要通过提供差异化的"微德育产品",进行差异化的引领和教育,以逐步赢得学生的认同。其次，要学会在关注价值需求层次性的基础上，"引领"青年学生需求。人的需求是有层次性的，有基本需求与派生需求、高层次需求与低层次需求之分；即便在同一时间内，人的需求往往也会表现为重要与次要的差异，重要需求对青年学生的行为影响最大。微德育工作者要善于根据青年学生需求的层次性，"引领"、继而满足青年学生更高层次的需求来提升价值，通过发掘高层次的需求来赢得受众的。再其次，要深刻认识"引领"青年学生的过程，是一个持续积聚、价值升华的过程。这个过程从青年学生最初产生价值需求开始，需要我们对微德育产品的主要功能属性不断进行调整，并且根据需要及时提供其他延伸服务，直至对产品或服务的"消费过程"与其确立价值取向的过程完全重合。"引领"青年学生树立正确价值观是一个艰难的过程，只有让青年学生在每一步升华中得到需求满足，才能从中实现德育教育最本初的功能：有目的、有计划地对学生的思想道德施加影响。

三、微德育产品的开发与应用

新媒体基因的核心要点之一，就是把内容当作产品来生产经营，而不是简单地给内容贴上一个"产品"的标签。基于长尾理论的微德育产品开发是一个实践过程，更是一个创新的生产与应用过程。

（一）开发与应用原则

1.突出小微，易于使用

信息容量微小符合微德育对象的认知特点，以微课堂为例，小微的学习内容（5~10分钟的视频时间，几十兆的容量），不仅仅能适合进行移动终端学习，更能满足学习者利用片段化的时间，其使用更加方便灵活。

2.内容独立，体系完整

这一原则，似乎与碎片化相矛盾，其实不然。为避免碎片化学习时间里所学知识是零碎的、片断式的，所以微德育要独立化，单个微内容呈现虽然是小的信息或者狭窄的主题甚而相对简单的问题，但是，各个信息要素应具有相对独立性，从而适合学习者随时、随地的学习、讨论或者是体验。同时，还应该具有整体的考虑。整体性微内容不是资源的简单叠加，而是将某个知识点或活动主题进行系统的教学设计，重点是对内容进行结构化分析，使整个教学内容系统化，并与主体、活动以及媒体等要素建立联系，在此基础上对德育教育工作划分，确定单个微内容，各个微内容之间有系统性、整体性。

3.结构开放，方便扩充

微德育就其内容来说，具有相对独立性，但由于较小的内容，很多时候要进行进一步的相关内容链接与补充，因此，微内容要具有半结构化框架的开放性特点，具有较强的生成性、交互性及动态性。大学生群体开放程度高，思想变化快，个体意识强，观点更具主体性和多样性。他们的思想情感不一定能真实反映在课堂里，甚至不一定会流露在和老师的沟通中，但是极有可能就反映在他们日常喜欢的微信圈、各种空间或者社交网站上。新媒体技术给予大学生自由地表达微情微意，而正是这样的碎碎念，会引发共鸣甚至粉丝无数。网络碎片中体现出来的微情微意恰恰蕴含着大学生思想中的潜流，及时地把握这些潜流，便于我们及时掌握信息，了解情况，对大学生加以积极引导。因此德育教育工作者要学会通过网络贴近和了解大学生，通过学生在网上传递的只言片语或图片视频挖掘其背后的思想意识和心理动机，并把这些发现带到德育教育课堂上去与学生一起探讨、辨析，形成网上网下互动，这种教学法的效果相信要比一味地教师说教要好得多。

（二）开发与应用路径

1.通过"微现象"，发现"微问题"

发现问题的过程往往是提升意识的过程，也是体现德育教育工作者能力的过程。微德育工作者要善于用心观察学生学习、生活等方面的"小现象"，从"小现象"中抓住受教育者思想、学习和生活中"容易被忽视的环节"，并从中抽象提炼成问题，分析问题产生的原因，迅速解决问题，提升其道德品德素养。如课堂上的不动脑、不动笔、不动手等问题；毁坏公共物品问题；食堂中或等电梯时候的不排队、不谦让等现象；生活中的未经允许私拿别人财物等不良行为习惯；宿舍休息时间大声喧哗等问题；情感上的恋爱挫折问题；心中郁闷无处排解问题；自闭、自残、自杀的倾向；人际关系中的以自我为中心，对集体漠不关心问题；双重人格问题等等。这些"小现象""小问题"从某种程度上来说，就是德育教育工作的"长尾问题"，德育教育工作者要根据受教育者的实际情况，及时搜集整理相关数据，进行分析和判断问题产生的原因，并针对不同原因和问题制定出实施微德育的具体举措。

2.搭载"微组织"，成就"微平台"

变革传统组织形式，搭建"微组织"，是顺利实施新媒体时代微德育的重要一环。为此，要建立与"微德育"相适应的微型化组织，为开展学校微德育提供组织保障。如在学校班级这个基层单位中，可以建立党团小组，学生之间可以组建各种小型社团；在组织运行过程中，要将学校的常规制度衍生为每个微型组织的组织章程，将学校的大型活动转化为每个微型组织自主开发的常态性活动。同时，这些学生自组织又是动态的，甚至是小组成员是可以互相交换甚至借用，及时分享快乐体验，发挥微德育中的"长尾"力量。

进一步拓宽渠道，创造长尾理论所强调的"畅通的交互渠道与平台"，是顺利实施新媒体时代微德育的着力点。长尾理论中强调的"畅通的交互渠道与平台"，可以通过新媒体技术下的各种信息化教学平台来实现。这其中Web2.0这种个性化的传播方式、交互式的表达方式、社会化的联合方式、标准化的创作方式、便携式的体验方式和高密度的媒体方式，为长尾理论在微德育中的应用提供了有力的技术支撑。例如，在微德育所设计的专题教育中，可以将专题教育内容制作成各类音频、视频，发布在网站上，由学生自由定制，随时下载。这样做有利于打破时间、地域的界限，增强了受教育过程的随意性和灵活性。在教育博客（Blog）、专题式维客（Wiki）上，微德育工作者可以通过标签（Tag）技术和简单聚合技术（RSS）的应用，就某项专题或某个话题，引导学生进行问答、对话、交流，或者参与评论和话题讨论，以实现博客共享，做到各尽所能、各取所需、互助协作、教学相长。

总之，创造"微平台"是一个新尝试，需要强调的是：在教育定位上，既要适合不同学生的自身特点，也要与其发展取向相吻合；在教育设置方面，既要精心构建微型化的专题教育体系，满足学生的多样化选择，也要完成不同需求下的微德育体验，引导大学生进行自觉的道德约束。

3. 开发"微产品"，实现"微体验"

（1）开发"微产品"，精心设计好"微内容"

所谓微内容（Micro content），是相对于传统媒体制作的宏内容（Macro content）而言的，微内容在理论上可以无极限生产和无极限传播。也就是说，是相对于我们在传统媒介中所熟悉的大制作、重要内容而言的。

从某种意义上来说，"最小的独立的内容数据"，也就是说互联网用户所生产的任何数据，都可以被称作微内容。一般来说，传统德育内容的规范化、系统性，往往是以一项大工程的形式来完成的。而微德育教育内容比较分散、细微甚至单一，但它更多注重的则是长尾效应。和传统德育教育通过工程形式来完成所不同的是，微德育是通过微内容来实现的。例如从形式来说，目前使用比较多的是图片、音视频、短语、各种微成品等等，而其教育内容主要有时是通过融入一张照片、一幅美术画、一个音视频文件、一段文字之中来展现的，当然更多的教育内容则是通过融入微博、微信、博客、微电影、微小说、微课堂、微活动等等来体现的。鉴于这种情况，微德育工作者需要花力气将现行的学校德育教育内容进行加工、改进、锻造和定制，使之适合各种微德育形式，同时也更加能够被受教育者所接受。

（2）打造"微活动"，激发学生活力

对于德育教育工作者而言，相比较传统的课堂主渠道，各种各样的来自基层的校园文化活动显然是长尾理论中的"尾部"，多彩的校园文化活动不仅丰富了校园生活，也锻炼了学生的心智和各方面的能力。但不可否认，目前学校尤其是高等院校中会出现这样的现象：每一项活动似乎只有少部分积极分子（主要是班级或校系学生会干部及社团人员）是主力和活跃参与者，大部分学生往往更愿意观望甚至漠不关心。长尾理论可以解释新媒体时代及其相关的无穷选择正在改变文化需求，需要我们把多数学生是否得到综合素质的锻炼，在锻炼中是否形成高尚品德，作为决定活动成败的关键。为打造好各项"微活动"，当前需要在三个方面加以改进：一是在活动组织上，要充分发挥学生的主体作用。要树立一切以学生需求为出发点的工作理念，精心组织，充实和加强力量，积极探索开展适合各类学生发展的不同层次的"微活动"。二是在活动方法上，要有选择性地降低活动的难度，多组织一些容纳性大、低门槛的活动，扩大参与面，让尽可能多的学生参与到活动中来。三是在活动内容设计上，要适度包容，重视研究学生多元化的需求，对那些不被多数人接受或者参与面小的活动，要正确地加以引导和整合，以增强学生的归属感和主人翁精神，真正体现德育教育无微不至的关怀。

4.关注个性化，践行"微德育"

关注个性化需求，是长尾理论的核心理念，也是微德育最重要的理论支撑。在实施微德育的过程中，关注学生的合理需要与个性差异，不仅是认可和帮助学生实现各种合理需求的现实需要，也是顺利推进微德育实施的迫切要求。为此，要做好以下几个方面。

（1）要确立微德育中的个性化新理念

新媒体时代，基于长尾理论的微德育个性化理念，具有相对的延续性和明确的指向性。从微德育的实施情况来看，为体现延续性和指向性，当前需要确立如下理念。

①平等的理念

要尊重学生的个性发展，避免千人一面、千篇一律的教育模式，学会尊重学生的选择，既要对他们的个性发展提供帮助与指导，同时也要善于以现实生活中的典型事例、榜样激励来培养学生健全人格的发展。

②服务的理念

要求微德育工作者应切实根据学生的实际情况，有针对性地开展教育活动；同时，要与学生的创新性培养紧密结合，增强学生自主性的发展。

③包容的理念

微德育工作者要排除主观因素的影响，一视同仁，切实关心和包容每位学生，并最终实现与包容理念的有机结合。

④引导的理念

在开展个性化的网络虚拟实践活动中，要充分发挥教师的"引导"作用，引导大学生逐渐形成正确的思想观念、思想道德观点和道德行为。

（2）要关注并引领学生个性化需求的差异性

在微德育工作中，要应用长尾理论对受教育者这一群体进行个性需求细分，注意层次性，其基本思路如下。

①要对受教育者需求的差异性进行细分

要建立信息档案，深度研究不同学生的个性需求，并在实施共性教育的基础上，通过提供差异化的"微德育产品"，进行差异化的引领和教育，赢得大学生的认同。由于不同性别、不同地区、不同年龄层次、不同阶段的学生需求层次不一样，引发大学生进行判断并选择的个性需求不仅仅是靠调查和价值臆断就能发现的，教育者应站在学生的立场上，仔细观察和分析思考大学生潜在的真正需求，关注大学生需求的层次性，有的放矢，找准需要影响的学生。

②要树立关爱不同层次大学生的思想动态和行为习惯的观念

在战略上，要用科学的价值观和正确的审美情趣来引导其个性需求，在发挥"头部"聚合作用的同时，重视做好不同层次学生个性需求细化工作。

③要积极引导不同层次的大学生学会体验

在策略上，要引导学生讲出自己对各种各样的非主流文化的理解，引发讨论甚至是争论，从自己、他人或者社会各个层面的故事中，体验什么是道德，从而构建正确的价值观。

（3）要实现微德育方法多样化

为适应新媒体时代网络技术的新特点，注意实现微德育方法的多样化。

①建立综合型的微德育信息库，提供全面的微德育个性化信息

所谓综合型的微德育信息库，是指其内容既包括网络思想教育信息、网络教育信息，同时也包括网络心理健康教育信息、网络法制教育信息等方面的信息库模式。通过这类信息库的建设，以扩大微德育信息的渗透力，切实满足学生的个性化需求。

②构建个性化的微德育交流平台，实现个体交流

要根据在校学生的兴趣、爱好、学习需求、心理问题等不同情况，进行类别划分，相应设立网络思想德育网站或是专题栏目，使这种"小平台"成为学生个性化需求的一种特殊形式。

③融入学生网络生活，关注学生的思想动态和心理变化

要做到微德育内容立足于学生的实际生活、微德育过程贴近学生的实际生活，努力把实施微德育的过程转化为促进学生实现全面发展的过程。

（4）要构建微德育工作个性化教育评价机制

以往德育教育工作评价的最大弊端就是评价结论"一刀切"，抹杀了个性以及个体的爱好、兴趣和特长，使评价最终流于形式。因此，构建科学、有效的微德育工作个性化教育的评价体系，要更加突出时代性、开放性、竞争性、整体性、针对性、层次性和实践性，根据学生在微德育过程中的实际情况设计多层次、弹性的目标体系，既要考虑到微德育工作的导向作用和激励功能，也要反映学生在微德育工作方面的具体差异和个性特征，使微德育工作个性化教育评价更具人性和个性，更好地推动微德育实现效应最大化。

参考文献

[1] 谭仁杰 . 中国梦与高校德育——地方院校德育研究 [M]. 武汉：武汉大学出版社 .2016.

[2] 李刁 . "互联网 +" 时代高校德育实践创新研究 [M]. 武汉：华中师范大学出版社 .2019.

[3] 白翠红 . 高校德育思维方式发展研究 [M]. 广州：中山大学出版社 .2018.

[4] 桂捷 . 高校德育与心理健康教育研究 [M]. 沈阳: 东北大学出版社 .2018.

[5] 陈中建 . 高校德育系统工程研究 [M]. 南京：南京师范大学出版社 .2015.

[6] 孔亮 . 高校德育教育引入传统文化的创新研究 [M]. 北京 / 西安：世界图书出版公司 .2018.

[7] 王一鸣 . 新形势下应用型高校德育和创新创业 [M]. 北京：光明日报出版社 .2018.

[8] 胡琦，陈海燕 . 高校德育社会化综论 [M]. 杭州：浙江大学出版社 .2016.

[9] 陈娟 . 传统文化与高校德育教育工作融合研究 [M]. 北京 / 西安：世界图书出版公司 .2018.

[10] 刘丽波 . 新时期高校德育教育创新发展研究 [M]. 石家庄：河北人民出版社 .2018.

[11] 谭仁杰 . 地方院校德育研究（第 9 辑）社会实践与高校德育 [M]. 武汉：武汉大学出版社 .2017.

[12] 郭强 . 当代美国高校德育研究 [M]. 上海：同济大学出版社 .2014.

[13] 李宝银 . 高校德育成果文库文明之路：福建师范大学文明校园创建纪实 [M]. 北京：光明日报出版社 .2019.

[14] 卢少华 . 科学视阈下的高校德育工作创新和发展 [M]. 北京：知识产权出版社 .2016.

[15] 冯世勇 . 高校德育工作的理论研究和实践探索 [M]. 太原：山西人民出版社 .2014.

[16] 许瑞芳 . 社会变革中的中国高校德育转型 [M]. 上海：上海教育出版社 .2014.

[17] 王爱华，杨文武编 . 高校德育与校园和谐 [M]. 武汉：武汉大学出版社 .2011.

[18] 王荣发，朱建婷等 . 发展性德育——高校德育发展性教学模式的建构与实践 [M]. 上海：华东理工大学出版社 .2016.

[19] 袁本新 . 高校人本德育研究 [M]. 广州：中山大学出版社 .2015.

[20] 李春成 . 高校青年德育新论第 6 辑 [M]. 成都：四川大学出版社 .2016.

[21] 胡琦 . 高校文化德育论 [M]. 杭州：浙江大学出版社 .2014.

[22] 刘忠孝，陈桂芝，刘金莹 . 高校德育论 [M]. 哈尔滨：黑龙江人民出版社 .2019.

[23] 任少波等 . 高校德育体系新认知：共同体的实践 [M]. 杭州：浙江大学出版社 .2018.

[24] 徐凯 . 高校德育创新与发展研究 [M]. 长春：东北师范大学出版社 .2019.

[25] 冯瑞 . 高校德育创新与发展研究 [M]. 沈阳：辽宁大学出版社 .2018.

[26] 芮松 . 体育文化与高校德育教育的融合 [M]. 北京：应急管理出版社 .2020.

[27] 高彩琴，郭红梅，王晓杰 . 高校德育方式创新研究 [M]. 石家庄：河北人民出版社 .2018.

[28] 侯丙孬 . 高校德育传播方法论 [M]. 郑州：中州古籍出版社 .2016.

[29] 钮倩 . 高校德育系统工程与创新发展 [M]. 北京：新华出版社 .2019.

[30] 易连云 . 高校德育价值取向与应对问题研究 [M]. 重庆：重庆大学出版社 .2019.